Guide Touring

Touring Club Italiano
Presidente: Franco Iseppi
Direttore generale: Giulio Lattanzi

Touring Editore
Responsabile editoriale: Cristiana Baietta

Responsabile progettazione e produzione cartografica: Antonella Buono

Segreteria: Laura Guerini
Coordinamento tecnico: Francesco Galati

Edizione aggiornata della guida *L'Italia in camper* (2017), a cui hanno collaborato:
Testi e revisione: a cura di PleinAir, coordinamento di Michela Bagatella (con la collaborazione di Adriano Savoretti e Mauro Toccaceli)
Progetto grafico, impaginazione: Sole di Vetro
Realizzazione cartografica: Francesco Guaita
Redazione e impaginazione dell'edizione aggiornata: Studio Angelo Ramella, Novara
Progetto grafico di copertina: Gianni Camusso/On Graphics

Immagini: Archivio Edizioni Plein Air (autori Fabrizio Ardito, Stefano Ardito, Michela Bagatella, Roy Berardi, Mauro Camorani, Furio Chiaretta, Giorgio Ciancio, Alberto Dati, Emilio Dati, Alessandro De Rossi, Paolo Ferrari, Gianni Fucile, Alberto Galassetti, Daniele Giorgini, Marco Giovenco, Giulio Ielardi, Andrea Innocenti, Mario Orlandi, Marina Pascucci, Massimiliano Rella, Ivana Ricci, Gabriele Salari, Adriano Savoretti, Alfredo Scamponi, Marco Sances, Marco Scataglini, Paolo Simoncelli, Mauro Toccaceli); Sole di Vetro; Fotolia: travel3000 p. 6, LianeM p. 248, gornostaj p. 276; 123RF: germanopoli p. 97, Gianluca Rasile p. 173. In copertina, Shutterstock: A. Bondaras e iconim.

Ufficio pubblicità
Concessionaria di pubblicità: Progetto srl
20137 Milano, via Tacito 6, tel. 028526800, fax 028526830;
00184 Roma, viale del Monte Oppio 30, tel. 064875522, fax 064875534;
38122 Trento, via Grazioli 67, tel. 0461231056, fax 0461231984
www.progettosrl.it - info@progettosrl.it

Prestampa: Emmegi Group - Milano
Stampa e legatura: L.E.G.O. Spa - Vicenza

touringclub.it
touringclubstore.com

Codice: 3188A
Ean: 9788836574995

FSC
www.fsc.org
MISTO
Carta
da fonti gestite in
maniera responsabile
FSC® C023419

Finito di stampare nel mese di marzo 2019

ITALIA
IN CAMPER

Touring Club Italiano

SOMMARIO

LIBERTÀ DI MOVIMENTO

La sesta edizione di questa guida segna una svolta nella sua piccola storia e, nel contempo, si propone di rendere conto dei mutamenti che in questi anni sono intervenuti nella percezione sociale e nella fruizione del plein air. Quello che non cambia, invece, è l'approccio a una forma di turismo che si va estendendo a fasce di pubblico sempre più ampie grazie alla sua capacità di soddisfare esigenze quanto mai varie e di interpretare a tutto tondo il concetto di tempo libero.

È questo il filo conduttore di qualsiasi vacanza in camper, da intendere prima di tutto come una scelta di vita. Rispetto a un turismo residenziale di tipo tradizionale, infatti, ciò che cambia – spesso in modo radicale – è la possibilità di esprimere le proprie attitudini e di realizzare i propri interessi praticamente senza vincoli, ad esempio le prenotazioni, il rischio di non trovare posto, i limiti imposti a chi viaggia con neonati, anziani, animali domestici. Non da ultimo, il veicolo abitativo consente di viaggiare e di conoscere i luoghi anche nel caso in cui l'equipaggio comprenda persone diversamente abili. Queste opportunità sono ormai ben chiare anche a coloro che si sono avvicinati solo di recente al veicolo ricreazionale, e ne costituiscono uno dei principali vantaggi.

Alla radice, però, c'è ben altro, ed è un fattore culturale cruciale consistente nel rapporto privilegiato che si instaura fra il viaggiatore e il territorio. Chilometro dopo chilometro, meta dopo meta, si disegna la mappa ideale di uno scambio che rievoca il senso dell'antica ospitalità dei pellegrini, che consente di avvicinarsi senza mediazioni alla natura e alle sue bellezze, che stimola la conoscenza della storia e delle tradizioni locali grazie a un contatto più diretto e genuino con la comunità ospitante.

Tutto questo, inoltre, avviene senza che rimangano tracce, perché il camperista non ha bisogno di onerose infrastrutture che colonizzano l'ambiente e stravolgono il paesaggio: al contrario, è l'ambasciatore di un turismo di qualità che si esprime al meglio proprio nei luoghi tenuti al margine dei circuiti di massa, come avviene per migliaia di località del Bel Paese pur meritevoli di attenzione. È con questo spirito di scoperta che presentiamo ai lettori *L'Italia in camper*, con l'augurio di esperienze serene e appaganti all'insegna dell'abitar viaggiando.

Sui monti dell'Alto Adige

VACANZE "EN PLEIN AIR"

Una filosofia di viaggio

Scegliere il camper per le proprie vacanze significa innanzi tutto scegliere una vera e propria dimensione di viaggio, che consente di scoprire – o riscoprire – sensazioni ed emozioni del tutto particolari: la libertà di movimento, la gioia di vivere all'aria aperta, il rispetto dell'ambiente e del territorio che si visita. È l'ottica dell'abitar viaggiando, felice definizione che nell'unire due concetti in genere distinti svela con efficacia il senso più profondo di questa particolare modalità di turismo.

Questa guida, che nasce dalla collaborazione tra chi di turismo se ne intende – Touring Club Italiano – e chi di camper se ne intende – PleinAir – si propone oggi, a una dozzina d'anni dalla prima edizione, totalmente rinnovata nei contenuti e nella grafica: una guida nuova, ripensata e riorganizzata allo scopo di andare incontro alle sempre più specifiche esigenze del viaggiatore "en plein air", oggi ancor più informato, consapevole e indipendente di quanto già non fosse dieci anni fa.

Chi viaggia in camper infatti in genere ama scegliere e decidere il proprio itinerario, seguendo una traccia che preferisce sentirsi libero di interpretare a seconda delle esigenze e delle condizioni del momento; viaggiatori curiosi ed esigenti, i camperisti tendono a informarsi con cura prima di partire, e ad accogliere spunti e consigli che rielaborano poi in base alle proprie sensibilità. Gli itinerari raccolti in questa guida propongono quindi un percorso di visita che si articola in un tracciato di massima, senza vincolare a una tabella di marcia o a tappe fisse e concentrandosi piuttosto nell'offrire una panoramica il più possibile ampia e ricca del territorio, valorizzandone tutte le bellezze meritevoli di sosta: una sorta di canovaccio su cui ciascun lettore potrà ricamare la trama del proprio viaggio.

Alla piacevolezza di lettura dei testi, che raccontano i luoghi di visita in maniera concisa ma efficace, arricchendo le descrizioni con spunti, curiosità e notizie varie, corrisponde la piacevolezza della nuova linea grafica, fresca

Sosta notturna sui Monti Aurunci

e moderna, che favorisce una pronta consultazione dei testi e delle carte, realizzate appositamente per agevolare un'immediata visualizzazione della zona e delle sue caratteristiche salienti rispetto all'itinerario proposto. Attenzione a unire praticità d'uso e ricchezza di contenuti, informazioni utili e spunti di vario interesse, struttura solida e libertà di scelta, forma e bellezza, sono le caratteristiche principali di questa guida oltre che i tratti distintivi dello spirito dell'abitar viaggiando.

Un tranquillo approdo rurale

Una guida a misura di camperista

Sessanta itinerari da nord a sud, tre per ognuna delle venti regioni d'Italia, di cui due più articolati pensati per vere e proprie vacanze e un terzo più sintetico e adatto a un weekend: una ricca miniera di proposte per tutti i gusti e per tutte le esigenze, per ogni stagione e ogni interesse, dal mare alla montagna passando per campagne e colline, città d'arte e borghi storici, parchi naturali e tesori di enogastronomia. Per ogni regione, una presentazione iniziale traccia un sintetico profilo del territorio e suggerisce le stagioni migliori per la visita. I primi due itinerari di ampio respiro, pur essendo pensati per vacanze di una o due settimane circa, si prestano anche a essere combinati a piacimento per adattarli a periodi più lunghi, oppure a essere fruiti solo in parte se il tempo a disposizione è limitato a pochi giorni. Entrambi sono corredati da una cartografia essenziale che all'interno della zona interessata dall'itinerario segnala il tracciato consigliato ed evidenzia con un apposito simbolo le aree attrezzate per camper presenti nelle località interessate dal percorso, estratte dal *Portolano* e dall'*AgriPleinAir* di *Plein*

Camper in sosta sul Golfo di Talamone

Air e censite nel riquadro "Aree di sosta". Il box "Percorso di avvicinamento" fornisce le indicazioni essenziali per raggiungere la zona dell'itinerario, mentre il box "Itinerari del gusto" è dedicato ai prodotti e piatti tipici dell'area. Il terzo itinerario consiste invece in una proposta breve che si concentra intorno a un'unica meta, adatta alle uscite del fine settimana o come approfondimento nell'ambito di un soggiorno più articolato.

Tutti i percorsi contengono le notizie essenziali sul patrimonio storico, artistico e ambientale dei luoghi citati, per semplificarne la visita cogliendo gli aspetti di maggior interesse. Le località che fanno parte del circuito delle Bandiere arancioni TCI, certificazione riconosciuta ai comuni dell'entroterra che si distinguono per la qualità dell'accoglienza, sono segnalate nel testo. Novità degna di nota sono i suggerimenti per digressioni escursionistiche, cicloturistiche e nautiche: uno spunto ulteriore per apprezzare pienamente il territorio e quanto ha da offrire al turista attivo e sportivo.

La prima parte del volume, dedicata in particolare ai neofiti, fornisce una sintesi delle caratteristiche tecniche del camper, con suggerimenti per la guida e gli usi abitativi; seguono una serie di preziose indicazioni pratiche per la migliore organizzazione del viaggio e della sosta, sia in libertà ia nelle apposite strutture ricettive, per una perfetta vacanza itinerante all'aria aperta.

COME CONSULTARE LA GUIDA

Gli itinerari:
per ogni regione, tre proposte di viaggio ricche di spunti e di informazioni pratiche; in apertura, una panoramica dell'offerta complessiva con motivazioni per la visita e peculiarità.

Percorso di avvicinamento:
in poche righe, le principali coordinate per raggiungere la località di partenza da qualsiasi punto cardinale.

Cartografia:
una carta della zona evidenzia, in rosso, il tracciato indicativo dei 40 itinerari più articolati e segnala le aree di sosta elencate nell'apposito box.

Itinerari del gusto:
per coniugare il piacere di viaggiare alla soddisfazione del palato, appositi box sono dedicati alle specialità gastronomiche della zona con qualche indirizzo di produttori locali.

Aree di sosta:
il box elenca le località tratte da *AgripleinAir e dal Portolano* di *PleIn Air* ove sono presenti punti sosta, evidenziati sulle cartine da un camper rosso.

IL CAMPER: TECNICA E GESTIONE

Per praticare al meglio il turismo in camper, sfruttandone appieno tutte le potenzialità, forniamo qui un vademecum essenziale con una serie di informazioni tecniche e pratiche destinate al neofita, ma utili come spunto di riflessione anche per chi ha già qualche esperienza.

Dotazioni e funzionalità

I camper non sono tutti uguali, com'è facile notare osservandoli su strada, nelle strutture ricettive o in un'esposizione. Hanno però caratteristiche comuni: tutti prevedono la zona cucina con fornelli e frigorifero, il soggiorno con tavolo e divanetti, la zona notte con letti singoli e matrimoniali (talora ricavabili dalla trasformazione del living) e una toilette, più i relativi spazi di stivaggio per effetti personali, accessori e attrezzature per lo sport o la piccola mobilità, come biciclette o scooter. Gli impianti di bordo (elettrico, idrico e del gas) replicano le funzionalità domestiche, assicurando una sostanziale autosufficienza nella gestione delle attività quotidiane, ma le ovvie limitazioni delle risorse energetiche, delle scorte e dello smaltimento impongono un attento approccio ecologico al loro impiego.

Peso e dimensioni

La maggior parte dei camper in circolazione ha una massa complessiva a pieno carico (o massa totale ammessa) entro i 35 quintali, e ciò vuol dire che il veicolo può essere condotto con la patente B. Per i mezzi che superano questo valore è necessaria invece la patente C. Le dimensioni esterne fuori tutto, invece, sono estremamente variabili anche a seconda delle caratteristiche strutturali. La lunghezza media si colloca fra i 500 e i 750 centimetri, la larghezza fra i 200 e i 235 centimetri (con varie declinazioni fra i 210 e i 220 centimetri), l'altezza fra i 260 e i 320 centimetri.

Le dimensioni ideali dipendono strettamente dalle necessità abitative dell'equipaggio (fare attenzione al numero dei posti omologati in marcia, talora inferiore a quello dei posti letto) e dall'impiego che si intende fare del mezzo. I modelli più grandi sono ovviamente meno maneggevoli e non adatti alle strade secondarie più strette e tortuose; inoltre, i veicoli di lunghezza superiore ai 7 metri non possono viaggiare sulla terza corsia in autostrada e hanno il limite di velocità di 110 km/h.

Prepararsi alla partenza

L'abitabilità del camper non deve far dimenticare che non si tratta di una casa, e che i vincoli del peso massimo consentito non possono essere superati. Nel preparare il carico bisogna dunque ragionare nell'ottica dell'essenzialità.

Per quanto riguarda l'abbigliamento e gli effetti personali, vanno preferiti capi comodi e pratici, adatti alle escursioni e alla vita all'aria aperta e facilmente sovrapponibili per far fronte alle diverse condizioni meteorologiche e stagionali. Indispensabile un kit di pronto soccorso con i prodotti d'uso comune per piccoli disturbi e incidenti, oltre agli eventuali farmaci di uso personale.

Le stesse considerazioni valgono per gli utensili destinati alla cucina e ai pasti: stoviglie lavabili in plastica in-

Tutto il necessario per le attività quotidiane

frangibile, pentole antiaderenti impilabili, accessori multiuso. È bene inoltre non eccedere con le scorte di cibo, acquistabili ovunque se non si desidera servirsi dei ristoranti; unica eccezione, ma sempre con un occhio al peso, è una riserva di acqua minerale, poiché quella del serbatoio di bordo non può essere considerata potabile a meno di non trattarla a questo scopo.

L'allestimento della zona notte si può avvalere degli appositi combinati di lenzuola e trapunte, più facili da tenere in ordine, ma resta comunque valida la biancheria casalinga, da abbinare a sacchi a pelo versatili ed eventualmente accoppiabili per i letti matrimoniali.

L'equipaggiamento tecnico per la meccanica deve includere il cric, la chiave per i bulloni delle ruote, un kit riparagomme - fornito obbligatoriamente di serie se il veicolo è privo di ruota di scorta - e qualche accessorio per i piccoli interventi d'emergenza, in special modo fusibili di ricambio e lampadine per l'impianto dei fari. Indispensabili alcune attrezzature per la fruizione degli impianti, quali l'apposito cavo elettrico dotato di prese a norma per l'allaccio alla rete a 220 Volt, un tubo di gomma di lunghezza adeguata per il rifornimento del serbatoio idrico e i liquidi chimici per il trattamento delle acque del wc (reperibili nei market specializzati).

In marcia

Prima di ogni partenza è indispensabile controllare che tutti gli accessi all'abitacolo (porta, finestre, oblò, sportelli dei gavoni, gradino estraibile) siano accuratamente chiusi, che eventuali allacci esterni siano stati correttamente staccati e che i carichi esterni siano saldamente fissati. Vanno inoltre rimossi tutti gli oggetti lasciati su piani o tavoli, per evitare pericolose conseguenze nel caso di una brusca frenata. Le cinture di sicurezza devono essere allacciate sia nei posti in cabina sia in quelli posteriori; è vietato inoltre superare il numero dei passeggeri omologati indicato sulla carta di circolazione.

Nella guida è indispensabile fare attenzione ai maggiori spazi di frenata e di accelerazione e dunque al rispetto della distanza di sicurezza, alle dimensioni del veicolo (non solo lunghezza e larghezza, ma anche l'altezza quando si passa sotto cavalcavia, ponti, grossi rami o in centri abitati con balconi bassi) e allo sbalzo, cioè alla parte che sporge oltre l'asse delle ruote posteriori,

da tenere sotto controllo soprattutto su pendenze e rampe come quelle dei traghetti. Sulle lunghe discese si manterrà un'andatura costante con una marcia medio-bassa, per evitare il surriscaldamento dei freni.
È infine opportuno evitare rallentamenti al traffico, soprattutto sulle strade a una sola corsia per senso di marcia, agevolando il sorpasso ed eventualmente fermandosi in uno slargo adatto per far smaltire la coda che dovesse essersi formata dietro al veicolo.

In sosta

L'autonomia offerta dal camper consente di svincolarsi dalla ricerca di un alloggio, potendo disporre di tutto ciò che serve per i pasti, il riposo e le necessità primarie della vita quotidiana. La sosta libera è regolamentata dall'articolo 185 del Codice della Strada, che equipara il camper (in termine tecnico-legislativo autocaravan) agli altri veicoli e ne riconosce lo stesso diritto alla sosta laddove essa è consentita: ciò a condizione che non si pratichi attività di campeggio, ossia che il mezzo poggi solo sulle ruote senza far uso di piedini di stazionamento o cunei di livellamento, non occupi la sede stradale o gli stalli dei parcheggi in misura eccedente il proprio ingombro (quindi senza sporgenze quali gradini, finestre o verande aperte, attrezzature collocate all'esterno oppure lo sbalzo posteriore che blocca il marciapiedi) e non emetta deflussi se non quelli del motore (in altre parole è severamente vietato scaricare le acque di recupero al suolo, pratica oltretutto decisamente incivile).
Ciò detto, poche regole di buonsenso aiuteranno a trovare una tranquilla postazione di sosta: cercare di arrivare prima che faccia buio per individuare il luogo più adatto al pernottamento, evitare di nascondersi ma anzi rivolgersi alle forze dell'ordine o al gestore di un locale, scegliere un luogo con illuminazione notturna e non troppo isolato, accertarsi della consistenza del terreno e della presenza di buche. È bene inoltre non fermarsi nello stesso sito per più di 48 ore, in modo da favorire il giusto ricambio. Nei grandi centri urbani, dove si è tendenzialmente più esposti al rischio di furti, è preferibile scegliere un parcheggio custodito. Le aree attrezzate citate nella guida e segnalate in carta da un apposito simbolo sono estratte dall'ultima versione aggiornata del *Portolano* e dell'*AgriPleinAir* di *PleinAir*. Ve ne sono di due tipi: quelle pubbliche, allestite da Comuni o altri enti locali e talvolta gratuite, e quelle private, diffuse soprattutto nelle località balneari e presso gli agriturismi. Le dotazioni minime prevedono un pozzetto di scarico per le acque reflue e un erogatore di acqua potabile, ai quali si possono aggiungere l'allaccio elettrico alla rete a 220 Volt e altri servizi.
Per una sosta più confortevole e per poter sbrigare con comodo alcune incombenze domestiche si sceglieranno infine i campeggi che, oltre all'allaccio elettrico e idrico, offrono bar, ristorante, supermarket, ricarica delle bombole del gas, blocchi igienici completi, scarico e altre dotazioni.

Un'area camper immersa nel verde

GLI ITINERARI

VALLE D'AOSTA
Gran Paradiso e non solo

Per chi legge il territorio nell'ottica del turismo all'aria aperta, la Valle d'Aosta è una regione all'avanguardia. Nonostante la presenza di numerosi centri a elevata frequentazione, soprattutto nei mesi invernali, l'equilibrio complessivo delle attività di fruizione, delle infrastrutture ricettive e dell'organizzazione territoriale fa sì che il viaggiatore in camper trovi praticamente ovunque destinazioni di pregio. L'importante è non seguire modelli turistici propri del soggiorno residenziale, utilizzando cioè il camper come fosse un alloggio fisso; è preferibile spostarsi di frequente, anche su un breve raggio, utilizzando non solo le aree attrezzate e i campeggi ma anche le tante semplici soste libere, fermo restando l'assoluto rispetto delle normative e delle regole

Escursionista lungo un sentiero

civili che preservano e favoriscono l'accoglienza degli ospiti itineranti da parte delle comunità locali. Questo atteggiamento consente inoltre di apprezzare i valori più tradizionali di una regione che va giustamente orgogliosa della propria cultura rurale, della saporita gastronomia e delle vivaci espressioni del folklore.

Quando andare

Com'è usuale per gli ambienti montani, specialmente quelli alpini, sono l'altitudine e il clima a governare le diverse opportunità di soggiorno in Valle d'Aosta. Se l'inverno è ricchissimo di mete e di proposte per lo sci alpino, il fondo e le passeggiate con le racchette, la piena estate è ideale per una frequentazione di tipo escursionistico (attenzione alle quote più

elevate, dove è possibile trovare neve anche fino al mese di giugno). Le mezze stagioni, invece, sono i periodi migliori per la visita dei borghi e dei castelli, distribuiti in gran numero sul territorio regionale. Ne sono censiti oltre settanta, spesso di notevole valore storico e architettonico.

Gli itinerari

Lo sci nordico e l'osservazione degli astri sono i due principali motivi di richiamo della prima proposta, in chiave invernale, che si sviluppa nella piccola valle di Saint-Barthélemy.
Il secondo itinerario è ambientato nel cuore del parco nazionale del Gran Paradiso, in Valsavarenche. Si tratta questa volta di un soggiorno estivo su misura per la famiglia sportiva, con molte passeggiate ed escursioni (alcune praticabili anche in mountain bike) che si inoltrano nei magnifici paesaggi della grande area protetta e lungo le pendici del massiccio.
Ancora la mole imponente del Gran Paradiso si staglia a fare da suggestivo sfondo alla terza proposta, ambientata a Cogne: una località in cui l'intensa frequentazione non ha stravolto il paesaggio, coniugando alla scoperta della natura un'efficiente organizzazione turistica.

LA VALLE DI SAINT-BARTHÉLEMY

ITINERARIO 1

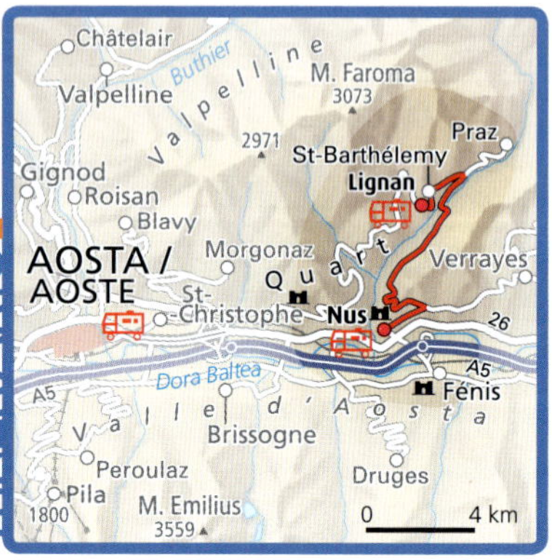

Delle valli che scendono dai due versanti alpini verso l'asse centrale della Valle d'Aosta, una delle meno conosciute è quella percorsa dal torrente Saint-Barthélemy. Nonostante la posizione centrale, a metà strada fra Saint-Vincent e il capoluogo regionale, lo sviluppo turistico di questo piccolo comprensorio era quasi inesistente solo fino a pochi anni fa, quando l'apertura al pubblico dell'osservatorio astronomico di Lignan ha creato un nuovo e importante motivo di visita, intelligentemente sfruttato per proporre soggiorni e attività di matrice diversa rispetto alle grandi stazioni turistiche delle valli maggiori. La bella stagione è il periodo più scontato per una puntata fra questi minuscoli borghi, ma ancora meglio è l'inverno se si cerca una situazione che coniughi il turismo naturalistico e gli sport della neve.

Punto di partenza è l'uscita autostradale di **Nus** (che è del tipo a elevata automazione, con pagamento del pedaggio solo tramite gli usuali dispositivi elettronici). In questo borgo di fondazione romana, lambito dalla statale di fondovalle che corre parallela alla Dora Baltea, all'autostrada e alla ferrovia, si trova qualche possibilità di sosta in alcuni parcheggi periferici: quanto basta per una passeggiata nel centro storico – le cui stradine non sono accessibili ai camper – apprezzando la settecentesca cappella di S. Giovanni Battista e i resti del cosiddetto castello di Pilato, abbandonato dai feudatari alla fine del XVI secolo in favore di un altro maniero eretto su un colle ai margini dell'abitato.
Aggirato il paese, si seguono dalla statale i cartelli che indicano l'osservatorio astronomico, iniziando a salire lungo la strada regionale 36 con bellissime vedute. Qui le pendici sono ricoperte da vigneti, presenza consueta alle quote collinari valdostane: dopo qualche tornante, superate le poche case di Blavy, ecco apparire il bosco mentre ci si immette nello stretto solco scavato dal torrente Saint-Barthélemy. Dopo un

La moderna cupola del planetario di Lignan

tratto quasi pianeggiante, la rotabile attraversa il corso d'acqua e, con un altro tornante, supera la frazione Issologne e sale verso **Lignan**: siamo a soli 15 chilometri da Nus (che è la sede municipale), ma abbiamo superato ben 1.100 metri di dislivello per portarci agli oltre 1.600 di questa località. La posizione è invidiabile, su una sorta di terrazza panoramica che guarda la valle della Dora Baltea e le creste montuose del versante meridionale: l'inquinamento luminoso è praticamente assente, e ciò costituisce una delle ragioni per cui l'osservatorio è stato costruito proprio qui ed è tanto frequentato soprattutto nelle ore notturne, quando gli astri si possono ammirare in tutta la loro affascinante bellezza.

È possibile prenotare la visita anche via Internet, scegliendo tra l'orario pomeridiano e quello serale (osservatorio astronomico della Regione Autonoma Valle d'Aosta, per informazioni tel. 0165 770050, dal lunedì al venerdì, ore 9.30-12 e 14-16, www.oavda.it, info@oavda.it). In attesa di puntare gli occhi al cielo, ci si può dedicare alla scoperta delle piste di fondo che attraversano la valle, formando un'ampia rete che supera i 30 chilometri di lunghezza complessiva.

PERCORSO DI AVVICINAMENTO

Per raggiungere la valle di Saint-Barthélemy si segue l'autostrada A5 Torino-Aosta fino al casello di Nus e si imbocca la statale 26 in direzione di Aosta; si aggira l'abitato, vi si entra da ovest e si svolta a sinistra per Saint-Barthélemy e l'osservatorio. Lignan dista 15 chilometri di buona strada, in salita e con qualche tornante.

Per raggiungere il foyer del fondo, realizzato da pochi anni e dotato di un parcheggio nel quale i camper possono sostare per un massimo di 48 ore, da Lignan bisogna salire per altri tre chilometri verso la **frazione Venoz** e la baita Cret. Lasciato il veicolo negli ampi spazi in prossimità del valico in località L'Artzet, bastano pochi passi per arrivare al centro fondo e accedere agli itinerari del circuito, che attraversano ambienti e paesaggi piuttosto vari. L'esposizione soleggiata e l'altitudine fra i 1.850 e i 2.000 metri,

In inverno la valle di Saint-Barthélemy è ideale per lo sci di fondo e le passeggiate con le racchette da neve

AREE DI SOSTA

La Valle di Saint-Barthélemy è priva di strutture per i veicoli ricreazionali, ma nel parcheggio del centro fondo di **Lignan** è possibile sostare per 48 ore; poiché l'altitudine è di circa 1.900 metri, è facile prevedere che il freddo sia pungente anche nelle giornate di sole. A **Nus** un accogliente punto sosta si trova presso l'**agriturismo** Maison Rosset (via Risorgimento 39, tel. 0165 767176, www.maisonrosset.it, annuale). Chi preferisce una sistemazione più organizzata dovrà indirizzarsi ai campeggi: i più vicini sono quelli di Aosta e di Saint-Vincent, entrambe a 18 chilometri da Nus. Sempre ad **Aosta**, un'**area attrezzata** si trova in via Caduti del Lavoro.

che garantisce un buon innevamento, rendono l'esperienza ancora più piacevole, ma i percorsi vanno scelti con cura in base alle proprie condizioni di allenamento per non affaticarsi troppo. Il tracciato agonistico infatti copre quasi per intero lo sviluppo della rete, con alcuni faticosi saliscendi nella parte finale, e anche quello turistico non è dei più brevi, misurando circa 24 chilometri. Sempre con partenza dal foyer, si può compiere un'escursione di circa tre chilometri con le racchette da neve, raggiungendo in un'ora e mezzo il belvedere naturale dell'**Alpe Tza Fontaney**, a 2.307 metri di quota. Spesso si finisce con il trascorrere sulle piste o sui sentieri l'intera giornata e, al rientro, si avrà l'ulteriore felice sorpresa di trovare il piazzale di sosta quasi deserto, poiché la maggior parte dei turisti giunge in auto e a sera ridiscende verso gli alberghi o i luoghi di residenza. Chi invece ha prenotato la visita serale all'**osservatorio** farà ritorno prima del tramonto a Lignan (dove si trovano un altro piccolo anello per il fondo e uno snowpark, solitamente aperto nei finesettimana e il mercoledì pomeriggio). L'osservazione dei corpi celesti è un'attività divenuta sempre più popolare negli ultimi anni e, nell'Italia settentrionale, l'osservatorio valdostano ne è una delle mete d'elezione. La prima parte dell'incontro si svolge all'interno della struttura, con una piacevole illustrazione dei fenomeni astronomici; poi ci si sposta sulla terrazza didattica esterna dove i visitatori si alternano ai sette telescopi, ognuno dei quali viene puntato su un pianeta del sistema solare o su altre galassie. Indispensabile però ricordare che nelle limpide notti invernali la temperatura può scendere molto al di sotto dello zero e quindi ci si dovrà abbigliare in maniera adeguata, proteggendo in particolare le estremità e senza temere esagerazioni: è questo il saggio consiglio del gestore dell'osteria Saint-Barthélemy, utile approdo per la cena poiché dista pochi minuti a piedi dall'osservatorio.

ITINERARI DEL GUSTO

La saporita gastronomia valdostana è quanto di meglio per rinfrancarsi dopo una giornata sulla neve. Nella Valle di Saint-Barthélemy non mancano buoni riferimenti: primo fra tutti l'hotel Cuney di Lignan, che offre una cucina di rustica genuinità a base di prodotti propri o forniti da aziende agricole del circondario, oltre a una lista di vini che include il meglio dell'enologia locale (tel. 0165 770023, chiuso il mercoledì). Classiche e altrettanto tipiche le proposte dell'osteria Saint-Barthélemy, che si trova proprio sulla piazza centrale e il cui parcheggio è a pochi minuti di passeggiata dall'osservatorio (tel. 346 4080302, chiuso il lunedì). Un'altra possibilità di recente apertura, all'interno dell'ostello per la gioventù, è offerta dal ristorante Lignan Gnam che prevede anche menù a prezzo fisso (tel. 340 5185483).

LA VALSAVARENCHE

PERCORSO DI AVVICINAMENTO

Dalla A5 Torino-Aosta si esce ad Aosta Ovest-Aymavilles, quindi si imbocca la SS26 in direzione di Aosta e poco dopo si svolta verso Courmayeur. Giunti a Villeneuve, si devia per Introd e si supera l'abitato fino al bivio per la Valsavarenche.

Incuneata fra la Val di Cogne e la Val di Rhêmes e percorsa dal torrente Savara, la **Valsavarenche** è il cuore selvaggio del Gran Paradiso valdostano ed è interamente protetta dall'omonimo parco nazionale, il primo istituito in Italia: la sua nascita, curiosamente, si deve alla passione per la caccia di Vittorio Emanuele II, che nel 1856 dichiarò riserva venatoria una parte dell'odierno territorio posto sotto tutela e fece tracciare una serie di mulattiere e di camminamenti, ancora oggi utilizzati per le attività turistiche e la sorveglianza. Fu invece Vittorio Emanuele III, nel 1919, a donare la riserva allo Stato italiano destinandola alla creazione di un parco, e così avvenne nel 1922. La seconda guerra mondiale vide una forte recrudescenza del bracconaggio, che decimò gli stambecchi fino a ridurli a poche centinaia

Architettura tradizionale nella borgata di Creton

di esemplari, mentre le incomprensioni tra la popolazione e l'ente gestore negli anni Sessanta-Ottanta causarono più di una difficoltà nello sviluppo dell'area. Oggi la situazione è di segno opposto: una vera e propria rinascita della natura e del turismo ecocompatibile, divenuto un'importantissima risorsa per la zona.

Il parco nazionale del Gran Paradiso, del resto, è uno dei più fruibili nel novero delle aree protette italiane, tanto da aver ricevuto un diploma dal Consiglio d'Europa. Il paesaggio alterna imponenti vette coronate da ghiacciai (se ne possono vedere ben quattordici) a praterie d'alta quota e a vaste distese di conifere, specialmente abeti e larici. Qui vivono numerose specie di mammiferi, tra cui le simpatiche marmotte, presenti in foltissima schiera insieme a migliaia di stambecchi e di camosci; i cieli sono attraversati dall'aquila reale e dal gipeto, un altro grande rapace che all'inizio del '900 era quasi scomparso ma è stato reintrodotto grazie a un progetto internazionale di ampia portata. Dall'autostrada Torino-Aosta si accede facilmente alla valle da **Introd**, da cui si diparte anche la Val di Rhêmes. Il borgo medievale, risalente al XII secolo, offre tra l'altro un castello con annesse stalle e scuderie, alcuni granai in pietra e legno assai rappresentativi dell'architettura rurale valdostana, alcune chiese e cappelle, un ponte alto ben 80 metri che scavalca una forra di notevole suggestione e, non da ultimo, il Parc Animalier d'Introd, un centro faunistico privato dove è possibile avere incontri ravvicinati con la fauna del parco. Da qui alla testa della valle i chilometri sono appena 23, ma lungo il percorso abbondano le occasioni di scoperta, soprattutto dalla tarda primavera all'inizio dell'autunno. Il contesto è ideale per le vacanze estive delle famiglie, con facili passeggiate adatte ai bambini, qualche bella sgroppata in mountain bike e, per i più sportivi, varie opportunità di praticare alpinismo e arrampicata. Nonostante la frequentazione, l'affollamento non è mai eccessivo: basti pensare che i quindici nuclei abitati della Valsavarenche accolgono circa 200 residenti.
Prima tappa è il capoluogo della valle,

In sosta presso il Camping Pont Breuil in testa alla Valsavarenche, sul versante valdostano del Gran Paradiso

Dégioz, posto a 1.541 metri di quota e di aspetto molto grazioso con le sue rustiche case e la chiesa del 1884, affiancata da un campanile quattrocentesco. Proprio all'ingresso del paese si trova una piccola ma funzionale area attrezzata, dove far base per l'esplorazione dei dintorni. Le carte escursionistiche e altri materiali divulgativi sono reperibili presso il centro visitatori del parco, che organizza uscite guidate e ospita una mostra permanente dedicata alla lince. Sulla stessa piazza c'è la Maison de la Montagne, fornita di biblioteca e videoteca, mentre nella parte più antica del borgo si può visitare il museo etnografico, allestito nella sede della Pro Loco, che attraverso oggetti e fotografie ricostruisce la storia e la vita quotidiana della comunità.

Una prima facile escursione parte dal villaggio di **Vers-le-Bois**, che si trova proprio di fronte, sulla sponda opposta del torrente Savara. Seguendo l'ampio sentiero individuato dal numero 8, percorribile anche con il rampichino, si sale attraverso un bellissimo bosco di conifere giungendo in circa due ore e mezzo all'altipiano di **Orvieille**, dove Vittorio Emanuele II aveva fatto costruire uno dei suoi casini di caccia. Chi vuole portarsi ancora più in alto può prendere l'Alta Via n. 2 – un bellissimo itinerario estivo che si snoda tra Courmayeur, La Thuile, Cogne, Champorcher e Donnas con ben quattordici tappe – salendo in circa un'ora e mezzo ai 2.515 metri dei panoramici **Laghi Djouan**.
Per il rientro a Dégioz si può ripercorrere il sentiero dell'andata o scegliere una delle varianti: il sentiero n. 7, che passa per **Creton** attraversando una zona ricca di marmotte, oppure il percorso didattico-naturalistico che ricalca l'Alta Via n. 2 scendendo fino ad **Eaux Rousses**. Quest'ultima località, che si trova poco più di tre chilometri a monte di Dégioz, deve il nome alla presenza di una sorgente di acque ferruginose ed è il riferimento per un'altra appassionante escursione che ha per protagonisti gli stambecchi. Gli ungulati del parco si possono osservare con relativa facilità, specialmente al mattino, nel **Vallone di Levionaz**, cui si arriva in circa tre ore. I tre minuscoli abitati di Levionaz di Sotto, di Mezzo e di Sopra, posti fra i 2.300 e i 2.650 metri di altitudine, ricordano nel nome le soste delle migrazioni stagionali delle mandrie. Se invece si vuole trascorrere una giornata nel verde in assoluta tranquillità, dalla strada di fondovalle ci si porta rapidamente all'area picnic **Le Foncey**, poco a monte di Eaux Rousses, attrezzata con tavoli, panche, fontane, barbecue e servizi igienici (aperta da giugno a settembre,

ITINERARI DEL GUSTO

La fontina valdostana, oggi insignita della Dop, non ha certo bisogno di presentazioni: questo celebre formaggio, ottenuto dal latte delle vacche di razza pezzata rossa lasciate al pascolo sugli alpeggi, è una delle specialità della Valsavarenche. Fra i produttori si segnala, nella località di Bettex, il caseificio Rina Ducret (tel. 348 2942773). Assai ricercato dagli estimatori è poi il *boudin*, un insaccato a base di sangue di maiale che secondo la ricetta originaria viene lavorato e condito con patate, rape, lardo, sale, pepe, aglio, rosmarino, salvia, bacche di ginepro e spezie varie: ottimo quello che si può degustare e acquistare presso l'agriturismo Lo Mayen in località Bien (tel. 0165 905735). Queste e molte altre specialità sono servite nei ristoranti della valle, molti dei quali inseriti in alberghi di antica tradizione. Da ricordare infine le tante varietà di miele, in particolare quelli di rododendro, millefiori, castagno e tiglio.

ingresso 1,50 euro, gratuito per bambini fino a 5 anni, tel. 328 1373718).
Chi vuole spostarsi da Dégioz verso la parte alta della valle dovrà fare riferimento, per una permanenza di qualche giorno, ai camping di Bien, del Plan de la Pesse o di **Pont**. La strada termina appunto in questo villaggio, che dispone anche di un ampio spazio di sosta in cui è possibile lasciare il camper nelle ore diurne: quanto basta per alcune delle passeggiate più facili, come quella che sul sentiero 2 segue il torrente salendo con dolcezza in un paio d'ore circa verso il ghiacciaio del **Grand Etret**. Alla portata di tutti o quasi, anche se più impegnativo, è anche l'itinerario che in circa tre ore sale al **Colle del Nivolet** e ai suoi laghi: dal versante piemontese vi si può arrivare con una rotabile, mentre da questo lato l'unico accesso è il sentiero 3 che inizia accanto all'hotel Gran Paradiso. Con un'ora di cammino si giunge alla Croce della Roley (o dell'Arolley), poi si sfiora una cascata e, superato un tratto più impervio, ci si porta su un bellissimo pianoro punteggiato da stagni e torbiere, attraversato dalla Dora del Nivolet. Superato il lungo *plateau*, sul quale non è difficile avvistare marmotte e altri animali, si raggiunge il valico, che dall'alto dei suoi 2.613 metri domina i bacini sottostanti del Lago Agnel e del Lago Serrù, già in provincia di Torino. Dai vicini rifugi Savoia e Città di Chivasso, dove fermarsi per una pausa ristoratrice, gli escursionisti più allenati possono proseguire sui sentieri 3b e 3c che conducono al Lago Rosset e al Lago Trebecchi.
Sempre partendo da Pont, ma sul versante opposto, con il sentiero 1 si impiegano due ore circa per arrivare al rifugio Vittorio Emanuele II, che affaccia sul piccolo **Lago di Moncorvé** ed è assai frequentato dagli alpinisti.
Da qui, seguendo il panoramico sentiero n. 1a, un paio d'ore di saliscendi conducono sino ai 2.750 metri del rifugio intitolato a Federico Chabod, storico, alpinista e primo presidente della Regione Autonoma Valle d'Aosta: la struttura, in splendida posizione, offre una vista ampia su tutto il massiccio del Gran Paradiso, perfetta conclusione del soggiorno in Valsavarenche.

AREE DI SOSTA

Nel territorio del parco nazionale del Gran Paradiso la sosta libera è generalmente ammessa a patto di non creare assembramenti e di rispettare scrupolosamente il Codice della Strada (è vietato cioè aprire i piedini di stazionamento del camper o collocare attrezzature di qualsiasi tipo all'esterno del veicolo). L'unica **area attrezzata**, in grado di ospitare undici veicoli, è quella di **Dégioz**, posta all'ingresso dell'abitato, con ticket acquistabile presso il Municipio (tel. 0165 905703) e in alcuni punti vendita poco lontani. L'area non è fruibile nel periodo invernale. Chi preferisce una sistemazione più confortevole può invece scegliere i campeggi al Plan de la Pesse, a Bien e a Pont.

Lo stambecco, simbolo del parco del Gran Paradiso

LA VAL DI COGNE

Tra le destinazioni invernali più rinomate della Valle d'Aosta, il territorio di **Cogne** è un ottimo esempio di quella diversificazione dell'offerta che permette di contenere l'impatto ambientale del turismo e delle connesse attività ricettive e di fruizione. Lo si nota prima di tutto osservando il paesaggio, dominato dal maestoso profilo del Gran Paradiso: all'arrivo, anziché l'usuale congerie di hotel, baite e villette che hanno stravolto l'aspetto di tante località montane, ci si trova di fronte alla distesa dei **Prati di S. Orso**, ai cui margini sorge l'abitato. Qui ovviamente non mancano le sistemazioni alberghiere, ma neppure una comoda area di sosta con tutti i servizi di base, approdo di un folto numero di equipaggi in camper.

Parcheggiato il veicolo, non resta che scoprire la vivace atmosfera e le ricche opportunità del luogo, specialmente per quanto riguarda lo sci di fondo: ben dodici anelli battuti per 80 chilometri complessivi, da quelli più brevi e facili per i principianti al difficile circuito utilizzato per le gare di Coppa del Mondo e altre competizioni di elevato livello. Anche per le escursioni con le racchette da neve c'è l'imbarazzo della scelta, con nove itinerari segnalati che richiedono da mezz'ora a un'ora e mezzo, mentre chi vuole dedicarsi allo sci alpino può disporre di tre impianti di risalita e una piccola rete di piste piuttosto facili, se si eccettua un breve tratto di nera, più difficile. Fra le molte altre attività invernali troviamo le escursioni con i cani da slitta, un divertente snowpark molto amato dagli ospiti più giovani e una pista di pattinaggio su ghiaccio all'aperto che viene allestita in prossimità della centrale piazza Chanoux, dove si trova l'ufficio turistico: il punto più indicato da cui partire per una passeggiata fra le belle case del paese, con la parrocchiale di S. Orso e il curioso museo dei Merletti.

PERCORSO DI AVVICINAMENTO

Dalla A5 Torino-Aosta si esce al casello di Aosta Ovest, all'altezza di Aymavilles, e si imbocca la strada regionale 47 per Cogne, che dista poco più di 20 chilometri.

AREE DI SOSTA

Oltre ai campeggi della valle (alcuni dei quali aperti solo d'estate), **Cogne** offre un'area attrezzata a pagamento per i camper in località Revettaz, a pochi passi dal paese. Dispone di 130 posti con camper service, allaccio alla corrente elettrica, servizi igienici (tel. 328 9036422, www.comune.cogne.ao.it, areacampercogne@gmail.com).
Nella frazione Lillaz si trova un'altra area di sosta a pagamento per circa 32 veicoli, dotata di camper service a uso gratuito (tel. 328 9036422).

Scorcio di Cogne con l'area di sosta per i camper

PIEMONTE

Natura e buona tavola

A chi vuole trascorrere una vacanza nella natura, il Piemonte offre numerose possibilità di altissima qualità. Le sue Alpi presentano cime fra le più maestose, valli lunghe e accoglienti, escursioni a non finire e, anche nelle poche aree di forte pressione turistica, una natura ben protetta e agglomerati urbani omogenei all'ambiente. Le medie e basse quote annoverano invece castelli e santuari, cittadine preziose e curiosità naturalistiche, oasi protette e dolci colline, spesso ricoperte da vigneti. Assolutamente rilevante la gastronomia, in ambito sia culinario sia enologico, e di particolare interesse le testimonianze culturali occitane, assai diffuse e ancora vive nelle zone al confine con la Provenza alpina. La natura dei luoghi e la tradizione turistica relativamente giovane – se si ec-

La Galleria Grande della reggia di Venaria Reale

cettuano le poche località storicamente frequentate dalla nobiltà sabauda e da un turismo d'élite – fanno sì che la buona riuscita del soggiorno dipenda anche dalla disponibilità di servizi specifici per i veicoli ricreazionali, richiedendo talvolta un certo spirito di adattamento nelle zone più remote. Si tratta però di un'offerta in continua evoluzione, che agli approdi più strutturati affianca buone possibilità di sosta libera per chi ama entrare in contatto con l'ambiente senza mediazioni.

Quando andare

Ogni periodo dell'anno è ideale per la visita: i sentieri percorsi in estate da escursionisti e cicloturisti si trasformano d'inverno in piste per il fondo o percorsi per passeggiate con le racchette da neve, mentre i centri storici e i complessi monumentali sono ottime destinazioni per i brevi viaggi di primavera e d'autunno. Quest'ultima stagione è inoltre la più indicata per gli itinerari enogastronomici, specialmente nelle aree collinari in cui si trovano alcune eccellenze del territorio.

Gli itinerari

L'ampio bacino delle valli del Cuneese, che offrono paesaggi montani di piacevole varietà, è al centro del primo itinerario che – anche per la presenza di molte strutture dedicate agli ospiti itineranti – consente di trascorrervi un'intera vacanza, con una conclusione da buongustai sui colli delle Langhe e del Roero. Anche la seconda proposta si sviluppa in ambiente vallivo, in questo caso però a nord-ovest di Torino, lungo i tre rami della Stura di Lanzo. Qui l'ambientazione è prettamente invernale, con numerose opportunità dedicate agli amanti del fondo e dell'escursionismo sulla neve.

Imperdibile meta conclusiva, la splendida reggia sabauda di Venaria Reale (con il vicino parco regionale La Mandria, che offre numerose opportunità di escursioni naturalistiche ed è ricco di interessi florofaunistici e geologici) è uno dei nuovi simboli del patrimonio artistico e culturale della penisola.

LE VALLI DEL CUNEESE

Sono davvero poche, in Italia, le aree che possono vantare una rete di infrastrutture per gli ospiti itineranti come le valli cuneesi: ed è proprio la fitta e ben distribuita presenza di tali approdi a suggerire numerose opportunità di visita, percorrendo a raggiera l'ampio territorio che si distende a sud e a ovest del capoluogo. A completare l'offerta, la stessa Cuneo e le località vicine offrono motivi di interesse, oltre al più defilato Albese, che potrebbe costituire un itinerario a sé.

Una situazione così articolata richiede una pianificazione attenta per impiegare al meglio il tempo di cui si dispone: se una singola valle può diventare lo scenario di una vacanza breve, è altresì possibile comporre a piacimento i diversi comprensori per trascorrere nella zona fino a due o tre settimane. In tutti i casi la partenza avviene da basse quote, tracciando un percorso ad anello da cui accedere alle varie diramazioni.

Iniziamo dunque la visita – ipotizzando l'arrivo dai grandi assi autostradali che scendono da nord – dalle città e da alcuni centri della pianura che, pur non identici nell'impianto urbanistico, si segnalano per la presenza di un nucleo medievale abbellitosi nei secoli con residenze signorili, palazzi civici, chiese ricche di opere d'arte e portici tradizionalmente frequentati per il passeggio quotidiano. Così è per Savigliano (un buon punto d'ingresso facilmente raggiungibile dal casello di Marene della A6 Torino-Savona), Saluzzo, Fossano e naturalmente Cuneo, il cui ordinato centro cittadino riflette la cura che la comunità riserva al patrimonio storico.
Aree attrezzate e parcheggi suppliscono alle necessità dei camperisti; nelle località in cui mancano le prime, è bene sostare nei quartieri più esterni poiché quelli centrali (facilmente raggiungibili a piedi o in bicicletta, per via delle brevi distanze) sono talvolta soggetti in più di un caso a limitazioni del traffico pri-

Panorama di Garessio dalla spianata su cui sorgeva il castello

PERCORSO DI AVVICINAMENTO

L'accesso principale alle valli del Cuneese è la A6 Torino-Savona, che a nord incrocia la A4 Torino-Trieste e a sud la A10 Genova-Ventimiglia. Le Langhe e il Roero si raggiungono anche con il raccordo Asti-Bra, che collega la A6 alla A21 Torino-Piacenza.

vato. Così è ad esempio nella città alta di **Mondovì**, in parte pedonalizzata, dove soffermarsi su piazza Maggiore con il medievale palazzo dei Bressani, il quattrocentesco Palazzo di Città e la chiesa della Missione, in cui è conservata la *Gloria di San Francesco Saverio*, affresco di Andrea Pozzo. Da qui si sale fino al giardino del Belvedere, con vista sulle Alpi Marittime, sul Monviso e sulle Langhe; al centro sorge la Torre Civica, risalente al XIV secolo.
A ovest della cittadina, nel quadrilatero delimitato dai paesi di Pogliola, San Biagio, Morozzo, Crava e Rocca de' Baldi, ci si ritrova immersi in un paesaggio di boschi, coltivi, torrenti e ruscelli, fattorie e piccoli borghi. Cuore di tanta bellezza è l'**oasi di Crava Morozzo**, con i Laghi di Morozzo e il rifugio faunistico: vi si arriva con una lunga passeggiata dopo aver lasciato il camper in prossimità dell'accesso, tra Crava e il delizioso centro di Rocca de' Baldi, ben ripristinato nelle sue linee di architettura rurale.

Ci spostiamo ora verso la Liguria per iniziare l'esplorazione a pettine delle valli, non senza una tappa al grandioso **santuario di Vicoforte**: costruito tra il 1596 e il 1891, presenta una gigantesca cupola ovale (la più grande del mondo di questa forma) e quattro campanili angolari. Un percorso attrezzato consente ai visitatori, imbragati e muniti di casco, di salire in cima alla cupola utilizzando gli antichi camminamenti impiegati dalle maestranze. Più avanti si incontrano le deviazioni per le valli monregalesi e altre valli minori, che richiamano un vivace flusso turistico perlopiù locale e offrono un buon numero di campeggi e altri approdi all'aria aperta.
Giunti a Ceva si imbocca la **Val Tanaro**, percorsa dall'omonimo fiume e dall'adiacente statale del Col di Nava: i due capisaldi dell'esplorazione, dotati di area attrezzata e frequentati per gli sport di montagna estivi e invernali, sono i paesi di **Garessio**, al centro della valle, e di **Ormea**, a 36 chilometri dal bivio e a sei dal valico. La prima località, conosciuta anche per le acque termali, ha il principale motivo di interesse nel Borgo Maggiore e in alcuni monumenti delle campagne vicine, in particolare la Torre Saracena della frazione Barchi, il santuario della Madonna delle Grazie a Valsorda e la certosa-castello. Quanto a Ormea, il suo fascino risiede nel labirinto di vicoli e stradine del nucleo antico, che ospita fra l'altro la Casa del museo etnografico Alta Val Tanaro.
Ridiscesi a Ceva, si torna a Mondovì

Scorcio della cupola del santuario di Vicoforte

lasciando la statale per la strada secondaria che percorre un tratto della Valle Ellero (due aree attrezzate si trovano a Roccaforte Mondovì) e porta in **Valle Pesio**. Al termine della strada asfaltata che vi sale in 10 chilometri da Chiusa di Pesio sorge la celebre **certosa di Pesio**, notevole sia architettonicamente sia per il contesto paesaggistico, con spazi attrezzati per la sosta e possibilità di passeggiate. Più in alto, alcuni valloni torrentizi convergono all'altezza dello stupendo **Pian delle Gorre**; a tutelare la preziosa natura di queste montagne è il **parco Alta Valle Pesio e Tanaro**, ammirevolmente organizzato sia per la protezione dell'ambiente, sia per la sua fruizione. Indispensabile pro-

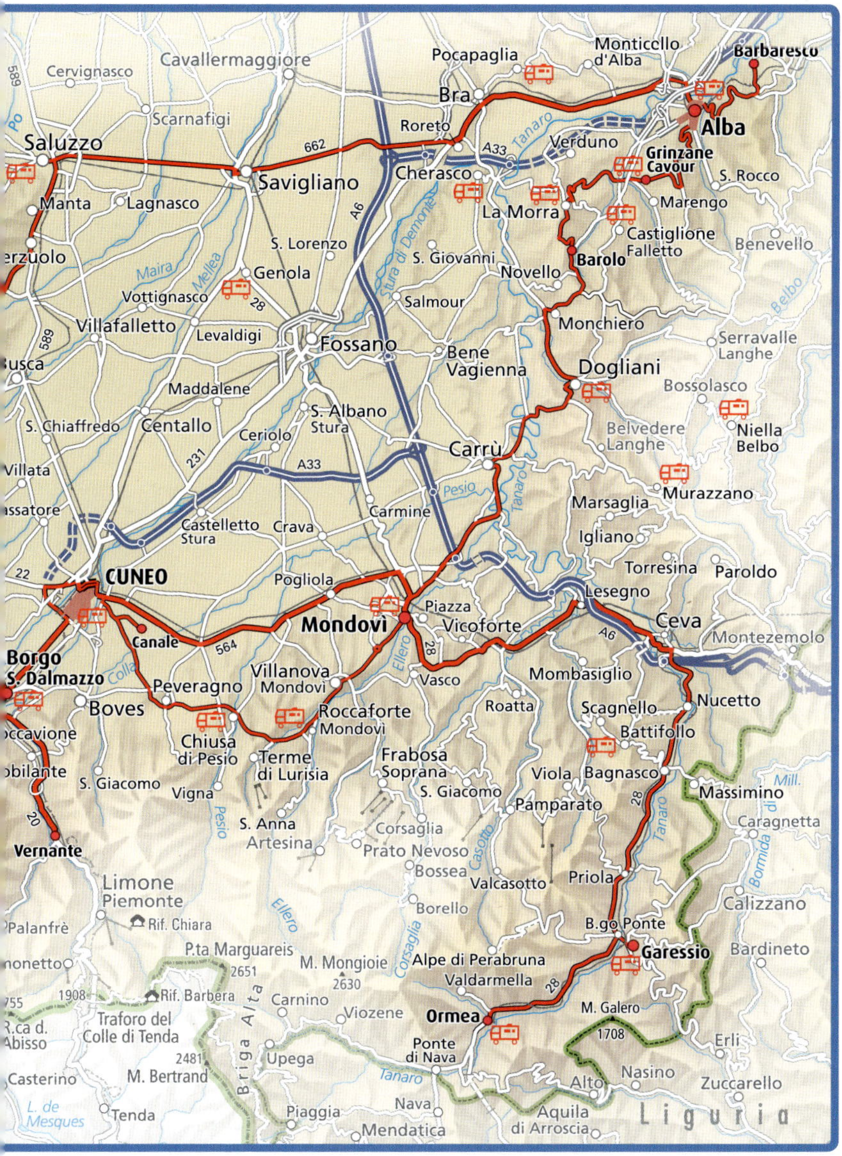

curarsi, negli uffici turistici locali o nei centri visita del parco, una carta escursionistica che consenta di conoscere le innumerevoli escursioni, assai varie per durata e difficoltà.

Da Chiusa di Pesio si continua per **Borgo San Dalmazzo**, immediatamente a sud di Cuneo: alcune piste ciclabili permettono di inoltrarsi nelle campagne, facendo base nell'area attrezzata che funge da utile riferimento anche per organizzare l'esplorazione delle tre valli qui convergenti. La prima di esse è la **Val Vermenagna**, nota e frequentata grazie al richiamo di Limone Piemonte. Al Colle di Tenda (la rotabile, in tutto 26 chilometri da Borgo San Dalmazzo, è stretta ma non impraticabile per veicoli di dimensioni standard) si supera il confine con la Francia, dove la strada diventa carrareccia; è il momento di lasciare il camper in uno degli spazi liberi nei dintorni per proseguire con la mountain bike sulla sterrata, che corre in cresta per una trentina di chilometri sia a destra, sia a sinistra del colle.

Nel tornare a valle, merita una sosta il paese di **Vernante** che ospita un ciclo di murales dedicati alle avventure di Pinocchio. Qui si stacca la stradina per la **riserva regionale Bosco e Laghi di Palanfré**, la cui bellezza paesaggistica preannuncia quella del parco delle Alpi Marittime che toccheremo nella tappa successiva.

Ridiscesi a Borgo San Dalmazzo, ci addentriamo in **Valle Gesso**. Poco oltre Valdieri, la strada si biforca in direzione di **Sant'Anna** da un lato e di **Entracque** dall'altro, con le rispettive aree attrezzate. Alle medie quote si aprono splendide conche prative (famosa tra gli escursionisti quella del Valasco), mentre i valloni che si protendono verso la cima dell'Argentera e il cuore del **parco naturale regionale delle Alpi Marittime** sono di aspra conformazione,

Le formazioni rocciose nella riserva dei Ciciu del Villar

ITINERARI DEL GUSTO

Nel Cuneese c'è da perdersi tra le inesauribili suggestioni enogastronomiche del territorio: e se Langhe e Roero sono già di per sé sinonimo di buon vino e buon cibo, anche la cucina delle valli annovera deliziose specialità, ispirate soprattutto alla tradizione alpina occitana. Ne sono esempio i tanti piatti di montagna, con ampio ricorso a polenta, patate e formaggi, ma con l'accento distintivo dell'aglio che rimanda alla terra d'origine di queste genti, la Provenza.

Non sorprenda infine scoprire che la stessa Cuneo è un'ottima tappa per gli acquisti enogastronomici: le vetrine del centro propongono un vastissimo assortimento di prodotti tipici in bilico tra le Langhe, con i grandi vini rossi, il tartufo d'Alba e il bue di Carrù, e le vallate alpine, generose di formaggi che rispondono ai nomi di Murazzano, Castelmagno, Raschera e Toma Piemontese, tutti insigniti della Dop. Dulcis in fundo, i cuneesi al rum che, con i marron glacé, sono al vertice delle specialità cittadine.

adatti a trekker esperti. I più accessibili fanno capo alle **Terme di Valdieri** e a San Giacomo, sopra Entracque.

Nuovamente da Borgo San Dalmazzo si percorre la statale 21 del Colle della Maddalena, entrando in **Valle Stura di Demonte**, la principale del Cuneese, con un ambiente ben preservato e ampiamente fruibile. Le strutture ricettive all'aria aperta, inoltre, sono distribuite con regolarità lungo i suoi 53 chilometri fino ad Argentera. **Vinadio**, il cui storico forte è uno dei simboli della provincia, si trova al centro della valle e da sempre ne è punto strategico, un tempo per la difesa del territorio, oggi per il turismo: a valle dell'abitato sono tutte da scoprire le vecchie strade militari utilizzate per il cicloturismo d'estate e per lo sci di fondo d'inverno.

Non meno interessanti, per analoghe

ragioni, sono gli altri paesi che si incontrano lungo il percorso. A **Gaiola** si può sostare presso uno dei centri di rafting che operano sulla Stura, le cui acque sono molto adatte alla pratica di questo sport. **Demonte**, con gli eleganti portici che affiancano la via centrale, conserva palazzo Borelli di epoca barocca, il forte della Consolata e alcune chiese con dipinti. Singolari sono anche la torre dell'Orologio e i resti dell'acquedotto romanico di **Aisone**, il cui semplice fascino di borgo montano si ritrova anche a **Sambuco** (dove si alleva il famoso agnello sambucano dalle carni delicate e gustose), Pietraporzio, Pontebernardo e nelle frazioni sparse di **Argentera**.

Per portarsi in **Val Grana** non conviene seguire la stretta e tortuosa provinciale che vi giunge da Demonte: meglio tornare a Borgo San Dalmazzo e raggiungere Caraglio, dove si imbocca la strada che percorre la valle, aspra e dolce al tempo stesso, frequentata dal turismo pendolare grazie alla buona cucina e al fatto che in breve tempo è possibile raggiungere il **santuario di Castelmagno**, nelle cui vicinanze è consentito sostare con il camper. Elementi peculiari del luogo sono gli spettacolari valloni laterali e le borgate occitane nei dintorni: l'insieme offre la possibilità di compiere numerose passeggiate, in cui i motivi naturalistici si alternano a quelli del folklore. Di particolare suggestione l'itinerario che si snoda tra **Monterosso Grana** e **Santa Lucia**: seguendo le indicazioni per il museo etnografico Coumboscuro, significativa raccolta di oggetti della civiltà provenzale alpina, si arriva a un gruppo di case raccolte intorno a una chiesetta arricchita da sculture artigianali in legno. L'interesse culturale prevale nella visita alle borgate di Marchion, Bosco e Borné, mentre quello paesaggistico emerge nei siti di Ogie, Bonaglia, Ross, Rocca Stella e Roccasson; salendo a Campomolino se ne può effettuare il giro, che tocca l'apice nell'arroccata e panoramica borgata di Colletto. I valloni circostanti si possono visitare seguendo un sentiero che inanella gli abitati di Valliera, Batuira e Campofeis, per un'escursione completa molto appagante.

Tornati alla statale 22, si entra in **Valle Maira**, fra le più articolate dell'intero sistema. Le architetture, l'arte minore,

L'area di sosta di Vinadio, in un pianoro tra le montagne del Cuneese

la morfologia del territorio e il tipo di escursionismo che vi si può praticare, presentano una spiccata originalità. Le zone di maggior richiamo sono **Dronero** e i dintorni, con la Via dei Santuari e la **riserva naturale dei Ciciu del Villar** (rocce a forma di fungo collegate da sentieri attrezzati); il fondovalle con le borgate di Pagliero, Caudano, Ussolo e le chiese di S. Pietro e S. Maria; il vallone di **Marmora**, particolarmente ricco di testimonianze relative all'architettura e al lavoro rurale e, infine, la borgata di **Elva**, in posizione panoramica, la cui preziosa parrocchiale è ornata da un ciclo di affreschi del XV secolo del Maestro di Elva.

AREE DI SOSTA

Oltre alle opportunità di sosta libera menzionate nel testo e ad altre che si individuano facilmente una volta giunti sul posto, la ricettività all'aria aperta nel Cuneese è decisamente sviluppata, anche in molte località minori, e articolata nelle diverse tipologie, compresa quella agrituristica: si può dunque scegliere fra varie ambientazioni, contando inoltre su un'apertura annuale o comunque prolungata. Nell'elenco che segue, le strutture sono state suddivise per comprensorio allo scopo di agevolarne la ricerca.

Cuneo e la pianura

CUNEO • **Area attrezzata** in località San Rocco Castagnaretta. • **Area attrezzata** in Frazione Madonna dell'Olmo, all'incrocio fra via Torino e via Valle del Po.

GENOLA • **Area attrezzata** gratuita presso il centro vendita Grosso Vacanze, via Divisione Alpina Cuneense 2, tel. 0172 68650, www.grossovacanze.com.

MONDOVÌ • **Area attrezzata** in piazza della Repubblica presso l'ex stazione ferroviaria.

SALUZZO • **Area attrezzata** gratuita presso il parcheggio Bodoni in via Matteo Oliviero.

Val Tanaro

BATTIFOLLO • **Area attrezzata** Pian del Mondo, Via Crosa, Tel. 366 7113715, 011 9969412, areecamper@newservicepark.it.

GARESSIO • **Area attrezzata** gratuita in viale Garelli, Ufficio del Turismo tel. 0174 81122, www.garessio.net.

ORMEA • **Area attrezzata** a pagamento in via Orti. • **Area attrezzata** presso Riserva La Regina, via Martinetto 3 bis, tel. 0174 393038, www.riservalaregina.it, info@riservalaregina.it.

Valle Pesio

CHIUSA DI PESIO • **Punto sosta** presso l'area Gombin in località Borgo Ardua.

ROCCAFORTE MONDOVÌ • **Area attrezzata** gratuita in via Valle Ellero. • **Area attrezzata** gratuita in via Cavalier Barisione, Frazione Lurisia.

Val Vermenagna e Valle Gesso

BORGO SAN DALMAZZO • **Area attrezzata** in via Vittorio Veneto, adiacente ai campi sportivi.

ENTRACQUE • **Area attrezzata** a pagamento presso gli impianti sportivi Gelas, località Mulino, tel. 0171 978616, www.turismoentracque.it/attivita/area-camper-entracque.

SANT'ANNA DI VALDIERI • **Area attrezzata** a pagamento presso il Centro Alpino Sant'Anna, dopo il ponte, tel. 345 3113666, ilcentroalpino@libero.it.

TERME DI VALDIERI • **Area attrezzata** a pagamento gestita dal parco delle Alpi Marittime.

Valle Stura di Demonte

BAGNI DI VINADIO • **Area attrezzata** nei pressi delle terme in località Strepeis.

BERSEZIO • **Area attrezzata** a pagamento nel parcheggio della seggiovia.

DEMONTE • **Area attrezzata** presso il ristorante La Trota, sulla SS21.

GAIOLA • **Punto sosta** a pagamento presso il centro sportivo Rafting Canoa Stiera, tel. 0171

La dislocazione delle aree attrezzate si rivela ottimale per la visita, contando inoltre sulla presenza dei campeggi, tra cui quello comunale di Prazzo, dove convergono i valloni di Marmora, Canosio ed Elva. Da consigliare inoltre la mountain bike, che consente di abbreviare i tempi grazie a percorsi sterrati ma quasi pianeggianti anche a quote medio alte, nel fondovalle, molto facile il tracciato che ricalca la pista di sci di fondo tra Ponte Marmora e Acceglio.

Dal centro della valle, a Stroppo, si può passare in **Val Varaita** prendendo la strada interna per Sampeyre, tortuosa

74204, www.rafting-canoa.it, info@rafting-canoa.it. Richiesta la prenotazione (annuale).

PIETRAPORZIO • Area attrezzata a pagamento sulla SS21 del Colle della Maddalena km 42+950, frazione Pontebernardo.

VINADIO • Area attrezzata ai piedi del forte sulla SS21.

Valle Maira

ACCEGLIO • Area attrezzata alle sorgenti del Maira, presso la frazione di Saretto.

CANOSIO • Area attrezzata a pagamento adiacente al camping Lou Dahu, via Provinciale 6, SP113, tel. 0171 998305, www.campingloudahu.com, (dal 1° maggio al 30 settembre).

CARTIGNANO • Area attrezzata in prossimità del ponte della SS22.

Val Varaita

MELLE • Area attrezzata comunale gratuita nella zona degli impianti sportivi.

PONTECHIANALE • Area attrezzata in zona pineta.

VALMALA • Area attrezzata in località Piano Pietro (dal 1° aprile al 15 ottobre).

VENASCA • Area attrezzata lungo la provinciale sulla circonvallazione del paese.

Langhe e Roero

ALBA • Area attrezzata in corso Piave, di fronte al camping Alba Village.

CASTIGLIONE FALLETTO • Area attrezzata in piazzale Muntelier, presso l'area sportiva comunale.

CHERASCO • Area attrezzata gratuita nella zona sud del centro storico, dietro la caserma dei Carabinieri.

DOGLIANI • Punto sosta presso l'agriturismo Ca' Neuva, frazione Santa Lucia 36, tel. 0173 70668 o 334 8630880, www.caneuva.com, caneuva@caneuva.com (annuale).

GRINZANE CAVOUR • Area attrezzata in piazza Ugo Genta.

LA MORRA • Agricampeggio presso l'agriturismo Cascina Ballarin, fraz. Annunziata 115, tel. 0173 50365 o 348 7231264, www.cascinaballarin.it (1° mar - 30 nov). **• Agricampeggio** presso l'agriturismo La Cascina del Monastero, Cascina Luciani 112/a, frazione Annunziata, tel. 0173 509245, 333 2605719, www.cascinadelmonastero.it (1° aprile - 31 ottobre).

MURAZZANO • Punto sosta presso l'agriturismo Rumè, frazione Mellea 49, tel. 0173 797174 o 338 6248006 (annuale).

NIELLA BELBO • Area attrezzata presso l'agriturismo Ca'd Tistu, via Pian Lea, 2, tel. 0173 796108, www.cadtistu.it, info@cadtistu.it (annuale).

POCAPAGLIA • Area attrezzata presso l'agriturismo Cascina Creusa, via Cavour 98, tel. 0172 473218 o 339 7161347, http://web.tiscali.it/cascinacreusa, cascinacreusa@tiscali.it (annuale).

L'Enoteca regionale del Roero a Canale

e con alcuni tornanti lungo i suoi 32 chilometri; la più comoda alternativa, ma di lunghezza doppia, consiste nel ridiscendere a Dronero proseguendo per Busca e Costigliole Saluzzo.
La Varaita è la più grande e turistica delle valli del Cuneese. Nel primo tratto, sino a **Casteldelfino**, è ampia e di facile accesso, mentre nella parte superiore si biforca in direzione di Pontechianale e di Bellino. Qui incombono cime altissime come il Monviso, il Mongioia e lo Chambeyron, teatro di escursioni importanti. La **Valle di Bellino** è una vera perla per qualità paesistica e conservazione urbanistica, coronate dall'indimenticabile panorama che si apre a **Sant'Anna**, al termine della carrozzabile. La **Valle di Pontechianale** presenta interessi molteplici che invitano almeno a una breve permanenza, per ammirare le borgate (in special modo **Chianale**) o per godersi la vista del Monviso e del lago, fruibile in windsurf e canoa nella parte centrale.

Il ritorno alla pianura porta, attraverso Saluzzo e Savigliano, a incrociare l'autostrada Torino-Savona: un'ultima occasione di svago è offerta dai colli delle **Langhe** e del **Roero**. Le ambientazioni care a Pavese e Fenoglio sono diverse da quelle viste fin qui, e risiedono principalmente nell'enogastronomia, facilmente abbinabile all'escursionismo anche guidato e alla scoperta dei graziosi borghi medievali. Oltre alle aree per i camper volute da alcune amministrazioni comunali, gode di un certo sviluppo la ricettività all'aria aperta nelle aziende agricole, naturalmente prodighe di specialità locali da acquistare come gustoso souvenir del viaggio.
Fra gli itinerari che si possono tracciare in questo comprensorio suggeriamo di non farsi sfuggire quello delle **Rocche del Roero**, un fenomeno erosivo che ha generato un'alternanza di voragini, guglie e forre. Sulla sommità della faglia sorgono otto paesi (da nord a sud Cisterna d'Asti, Montà, Santo Stefano Roero, Monteu Roero, Montaldo Roero, Baldissero d'Alba, Sommariva Perno e Pocapaglia) oggi riuniti in un ecomuseo che tutela e promuove questo particolare territorio. Tra gli altri centri che meritano una tappa citiamo **Canale**, dove si trova l'Enoteca regionale del Roero.
È invece a **Barolo**, ormai in terra di Langa, l'Enoteca regionale del Barolo, mentre **Grinzane Cavour** ospita l'Enoteca regionale piemontese Cavour (entrambe le località fanno parte delle Bandiere arancioni). Non meno interessante per gli amanti del buon bere è la zona di **Barbaresco** e dei vicini comuni di **Neive** (altra Bandiera arancione), Treiso e San Rocco Seno d'Elvio; ma anche qui l'elenco delle località da visitare sarebbe lungo.
Quanto ad **Alba**, piccola capitale del tartufo, per le sue valenze storiche e culturali da sola merita il viaggio, facilitato dal rapido accesso autostradale che consente anche un veloce rientro.

LE VALLI DI LANZO

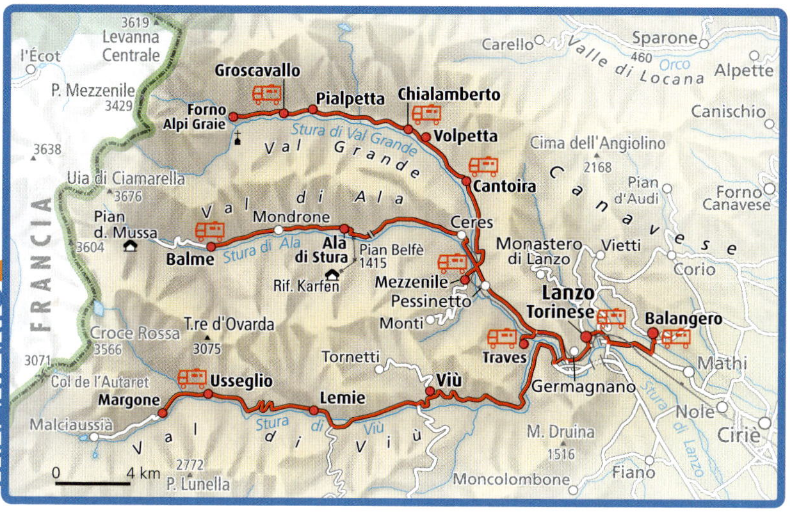

L'inverno piemontese è prodigo di destinazioni per chi desidera unire la scoperta itinerante agli sport secondo natura sulla neve. Uno dei migliori itinerari in questo senso è rappresentato dalle tre valli di Lanzo, che si distendono "a forchetta" a nord-ovest di Torino. Ritroviamo qui un fiume Stura, ma non si tratta di quello già incontrato nel Cuneese, che va a sfociare nel Tanaro: la Stura di Lanzo, infatti, confluisce direttamente nel Po e riceve a propria volta le acque della Stura di Viù, della Stura di Ala e della Stura di Val Grande, i torrenti che conferiscono il nome alle valli.

Lanzo Torinese, dove si trova un punto sosta per i camper, è collegato alla tangenziale di Torino dall'autostrada per Caselle, offrendo uno snodo logistico dove sostare per organizzare la visita. Le vicende storiche vi hanno lasciato varie tracce monumentali, fra cui: la torre di Aymone di Challant in cui ha sede la biblioteca civica, il castello e poi convento (oggi di proprietà privata) sulla cima del Monte Buriasco e lo scenografico Ponte del Roc o del Diavolo, un'ardita struttura medievale a schiena d'asino. Piacevole la passeggiata nel nucleo antico dell'abitato, le cui strade sono collegate da stretti passaggi coperti detti *chintane*. In località Rorea si osserva un eremo camaldolese, risalente alla seconda

PERCORSO DI AVVICINAMENTO

Le valli di Lanzo si raggiungono dall'omonima uscita sulla tangenziale nord di Torino, collegata alla A4 Torino-Milano e alla A5 Torino-Aosta. Al semicerchio autostradale, che abbraccia il lato a monte del capoluogo piemontese, si arriva direttamente anche dalla A21 Torino-Piacenza e dalla A6 Torino-Savona. Attraversata Venaria, si supera l'accesso alla reggia di Venaria Reale e al parco La Mandria (ai quali è dedicato il terzo itinerario di questo capitolo), si costeggia il muro di cinta del parco e si continua sul lungo rettilineo che conduce a Lanzo Torinese. All'altezza del bivio per la cittadina, un tunnel immette sulla provinciale che poco dopo si biforca verso sud, entrando nella Valle di Viù, mentre il ramo che prosegue a nord per Mezzenile e Ceres dà accesso alla Val d'Ala e alla Val Grande.

metà del '600, dichiarato monumento nazionale. Pochi chilometri prima, arrivando da Torino, un'altra possibilità di sosta è a **Balangero**, con un castello di matrice longobarda e una parrocchiale settecentesca.

Nei mesi della neve, se la copertura è abbondante l'esplorazione può cominciare dalla **Val Grande**. Sul percorso per raggiungerla si può fare tappa a **Mezzenile**, che ad alcune emergenze storico-artistiche unisce la particolarità di avere decine di laboratori per la produzione di chiodi e altri oggetti realizzati con il ferro estratto dalle vicine miniere, attive già nel XIII secolo. Pochi chilometri più in alto, **Cantoira** è il primo dei comuni della valle: da vedere in via Lensi il curioso edificio noto come Ca'd Goff, simile a un castelletto gotico, mentre nella frazione di Vrù si ammira un raffinato presepe meccanico opera di un artista locale, con ambientazioni che riproducono le architetture alpine e personaggi in legno intagliato curati nei minimi particolari.

La pista di fondo presso Forno Alpi Graie

ITINERARI DEL GUSTO

La gastronomia delle valli di Lanzo è quella tipica delle zone alpine, con ricette perlopiù basate sulle semplici materie prime dell'economia agricola montana. Patate e castagne, insieme al pane raffermo e alle erbe di campo, entrano nella preparazione di gustose zuppe e minestre, alle quali si affianca la polenta variamente condita. Il prodotto caseario più noto (protagonista di sagre estive in diverse località del comprensorio) è la Toma di Lanzo, a base di latte vaccino, come altri formaggi tuttora lavorati da piccole aziende d'alpeggio; dall'allevamento bovino nasce anche il salame di turgia, una specialità che si ottiene miscelando carne di vacca, pancetta di maiale o lardo e vino speziato.
Diversa è invece l'origine dei ricchi piatti a base di carne arrosto o brasata, che rivelano l'influenza ottocentesca di una cucina di stampo aristocratico, elaborata da alberghi e ristoranti all'epoca in cui iniziò a consolidarsi la frequentazione turistica delle valli.
Da non dimenticare infine i liquori aromatizzati da piante selvatiche come genzianella, melissa, ginepro, artemisia e, tra i prodotti di pasticceria, i famosi torcetti.

Arrivati a **Chialamberto**, si accede al percorso di fondo denominato Otto Villaggi, poiché l'itinerario si snoda tra le frazioni di questo paese e del successivo centro di **Groscavallo**. Le quote sono ancora relativamente basse, intorno ai 900 metri, e questo fa sì che il manto nevoso non sempre sia sufficiente per lo sci nordico (all'innevamento della pista da discesa di Chialamberto si provvede artificialmente): in questo caso conviene proseguire fino a **Pialpetta**, dove si trova il breve accesso sterrato al parcheggio del centro fondo, o ancora più in alto nel villaggio di **Forno Alpi Graie**, a 1.219 metri di altitudine, con un grande piazzale adatto alla sosta, un albergo e un ristorante assai frequentati dai fondisti. Da Pialpetta inizia un anello sciistico di appena due chilometri ma di notevole impegno fisico, mentre il più tranquillo percorso di fondovalle tocca le borgate di Migliere e di Bonzo. Oltre alle escursioni sciistiche, da visitare a **Volpetta** vi sono i *castei d'le rive*, formazioni rocciose non dissimili dai *ciciu* del Cuneese.

Tornati sui propri passi in direzione di Mezzenile, a Ceres si imbocca la **Val d'Ala**, indicata quando la neve scarseggia alle medie quote (l'accesso meglio praticabile in camper è quello da Procaria, evitando la scorciatoia da Fè a Ceres). Nelle frazioni di **Ala di Stura**, interessanti sono alcune chiesette rurali e gli affreschi che ornano le mura di numerosi edifici. Da qui si sale ai 1.450 metri di **Balme**, dove termina la strada e si possono calzare gli sci, dopo aver lasciato il veicolo in uno dei parcheggi prima dell'abitato, le cui stradine non sono adatte a mezzi di una certa stazza. Le case del nucleo principale, risalente al XVI secolo, sono collegate da passaggi coperti come a Lanzo e si arroccano intorno alla dimora rupestre fortificata del Rociàs (o Ruciàss). Usciti dal paese, tre chilometri di salita conducono all'anfiteatro del **Pian della Mussa**, a circa 1.750 metri di quota, con vista sui massicci dell'Uja Bessanese e dell'Uja di Ciamarella: un ambiente che d'inverno ritrova tutta la sua tranquillità, poiché vi si può giungere solo a piedi, con gli sci o con le racchette da neve. Per queste ultime, un percorso ben disegnato inizia subito dopo Balme e raggiunge il pianoro dopo aver attraversato il torrente; ma il top sono gli anelli per il fondo di Rocca Tovo (tre chilometri e mezzo), Pian dl'Andret (cinque chilometri), Le Ghiaires e Valanga Nera (otto chilometri).

La **Valle di Viù** è la più meridionale delle tre e si raggiunge scendendo di nuovo in prossimità di Lanzo Torinese. Lungo il tragitto si può sostare a **Traves**, che con Mezzenile e Pessinetto è uno dei paesi in cui si è sviluppata la produzione di utensili in ferro.

Viù, il primo centro di una certa importanza, è composto da varie borgate sparse e offre edifici come la parrocchiale di S. Martino, l'ottocentesca Villa Franchetti e il medievale palazzo Coatto, la cui facciata è adorna di affreschi che rappresentano alcune dame a cavallo. A **Lemie**, in frazione Forno, si ammirano invece due costruzioni risalenti al XV secolo: un ponte in pietra con due arcate scandite da un baldacchino e la chiesetta romanica di S. Giulio, con interni affrescati.

Giungiamo infine a **Usseglio**, quasi alla sommità della valle, che divenne un centro rinomato per l'alpinismo fin dalla seconda metà dell'800, come ricordano alcuni hotel dell'epoca. Questa è la località con l'offerta più completa per quanto riguarda le attività

Uno degli storici hotel di Usseglio

Le piste toccano rifugi e piccoli nuclei abitati

invernali, con una pista di pattinaggio su ghiaccio naturale, una piccola stazione per lo sci da discesa con giochi per bambini presso il **Pian Benot** e un anello per il fondo che si sviluppa su 11 chilometri dal capoluogo alle borgate e ritorno. Il percorso segue le due rive della Stura, poi si dirige verso **Margone** su saliscendi di un certo impegno o, nella direzione opposta, verso un piccolo lago artificiale e la **Piana di Piazzette**.

Il rientro avviene facendo ritorno a Lanzo e da qui alle autostrade ma, a chi guida un mezzo sufficientemente agile, vale la pena di segnalare la variante che raggiunge il **Colle del Lys**. Oltre a una bella pista da fondo che si sviluppa per 12 chilometri intorno al colle, il territorio è uno dei più significativi per la storia della Resistenza in Piemonte. La rotabile, panoramica ma assai tortuosa, sale da Viù al valico e da qui scende ad Almese, in prossimità della Valle di Susa e dell'autostrada Torino-Bardonecchia: l'intero tragitto supera di poco i 30 chilometri.

AREE DI SOSTA

L'assenza di strutture attrezzate per gli ospiti itineranti nelle valli di Lanzo suggerisce che, per una permanenza di qualche giorno, siano preferibili i campeggi di Lanzo Torinese, Cantoira e Viù (dove si trovano anche i pozzetti di scarico per le acque reflue). Tuttavia, proprio la mancanza di aree dedicate fa sì che i camper vengano accolti senza problemi in molti parcheggi. Nell'elenco che segue, le strutture sono state suddivise per comprensorio allo scopo di agevolare la ricerca.

Valle Stura di Lanzo

BALANGERO • **Punto sosta** nei pressi del campo sportivo, tel. 0123 28080.

LANZO TORINESE • **Punto sosta** presso il centro polisportivo.

MEZZENILE • **Punto sosta** in località Monti (strada di accesso stretta e in pendenza).

TRAVES • **Punto sosta** a Ponte Vecchio.

Val Grande

CANTOIRA • **Punto sosta** in località Ponte Centro.

CHIALAMBERTO • **Punto sosta** in località Cossiglia.

GROSCAVALLO • **Punto sosta** in località Forno Alpi Graie.

Val d'Ala

BALME • **Punto sosta** solo estivo a pagamento in località Pian della Mussa, tel. 0123 28080 (strada di accesso chiusa per neve da novembre ad aprile).

Valle di Viù

USSEGLIO • **Area attrezzata** comunale, via Roma, tel. 0123 83702 o 347 7349282, info@comune.usseglio.to.it, apertura annuale. • **Punto sosta** solo estivo in località Lago di Malciaussià (strada di accesso stretta e chiusa per neve da novembre ad aprile).

LA REGGIA DI VENARIA E IL PARCO LA MANDRIA

Restaurata recentemente e premiata da un grande successo di pubblico, la reggia di **Venaria Reale** è oggi una delle mete storiche e culturali di maggior spicco del Piemonte. L'edificio, che è tra i più sfarzosi e rappresentativi costruiti dai Savoia, venne iniziato nel 1663 per volere di Carlo Emanuele II; la visita richiede un'intera giornata e comprende la reggia con la cappella di S. Uberto, la Galleria Piccola, la Galleria Grande (suggestiva al tramonto), gli ambienti sotterranei e la Sala di Diana, dalla quale si accede ai magnifici giardini. Installazioni multimediali e altri accorgimenti accrescono il fascino dell'esperienza.

Ad appena due chilometri, il **Borgo Castello** e la tenuta **La Mandria**, tutelata da un parco regionale, sono legati alla storia ottocentesca della casata sabauda, e in particolare alla figura di Vittorio Emanuele II, il "re galantuomo", che qui soggiornava per le sue battute di caccia nella riserva ancora oggi abitata da volpi, cinghiali e cervi, oltre a intrattenersi con la sua amante Rosa Vercellana, nota come la "Bela Rosin". La visita delle aree aperte al pubblico si può effettuare a piedi o in bicicletta, eventualmente disponibile a noleggio sul posto.

AREE DI SOSTA

A **Venaria** si sosta a pagamento su viale Carlo Emanuele II e nel parcheggio che precede il Ponte Verde, oppure presso l'area Relax&Go (solo su prenotazione, via Scodeggio 15, tel. 337 241838). A **Robassomero** presso l'area attrezzata gratuita in piazza degli Alpini, vicino alle scuole medie),oppure nell'area attrezzata La Reggia del Camper, via Poirino 40, Carmagnola, tel. 011 9236384 o 377 5478885, www.lareggiadelcamper.it.

PERCORSO DI AVVICINAMENTO

L'accesso a Venaria è lo stesso delle valli di Lanzo, cioè dalla comune uscita della tangenziale di Torino (attenzione a non prendere lo svincolo indicato come Reggia di Venaria, che porta in un'area distante dall'ingresso). Attraversato il centro di Venaria, si supera un ponte e al bivio con semaforo si svolta a sinistra e poi a destra per la reggia e il parco La Mandria. Dopo aver parcheggiato sul primo tratto di viale Carlo Emanuele II, si torna indietro a piedi e si imbocca via Amedeo di Castellamonte fino a piazza della Repubblica e al sontuoso complesso. La Mandria si raggiunge proseguendo per circa un chilometro sul viale fino al parcheggio prima del Ponte Verde.

Per organizzare la visita è indispensabile verificare il calendario e gli orari di apertura (reggia tel. 011 4992333, www.lavenaria.it, parco La Mandria tel. 011 4993381, www.parcomandria.it).

La reggia di Venaria Reale

LOMBARDIA

Lungo vie d'acqua

Il territorio della Lombardia è estremamente complesso e di difficile lettura dal punto di vista turistico: le grandi aree metropolitane nate intorno all'industria e al commercio influenzano la percezione dei luoghi e possono disorientare il visitatore, che spesso fatica a individuare percorsi omogenei e tende a dirigersi verso mete specifiche e delimitate, si tratti delle città d'arte o dei comprensori turisticamente più noti e sviluppati. Per la vacanza in camper, invece, bisogna scegliere un approccio molto più elastico, sfruttando al meglio la creatività e la libertà di spostamento garantita dall'abitar viaggiando. Le comunicazioni, oltretutto, sono agevolate dai grandi assi stradali, che spesso consentono di passare in breve tempo dalle montagne alla pianura: diviene così possibile unire con relativa facilità ambienti e paesaggi assai diversi tra loro, componendo il quadro di un soggiorno molto più vario e soddisfacente di quel che si potrebbe pensare.

Quando andare

In tutta la regione la presenza dei camperisti è piuttosto sviluppata, e ciò favorisce un turismo di ambito locale che viene fruito in ogni periodo dell'anno. Quest'abitudine è la conferma del fatto che ogni stagione è adatta alla visita, ma la primavera e l'autunno restano le migliori per la frequentazione dei comprensori di pianura e dei laghi, quando il clima è più asciutto, l'affollamento non eccessivo e la natura si mostra in una veste molto accattivante. Salendo invece di quota, l'estate è assai indicata per le

escursioni montane, ambientate in luoghi che spesso offrono analoghe emozioni nei mesi della neve.

Gli itinerari

Dalle sorgenti al Lago di Como, la Valle dell'Adda è un naturale percorso di visita ai piedi delle Alpi lombarde, con l'ampio bacino idrografico del quale fanno parte alcune valli minori di interesse storico ed etnografico. È qui che si sviluppa il primo itinerario, piuttosto articolato nella parte montana, dove offre innumerevoli opportunità escursionistiche, mentre alle basse quote ci si può validamente servire della bicicletta grazie al percorso altrimenti noto come Sentiero Valtellina, una lunga pista in più tappe quasi ovunque di facile approccio.
La seconda proposta è ambientata nel Mantovano, dove l'indiscussa bellezza

del capoluogo fa da traino alla visita di altri piccoli centri d'arte in un paesaggio naturale disegnato dalla maestosa presenza del Po e dei suoi affluenti.
Per il terzo itinerario ci spostiamo a ridosso del Lago Maggiore, toccando in pochi chilometri uno dei complessi monumentali più importanti della sponda lombarda e, presso il Lago di Varese, un piccolo parco regionale molto adatto alle passeggiate nel verde.

La sala dei Giganti al palazzo Te di Mantova

LA VALTELLINA E SONDRIO

Con i suoi 313 chilometri, l'**Adda** è il quarto fiume d'Italia per lunghezza: il primo tratto del suo corso, dalle Alpi Retiche al Lago di Como, coincide con la Valtellina e rappresenta il filo conduttore di un itinerario a misura di camper, con l'indispensabile complemento della bicicletta. Lo scenario paesaggistico include alcune eccellenze ambientali del territorio lombardo e la presenza di una città come Sondrio offre un piacevole intermezzo alle attività nella natura.

La scoperta non può che avere inizio dalle **sorgenti**, che si trovano a nord-ovest di Bormio: ma per giungervi occorre scegliere in base al periodo e al veicolo con cui si viaggia. Il fiume nasce infatti in prossimità dei due invasi artificiali di Cancano, ma la strada non è consigliabile ai camper di grosse dimensioni; d'estate, inoltre, il transito intorno ai laghi può essere vietato ai veicoli privati. Una prima soluzione consiste nel fermarsi a valle presso il

camping di Isolaccia, frazione di **Valdidentro**, per spostarsi con gli economici bus navetta predisposti nei periodi di chiusura della strada. Un'altra possibilità è l'area attrezzata di Bormio, raggiungendo Isolaccia in meno di un quarto d'ora con i pullman di linea che trasportano anche le bici.

La stradina che sale ai laghi conduce alle **Torri di Fraele**, la cui sagoma squadrata si erge in cima a due speroni di roccia. Conosciute già dal XIV secolo, facevano parte di un sistema di avvistamento per tenere sotto controllo i movimenti di merci e truppe:

La stradina a tornanti che sale alle Torri di Fraele

La parrocchiale duecentesca di S. Marta a Sondalo

da qui passava infatti la via imperiale che collegava Venezia con il Tirolo e l'Alemagna, e fino a tutto il '700 questa mulattiera, poi resa carrabile, fu un importante crocevia verso il Nordeuropa.
Superata la stretta gola dominata dalle Torri, ecco il **Lago delle Scale** o di Fraele, un piccolo bacino naturale oggi riserva di pesca. Subito dopo una brevissima salita si scorge la diga del **Lago di Cancano**, da cui inizia l'escursione a piedi o in mountain bike. Nelle case circostanti alloggiavano gli operai che costruirono gli sbarramenti, mentre la piccola chiesa di S. Erasmo, edificata a ricordo dei caduti sul lavoro, fu ricostruita più a monte dopo l'allagamento.
Raggiunta la seconda diga, si compie il periplo del **Lago di San Giacomo** e, poco dopo il ponte alla fine dell'invaso, si seguono per circa mezz'ora le indicazioni per la Valle Alpisella e le sorgenti dell'Adda. La stessa valle è frequentata dai camminatori più allenati fino a Livigno, ma la nota stazione turistica può essere raggiunta anche in camper da Isolaccia con la statale 301.

Il crocevia di questo comprensorio subito a ridosso del parco nazionale dello Stelvio è **Bormio**, il cui antico impianto urbanistico conserva i caratteri del villaggio alpino. Percorrendo la centrale via Roma si incontra la chiesetta di S. Vitale, con affreschi esterni del XIV secolo e pregevoli statue lignee all'interno; dello stesso periodo la severa Torre Alberti. Da non perdere la seicentesca

Il centro storico di Bormio

chiesa di S. Ignazio, edificata dai Gesuiti, con bellissimo interno barocco a pianta centrale e cupola decorata. In piazza Cavour si affaccia il Kuerc, il luogo dove un tempo si amministrava la giustizia e si tenevano le assemblee del popolo, e alle sue spalle sorgono la Torre Civica e la collegiata dei Ss. Gervasio e Protasio, ricca di pregevoli opere d'arte. In via Buon Consiglio si ammira palazzo De Simoni, in cui hanno sede il Municipio, la biblioteca e il museo civico. Scavalcato il torrente Frodolfo sul Ponte di Combo, si raggiungono infine una casa medievale fortificata e, poco lontano, il santuario del Crocefisso.

Ripresa la marcia lungo l'Adda, quasi subito si incontra la deviazione per il **Forte di Oga**. La stretta stradina non è consigliabile ai veicoli di grandi dimensioni, ma il complesso merita una visita per la sua storia e per la posizione ai margini della **riserva naturale del Paluaccio di Oga**, istituita a salvaguardia di un ambiente caratterizzato da una vegetazione peculiare e di estrema rarità a sud delle Alpi.

Tornati sulla strada principale ci dirigiamo a **Sondalo**, con la duecentesca parrocchiale di S. Marta più volte rimaneggiata e la chiesa della Prepositura, orlata da un portico e ricca di stucchi e dorature all'interno. Per una breve sosta ci si può fermare vicino al ponte a sud dell'abitato, mentre per un soggiorno più lungo è a disposizione un camping. Sul Monte Sortenna, a 1.000 metri di quota, si notano i padiglioni del Villaggio Morelli, nato come sanatorio alla fine degli anni '30.

Il corso dell'Adda lambisce ora l'antico borgo di **Grosio**, che ci accoglie con le famose incisioni rupestri d'età preistorica nel parco aperto gratuitamente al pubblico. Proprio accanto si ergono le scenografiche rovine merlate del trecentesco Castello Nuovo o dei Visconti Venosta, che domina la valle dall'alto di una terrazza di roccia (foto in apertura). Nel centro storico spicca l'enorme parrocchiale di S. Giuseppe, con facciata bicolore e stucchi, dipinti e affreschi. Interessanti anche la chiesa di S. Giorgio, della prima metà del XIV secolo, e la casa natale del pittore

PERCORSO DI AVVICINAMENTO

Per chi proviene dalla A4 Torino-Trieste l'accesso più comodo all'alta Valle dell'Adda è dalle uscite di Agrate Brianza (da Milano) e di Bergamo (da Brescia e da Verona); si prosegue per Lecco, si risale il Lago di Como fino a Colico e qui si imbocca la Valtellina in direzione Sondrio. In alternativa, si può lasciare la A4 a Seriate (da Bergamo) o a Ospitaletto (da Brescia), superare il Lago d'Iseo e proseguire sulla SS42 fino a Edolo, poi sulla SS39 per il Passo dell'Aprica e Tresenda, incrociando la Valtellina in quest'ultima località. Chi arriva da Bolzano o da Trento può uscire dalla A22 a San Michele all'Adige-Mezzocorona e continuare sulle statali 43 e 42 per Cles, Dimaro, il Passo del Tonale, Edolo e il Passo dell'Aprica.

Il piccolo battistero di Mazzo in Valtellina

cinquecentesco Cipriano Valorsa, che dipinse molte chiese della zona: una di queste è S. Stefano, che si trova poco più a valle nel paese di **Mazzo di Valtellina**, dove si visita anche il battistero, ristrutturato in anni recenti. All'incrocio con la Val Poschiavo, **Tirano** merita una sosta non affrettata per una corsa a bordo del celebre trenino rosso del Bernina, che dai 450 metri della cittadina sale ai 2.253 dell'omonimo passo per terminare il suo viaggio in Svizzera, ai 1.850 metri di Saint Moritz. Nella frazione di **Madonna di Tirano**, il santuario della Beata Vergine è il più importante esempio del Rinascimento valtellinese: un armonioso edificio dalle forme preziose sia all'esterno sia all'interno, dove stucchi, sculture e dipinti fanno da corona al meraviglioso organo ligneo seicentesco, con raffinatissimi intagli. Altra meta d'interesse è palazzo Salis, del XVII secolo, con belle sale variamente decorate.

Per una rilassante passeggiata nel verde accompagnati solo dal mormorio dell'acqua bisogna imboccare la strada a sinistra prima del ponte, ritrovandosi ben presto circondati dalla natura: è questo un tratto del **Sentiero

Il trenino rosso del Bernina a Madonna di Tirano

Valtellina**, pista ciclopedonale che si sviluppa lungo tutta la valle e si può utilizzare per spostarsi fra un centro e l'altro, come faremo anche più avanti. Agli 850 metri di altitudine di **Teglio** i turisti itineranti trovano tranquille opportunità di sosta (ma senza fare campeggio) vicino all'area giochi e accanto al cimitero, qui anche per la notte. Il paese dovette avere grande importanza se dal suo nome latino, *Tillium*, si fa derivare quello della stessa Valtellina: a confermare l'origine preromana del sito sono invece le stele

Palazzo Pretorio a Sondrio, oggi sede municipale

AREE DI SOSTA

La Valtellina è servita da approdi per i veicoli ricreazionali, con qualche opportunità di sosta libera e alcuni campeggi: se ne trovano a Isolaccia, Tola e Sondalo. Le aree attrezzate, sebbene non siano molto numerose, sono tuttavia dislocate in punti strategici dell'itinerario e consentono di programmarne facilmente le tappe.

BORMIO • Area attrezzata adiacente alla funivia Bormio 2000.

CHIESA IN VALMALENCO • Punto sosta presso il centro sportivo in località Vassalini, tel. 0342 452613.

COLICO • Area attrezzata a pagamento in via Montecchio Nord 27, sul lago, dopo il circolo nautico; tel. 0341 941782, www.ontano.net, info@ontano.net.

MANTELLO • Punto sosta presso l'agriturismo La Fiorida, via Lungo Adda 12, tel. 0342 680846, www.lafiorida.com, info@lafiorida.com.

MORBEGNO • Area attrezzata in via del Foss, vicino allo stadio, tel. 334 3076643, area-sosta-camper-morbegno.oneminutesite.it, areasostacampermorbegno@gmail.com.

SONDRIO • Area attrezzata gratuita presso il Tennis Club in via Vanoni, tel. 342 510595, facilmente raggiungibile dalla SS38 (sconsigliata nei finesettimana).

TIRANO • Area attrezzata a pagamento in via alla Polveriera 50, a 800 metri dalla stazione del trenino rosso del Bernina, tel. 0342 705568.

preistoriche di Caven esposte nell'Antiquarium Tellinum. Da visitare anche la parrocchiale di S. Eufemia, della fine del '400, con bel portale marmoreo e pronao. Usciti dalla chiesa, una strada acciottolata sulla sinistra sale alla Torre de li Beli Miri, ciò che resta del Castello Lazzaroni. Notevole anche la chiesetta medievale di S. Pietro, con campanile a tre ordini di bifore e una piccola abside spartita da larghe lesene. Teglio è conosciuta infine per l'Accademia del Pizzocchero, associazione nata per tutelare e promuovere la gustosa specialità valtellinese e tutte le tipicità enogastronomiche della provincia.

Siamo a metà del nostro itinerario e l'Adda si è decisamente ingrossato: il modo migliore per seguirne il corso è la pista ciclabile. A Tresenda si potrebbe lasciare il camper e continuare in sella per circa 20 chilometri fino a **Sondrio**; ma poiché il capoluogo della Valtellina ha un'area di sosta facilmente raggiungibile dalla statale, si può fare anche il contrario, pedalando a ritroso lungo il fiume dopo aver raggiunto la città.
Allo sbocco di una grande valle secondaria, la Valmalenco, Sondrio presenta quartieri storici ben conservati per la cui visita occorrerà certamente un giorno intero. Dall'area attrezzata si raggiunge a piedi piazza Garibaldi, con la statua dell'Eroe dei Due Mondi e il palazzo Martinengo, in cui è esposta l'interessante collezione mineralogica Grazioli. Dopo una breve deviazione su corso Vittorio Veneto, con il palazzo del Governo realizzato negli anni '30, si imbocca corso Italia giungendo in piazza Campello: di fronte al cinquecentesco Palazzo Pretorio, che ospita il Comune, sorge la collegiata dei Ss. Gervasio e Protasio, già esistente nel XII secolo e riedificata nel '700, con a fianco la Torre Ligari a farle da campanile. Il proseguimento di corso Italia è via Piazzi, dove si trova un giardino con busti di personaggi eminenti e opere d'arte moderna; in fondo a quest'area verde è il palazzo Sassi de' Lavizzari, con il museo val-

tellinese di Storia e Arte. Svoltando in via del Gesù arriviamo nella caratteristica piazza Quadrivio, fulcro della città medievale con la novecentesca Villa Quadrio, la via dell'Angelo Custode e il vicolo San Siro che sale verso l'altura su cui sorge il Castello Masegra, del XVI secolo. All'edificio, ora centro culturale ed espositivo, si giunge anche dalla bellissima via Scarpatetti, lungo la quale si allineano tipiche case in pietra con loggiati in legno.

Prima di continuare il viaggio lungo il fiume sino al Lago di Como, è opportuna una digressione in **Valmalenco** per visitare i luoghi in cui si estraeva e si lavorava la pietra ollare.

Chiesa in Valmalenco, situata proprio al centro della valle e dotata di un'area di sosta, è oggi una vivace località di soggiorno: la funivia, che copre un dislivello di circa 1.000 metri, porta al punto in cui d'estate iniziano molte escursioni e d'inverno le piste da sci.

Da Chiesa si prende la strada su asfalto per **Primolo**: poco prima dell'abitato, su un'ampia curva in corrispondenza del parcheggio dei bus, sono indicati alcuni itinerari escursionistici. Per avvicinarsi alla passeggiata prescelta è necessario salire ancora superando un guado, un ponticello in legno e un altro ponte più grande: si giunge così a una minuscola costruzione che ospita un vecchio tornio idraulico tuttora funzionante e, da qui, si seguono le indicazioni per le cave, con una breve deviazione che offre una veduta spettacolare su tutta la Valmalenco e sulle Alpi Orobie. Più avanti si visitano i primi luoghi di estrazione e la borgata di Ove, residenza dei cavatori nei mesi invernali; nelle altre stagioni entravano in azione i *laveggiai* che, approfittando dell'energia fornita dai torrenti in piena, tornivano i *lavècc*,

La chiesetta di S. Pietro in Vallate vicino a Piagno

Il ponte di Ganda, costruito alla fine del XV secolo, scavalca l'Adda in prossimità di Morbegno

pentole e casseruole tipiche della zona. Il tracciato ridiscende verso il secondo ponte, da dove si riprende il percorso di andata camminando in tutto un paio d'ore. Tornati a Sondrio, se ancora non avete avuto modo di apprezzare il Sentiero Valtellina in sella alla bicicletta è questo il momento giusto per farlo, godendo del rilassante spettacolo offerto dal fiume. Dopo Forcola, a meno di 20 chilometri da Sondrio in direzione del Lago di Como, è obbligatorio percorrere un breve tratto della statale per Morbegno, che richiede attenzione per via del traffico intenso. In alternativa è possibile invertire la marcia, tornare al camper e riprendere la visita verso l'ultimo tratto della Valtellina, che si estende fino al Lago di Como.

Morbegno si trova sul lato sinistro del fiume allo sbocco della Val Gerola, dove il torrente Bitto confluisce nell'Adda. Di probabile fondazione medievale, crebbe d'importanza dopo il XVI secolo grazie alla Strada Priula, che la collegava a Bergamo e ne faceva un caposaldo degli spostamenti tra la Repubblica di Venezia e il Nord. Alle porte dell'abitato si incontra sulla sinistra il santuario dell'Assunta o di S. Lorenzo: conviene fermarsi perché in centro è difficile parcheggiare, mentre qui sono disponibili comodi punti sosta e un'area attrezzata (da cui consigliamo di spostarsi ancora in bicicletta perché a piedi la distanza non è affatto breve). Iniziato nel 1418 e consacrato nel 1506, il santuario è un vero gioiello d'arte di toccante eleganza, con interno a navata unica decorato da affreschi e una grandiosa ancona lignea dorata sull'altare maggiore; non lontano, il settecentesco ponte di Ganda scavalca l'Adda con le sue tre campate. Nel centro cittadino si apprezza la collegiata di S. Giovanni Battista, fondata nel '500 e ricostruita in monumentali forme barocche dal 1680. Poco prima di Rogolo, ecco infine l'abbazia di S. Pietro in Vallate a **Piagno**. Lasciato il mezzo nei piccoli parcheggi a valle, conviene raggiungere a piedi i resti del piccolo convento fondato nel 1078 dai monaci cluniacensi.

L'Adda, che dopo Morbegno era scandito da secche e isolette, forma due grandi anse all'altezza di **Delebio**, si ingrossa e diventa più lento e placido fino all'ultimo ponte prima del Lago di Como. Qui lo si può seguire nuovamente in sella accompagnandolo nella sua corsa verso il bacino. Non resta che tornare a riprendere il camper, per un veloce rientro sulla superstrada Colico-Lecco che costeggia il lago.

ITINERARI DEL GUSTO

L'antica frequentazione della Valle dell'Adda per gli spostamenti nell'area alpina ha influenzato anche la gastronomia, che presenta però alcune caratteristiche peculiari derivanti dalla tradizione montana dell'agricoltura e dell'allevamento, qui piuttosto florida. Tutti conoscono la bresaola, oggi tutelata dall'Igp, ma la preparazione di questo salume di carne bovina è documentata almeno a partire dal '400. Non sono da meno formaggi come il Valtellina Casera e il Bitto, che si fregiano del marchio Dop. Fra le specialità da assaggiare nei ristoranti ricordiamo i pizzoccheri, rustiche tagliatelle di farina di grano saraceno condite con verdure, burro e formaggio d'alpe, come avviene per le frittelle dette *sciatt* e per la polenta taragna. Rinomati anche i vini, provenienti dai vigneti a terrazze della media e bassa valle: il Valtellina Doc, il Valtellina Superiore Docg (comprendente varietà quali il Sassella, il Grumello, l'Inferno, il Valgella e il Maroggia) e lo Sforzato Docg. Per informazioni su produttori e punti vendita rivolgersi alla Strada del Vino e dei Sapori della Valtellina, che ha sede a Chiuro (SO) in Via Roma 12 (tel. 0342 200871).

DA MANTOVA AL PO

Angolo di Lombardia stretto fra Emilia e Veneto, il Mantovano è una delle zone più frequentate da chi cerca le emozioni di splendidi luoghi d'arte e la tranquillità di un ambiente naturale di facile approccio. Anche il turista in camper non si sottrae a questo fascino, potendo oltretutto contare su una buona accoglienza e sulla rapidità di spostamento favorita dall'ottima rete stradale. Si tratta di un comprensorio vocato all'uso della bicicletta, grazie all'assenza di dislivelli che rende molte escursioni adatte anche ai "pedalatori" meno allenati.

L'itinerario parte da **Mantova**, la cui storia è legata a uno dei personaggi più importanti del medioevo italiano: Matilde di Canossa, che vi nacque nel 1046 e che, a trent'anni, arrivò a governare una buona parte dell'Italia centrale e settentrionale. Fu lei a ordinare la costruzione della Rotonda di S. Lorenzo per ricordare, come vuole la tradizione, il Santo Sepolcro di Gerusalemme e la Cappella Palatina di Carlo Magno ad Aquisgrana. Il nucleo originario dell'edificio è ben più antico, ma la chiesa è un capolavoro d'arte romanica che ben rappresenta la statura politica e culturale della sovrana.

Arrivando dall'autostrada, l'ingresso in città lungo la statale 10 è davvero spettacolare, con il ponte che scavalca i laghi formati dal Mincio proiettando la strada verso il Castello di S. Giorgio, le cui mura conservano i famosi affreschi

ITINERARIO2

La spettacolare scenografia del centro storico di Mantova

della Camera Picta (o Camera degli Sposi) di Andrea Mantegna. Il maniero è parte del grande complesso di Palazzo Ducale che affaccia su piazza Sordello: la reggia dei Gonzaga è una delle più grandi d'Europa, costituita da edifici, cortili e giardini che testimoniano varie fasi costruttive comprese fra il XIII e il XVII secolo. Con le vicine piazza delle Erbe e piazza Broletto, è il cuore pulsante del centro cittadino, un susseguirsi di angoli di armoniosa bel-

lezza, resi ancora più piacevoli dall'animazione quotidiana. Impossibile elencare in poche righe le innumerevoli attrattive, che richiedono almeno tre giorni (e il conforto di una valida guida turistica) per farsi un'idea non troppo superficiale; dovendo scegliere, non si manchi in ogni caso una visita a palazzo Te, capolavoro architettonico di Giulio Romano che racchiude la meravigliosa sala di Amore e Psiche e il grande affresco della *Caduta dei Giganti*.
A coronare il tutto la presenza di un punto sosta per i camper nella zona della Rocca di Sparafucile, fra l'autostrada e il centro: di recente vi è stata realizzata un'area attrezzata, confermando quel senso dell'ospitalità che i frequentatori della zona ben conoscono.

La comoda anche se trafficata provinciale per Casalmaggiore conduce a **Sabbioneta**, che con Mantova è stata nominata dall'Unesco Patrimonio dell'Umanità ed è anche Bandiera arancione del Touring Club Italiano. Costruita nella seconda metà del '500 sugli schemi ideali del Rinascimento, la città fu capitale di un minuscolo ducato; all'interno delle geometriche e possenti mura, numerosi edifici di pregio tra cui il Palazzo Ducale, la parrocchiale dell'Assunta, il Teatro Olimpico e la Galleria degli Antichi scandiscono uno spazio quasi metafisico, tanto da aver valso alla città il soprannome di Piccola Atene.

Il Teatro Olimpico di Sabbioneta

PERCORSO DI AVVICINAMENTO

La posizione baricentrica di Mantova fa sì che la si possa raggiungere comodamente da tutti i grandi assi stradali della zona, prima di tutto la A22 uscendo al casello di Mantova Nord (quello di Mantova Sud è assai più distante dal centro e non regala lo straordinario colpo d'occhio dell'ingresso in città dai laghi). La stessa autostrada incrocia la A4 Torino-Trieste all'altezza di Verona e la A1 a Modena, per chi proviene dal Veneto o dall'Emilia Romagna.
Arrivando dal Piemonte o dalla Liguria centro-occidentale, il percorso più diretto è la A21 Torino-Piacenza, da cui si prosegue per Cremona, dove si imbocca la SP10 per Mantova. Da Milano e da Bergamo conviene invece portarsi a Brescia e da qui imboccare la SP236.
Infine, dal versante tirrenico settentrionale e dalla Liguria di Levante l'accesso più comodo è la A15 La Spezia-Parma, da cui si prosegue per Casalmaggiore, Sabbioneta e Mantova.

Dopo aver costeggiato il Po tra Viadana e Pomponesco, lo si attraversa con un breve passaggio in Emilia e, a Reggiolo, si devia verso nord rientrando in Lombardia a **Gonzaga**, paese agricolo dal nobile toponimo. Il centro converge sulla lunga piazza porticata, con due torri quattrocentesche che sono ciò che resta dell'antico castello: la maggiore, modificata nel '500, è una delle più belle della zona. Portandosi verso il canale che attraversa l'abitato, ecco svettare il campanile della chiesa di S. Benedetto, eretta nel 1089: la grande struttura a tre navate conserva una splendida pala attribuita alla scuola del Romano. A poca distanza, appena oltre

AREE DI SOSTA

Lungo l'itinerario i campeggi sono assenti (i più vicini sono sulla sponda meridionale del Garda), ma le strutture attrezzate per i camper sono ben dislocate e lungo il percorso non mancano opportunità di sosta libera. In crescita anche la ricettività agrituristica per i veicoli ricreazionali, con alcuni approdi di dimensioni contenute ma provvisti di numerosi servizi.

CURTATONE • **Area attrezzata** in località Grazie di Curtatone, via della Fiera 1, presso il parco Paganini, chiusa in inverno (apertura fuori stagione per gruppi su prenotazione), tel. 334 2136247, www.camperclubmantova.com, info@camperclubmantova.com.

MANTOVA • **Area attrezzata** in via Legnago 1/a, nei pressi della Rocca di Sparafucile, a 800 metri dal Palazzo Ducale, tel. 0376 263370, www.aster.mn.it/index.php/visito, camper@aster.mn.it.

OSTIGLIA • **Agricampeggio** presso l'azienda agrituristica Il Glicine, via San Romano Casetto 40/a, tel. 333 3407580, www.agriturismoilglicine.it (aperto dal 1° marzo al 31 ottobre).

SABBIONETA • **Area attrezzata** gratuita in via Piccola Atene, a 200 metri dal centro storico.

SAN BENEDETTO PO • **Agricampeggio** presso l'azienda agrituristica Corte Medaglie d'Oro, via Argine Secchia 63, tel. 0376 618802 o 338 1401856, www.cortemedagliedoro.it (annuale). • **Area attrezzata** gratuita in via Ruffini, di fianco alla piscina, con impianto Camper WC Wash. • **Punto sosta** gratuito in via d'Annunzio, nei pressi del centro storico.

l'autostrada, si raggiunge **Moglia**. Da qui è possibile iniziare un itinerario in bicicletta lungo l'argine del canale, su una bella pista ciclabile che conduce al fiume Secchia e risale a Quistello attraversando l'**Ecomuseo delle Bonifiche**, percorso tematico tra condotte e manufatti idraulici che consente di approfondire la storia di una terra strappata alle acque dal lavoro dell'uomo.

Tornati al camper, ancora pochi chilometri ci separano da **Pegognaga** dove si visita la possente e armoniosa chiesa di S. Lorenzo, capolavoro del romanico voluto da Matilde nel 1082 (è necessario prenotare la visita, anche se nei finesettimana la struttura è spesso aperta al pubblico). Sempre su strade secondarie si arriva a **San Benedetto Po**, la cui grandiosa abbazia fu uno dei luoghi strategici nella lotta per le investiture. Fondata nel 1007 da Tedaldo di Canossa, avo di Matilde, S. Benedetto in Polirone (così chiamato perché si trovava fra il Po e il Lirone, fiume oggi scomparso) conservò le spoglie della contessa fino al XVII secolo, quando vennero traslate a S. Pietro in Vaticano; il duecentesco pavimento a mosaico della cappella di S. Maria raffigura una donna guerriera, forse proprio Matilde. Grazie agli interventi di Giulio Romano, il complesso è un eccezionale esempio

Lo scalone dell'abbazia di San Benedetto Po

di convivenza fra romanico e manierismo; da non perdere i tre chiostri, in particolare quello di S. Simeone, con affreschi ancora in ottime condizioni.
Anche **Quistello** fece parte degli antichi possedimenti dei benedettini di Polirone, ai quali Tedaldo di Canossa devolvette il suo patrimonio. In paese si può visitare la settecentesca chiesa di S. Bartolomeo, che fa sfoggio di un singolare campanile pendente. Nella pinacoteca comunale sono invece in mostra opere di artisti mantovani dalla fine dell'800 alla seconda metà del secolo scorso. A **Quingentole** si riguadagnano le rive del Po per visitare la parrocchiale barocca di S. Lorenzo; a guardia della facciata vi sono due leoni in marmo rosso veronese, un tempo collocati davanti al duomo di Mantova. Sulla piazza porticata si affaccia il Palazzo Municipale, decorato da Giulio Romano. A **Pieve di Coriano** fu Matilde a volere la maestosa chiesa che ancora oggi, nonostante i numerosi rifacimenti, lascia intravedere gli elementi architettonici originari, specialmente nell'interno, con le tre absidi scandite da semicolonne; l'alto campanile risale invece ai primi del '900.
Sopra **Revere**, pochi chilometri dopo la confluenza del Mincio nel Po, si trova un mulino galleggiante costruito come quelli che un tempo si susseguivano lungo il fiume. Nel centro storico sorprende il turrito Palazzo Ducale, con corte interna realizzata in cotto: vi hanno sede, oltre alla Pro Loco, un'esposizione permanente di pittura e un piccolo museo del Po con una significativa collezione di vecchie mappe del fiume, modellini di imbarcazioni e altri reperti. A **Ostiglia**, sulla sponda opposta, si trovano le omonime paludi protette da una piccola riserva, dove alcuni capanni per il birdwatching permettono di osservare una folta popolazione di aironi, falchi di palude e altre specie.
Per completare l'itinerario non resta che arrivare a **Felonica**, sviluppatasi intorno al monastero benedettino dell'Assunta. Ne resta solo la chiesa, luogo suggestivo in cui l'unica navata presenta affreschi attribuiti alla scuola di Giotto. Oltre al parcheggio davanti all'edificio, è possibile chiedere al parroco il permesso di sostare nello spiazzo erboso sul retro, potendo così visitare anche il museo della Seconda Guerra Mondiale del Fiume Po.

Sosta panoramica su una strada arginale del Po

ITINERARI DEL GUSTO

La tradizione gastronomica mantovana è piuttosto complessa, poiché affianca i piatti della cucina contadina e quelli tipici delle aree fluviali alle elaborate ricette nate nelle corti e nei palazzi dell'aristocrazia. Tra arrosti e lessi la punta di diamante è lo stracotto d'asina, che può competere validamente con le lumache in umido e il luccio in salsa. Sono tuttavia i primi a spiccare sulla tavola, con specialità assai note come i tortelli di zucca e gli agnolini in brodo: per gli acquisti un ottimo indirizzo nel centro di Mantova è il panificio Freddi (piazza Felice Cavallotti 7, tel. 0376 321418), che oltre alla pasta propone le schiacciatine al forno e, tra i dolci, la famosa *sbrisolona*.

S. CATERINA DEL SASSO

La provincia di Varese ha tra i suoi elementi turistici di prestigio i laghi (la sponda lombarda del Lago Maggiore, i piccoli bacini a sudovest del capoluogo e il ramo del Lago di Lugano che si protende entro i nostri confini); per il resto, viene spesso considerata un territorio con minori attrattive per il diporto.
Non è invece così sugli itinerari brevi, che toccano piccoli centri vocati a un turismo di qualità e a distanza di pochi chilometri l'uno dall'altro, facilitando la scoperta di alcune mete eccellenti. Una di esse è l'**eremo di S. Caterina del Sasso**, abbarbicato a una spettacolare falesia a strapiombo sul Lago Maggiore e custode di architetture e opere d'arte dal medioevo al '700: secondo la tradizione, venne fondato intorno al XII secolo per volontà di un facoltoso mercante in segno di riconoscenza per essere scampato a una tempesta sul lago. L'edificio dispone di un imbarcadero e si raggiunge anche via terra, mediante una lunga scalinata o un ascensore da poco inaugurato, partendo da un vasto parcheggio sommitale. Quest'ultimo è disponibile per la sosta diurna e notturna e consente di visitare il luogo sacro o di imbarcarsi per varie destinazioni del lago, con rientro in giornata.
Se invece si preferisce una struttura organizzata, a una decina di chilometri ci si può servire dell'area attrezzata di Gavirate, sul Lago di Varese, che offre un'altra interessante opportunità: la visita del **parco regionale Campo dei Fiori**, un'area protetta attraversata da numerosi sentieri escursionistici (la maggioranza dei quali adatti anche al camminatore più inesperto e meno allenato) percorribili a piedi e in mountain bike.

PERCORSO DI AVVICINAMENTO

Dalla A1 e dalla tangenziale di Milano si arriva sulla sponda lombarda del Lago Maggiore seguendo la A8 dei Laghi fino a Sesto Calende e risalendo il bacino per Angera e Ispra (S. Caterina del Sasso è poco più a nord, presso Leggiuno). Arrivando da Torino, si lascia la A4 poco dopo Greggio proseguendo sulla A26 Genova Voltri-Gravellona Toce e poi sulla diramazione per Gallarate fino a Sesto Calende, continuando come sopra.

AREE DI SOSTA

Oltre al parcheggio di S. Caterina del Sasso e ai numerosi campeggi lungo il lago, ci si può servire dell'area attrezzata di **Gavirate** che si trova sul Lago di Varese in via Cavour ed è gestita dalla Pro Loco (lungolago Isola Virginia 8, tel. 0332 744707, www.progavirate.com). Dotata di ottimi servizi e con ombreggiatura naturale, consente una sosta massima di 48 ore: è però quasi sempre al completo nei finesettimana e nei periodi di maggiore affluenza.

L'eremo di S. Caterina del Sasso

TRENTINO ALTO ADIGE

Montagne incantate

Le province di Trento e Bolzano/Bozen si dividono un territorio di estremo interesse per qualsivoglia attitudine turistica, per ragioni sia geografiche sia storiche. Per la sua collocazione, infatti, il Trentino-Alto Adige è da sempre un passaggio strategico fra l'Europa centrale e l'Adriatico, e l'intensa frequentazione di popoli di diversa matrice (dovuta anche al fatto che le principali vie di comunicazione tra i due versanti alpini erano ben definite già in tempi assai remoti) l'ha trasformata in un grande museo etnografico a cielo aperto, nel quale si passa dalla pianura alle valli di parlata tedesca, dalla civiltà della villa a quella del maso. L'accorta tutela dell'ambiente naturale e un turismo molto sviluppato potrebbero complicare il soggiorno ai visitatori in camper: proprio per questo è opportuna una presenza discreta e non invadente, nel pieno rispetto delle regole.

Quando andare

La varietà dei motivi di visita fa sì che questa sia una destinazione perfetta per ogni stagione. L'ambiente montano richiama turisti sia d'estate sia d'inverno in comprensori fra i più rinomati dell'arco alpino, ma anche i periodi intermedi sono assai indicati: nel giro di poche settimane e nel raggio di alcune decine di chilometri si passa dalle opportunità sciistiche e di sport invernali al risveglio della natura primaverile, mentre l'autunno è un momento particolarmente felice per scoprire il folklore e le produzioni tipiche, protagoniste di manifestazioni dalla forte impronta tradizionale.

Chiesetta rurale nel circondario di Vipiteno/Sterzing

La vista da Castel Tasso/Reifenstein

Gli itinerari

Ambientato nella provincia di Trento, il primo itinerario ne esplora una delle aree più belle e fruibili, la Val di Sole. Qui si è sviluppato un ampio ventaglio di attività alla scoperta dei luoghi e della natura attraverso un turismo a basso impatto che favorisce l'escursionismo, il cicloturismo e gli sport d'acqua. È inoltre possibile raggiungere Trento con la ferrovia che collega il capoluogo di provincia al paese di Malè. La seconda proposta è dedicata all'Alto Adige/Südtirol, partendo da Bolzano/Bozen e toccando in sequenza le più importanti località della Valle Isarco/Eisacktal fino al Passo del Brennero: un percorso dalle spiccate valenze storiche e culturali, cui si uniscono quelle della gastronomia tipica sudtirolese.

Il terzo itinerario si svolge nei mesi invernali a cavallo tra le due province, dalla Val Gardena/Grödental alla Val di Fassa, rivolgendosi in particolare agli appassionati dello sci nordico, che qui trovano innumerevoli opportunità al cospetto di alcune delle cime più importanti delle Dolomiti.

LA VAL DI SOLE E LA VAL DI PEIO

ITINERARIO 1

Nella provincia di Trento i temi ambientali, paesaggistici e culturali permeano ogni angolo e le strutture ricettive all'aria aperta (perlopiù campeggi) sono ben distribuite. Ciò avvantaggia particolarmente le vacanze con la famiglia potendo contare, oltretutto, su una serie di servizi a supporto della pratica sportiva nella natura: caso esemplare è la Val di Sole, parzialmente interessata da due parchi – quello nazionale dello Stelvio e quello regionale dell'Adamello Brenta – e solcata dal torrente Noce. Proprio questo corso d'acqua, solitamente vivace anche nel periodo estivo, è il filo conduttore di una scoperta che abbina al veicolo ricreazionale il cicloturismo, l'escursionismo e il rafting, qui facilmente praticabile grazie ad alcuni centri specializzati e di solida esperienza. A fare da cornice sono alcuni dei massicci più conosciuti delle Alpi centro-orientali come l'Ortles-Cevedale, l'Adamello-Presanella e le Dolomiti di Brenta, che accrescono la suggestione di uno scenario il cui asse centrale, la strada di fondovalle che corre parallela al Noce, ha uno sviluppo di nemmeno 60 chilometri dal Passo del Tonale al Lago di Santa Giustina, comprendendo anche la Val Vermiglio (che dalla località di Fucine di Ossana raggiunge il confine con la provincia lombarda di Sondrio). Sono questi i principali riferimenti che consentono di trascorrere in Val di Sole una vacanza attiva, scegliendo una o due basi logistiche e spostandosi a piedi o in bicicletta nei dintorni.

PERCORSO DI AVVICINAMENTO

Da qualunque direzione si provenga, l'accesso più comodo alla Val di Sole è la A22 del Brennero, uscendo a San Michele all'Adige e proseguendo per Cles, Malè, Dimaro e il Passo del Tonale lungo la strada di fondovalle, la SS42. I principali itinerari alternativi raggiungono la valle da ovest attraverso la Valtellina, Sondrio, il Passo dell'Aprica, Edolo e il Passo del Tonale, oppure da sud-ovest costeggiando il Lago d'Iseo da Bergamo o da Brescia e proseguendo per la Valcamonica, Edolo e il Tonale.

Snodo stradale e ricettivo della valle è **Dimaro**, che si trova a circa 750 metri di quota proprio all'incrocio con la strada che sale verso Madonna di Campiglio, la Val Rendena e le Giudicarie. Le origini di questo centro, oggi una frequentata meta turistica, sono quasi certamente precedenti all'epoca romana, anche se i primi cenni documentali risalgono al XIII secolo; la chiesa di S. Lorenzo è il monumento più interessante, con affreschi della fine del '400 e alcuni altari barocchi in legno intagliato.

Il torrente Meledrio, che qui confluisce nel Noce, separa Dimaro dalla località di **Carciato**, anch'essa gradevole località alpina. Da qui una passeggiata ad anello di circa tre chilometri conduce a un bosco toccando un'area picnic e due cascate artificiali formate dal Meledrio in prossimità del ponte della Calcara.

I sentieri escursionistici della zona sono numerosi e spesso adatti anche alle famiglie, ma è la bicicletta il mezzo ideale per gli spostamenti. Sistemato il veicolo nell'area attrezzata o nel campeggio di Dimaro (entrambi a poche centinaia di metri dall'abitato), si potrà seguire la pista ciclabile che percorre la valle tenendosi a ridosso del Noce, con varie soste possibili nelle aree attrezzate per il picnic e con giochi per i bambini. Il paesaggio alterna boschi e abetaie, specialmente nella prima parte, a distese di vigneti e meleti, con diversi spunti di visita nelle località che si attraversano.

L'itinerario si divide sostanzialmente in sei tratti, ognuno dei quali presenta suggestioni diverse e può essere percorso nell'uno o nell'altro senso a seconda del proprio grado di allenamento. Il primo tratto ha inizio nel punto in cui il Noce si getta nel bacino artificiale di Santa Giustina, e si sviluppa dal ponte di **Mostizzolo** (in prossimità di una stazione della ferrovia a scartamento ridotto che collega Trento a Malè) per raggiungere **Bozzana** in lieve discesa. Abbastanza facile ma con qualche salita nei pressi di Cavizzana è il troncone successivo che dalla località

La Val di Sole è adatta anche alle famiglie con bambini

AREE DI SOSTA

La Val di Sole e le convalli sono piuttosto frequentate dai camperisti, ma i riferimenti principali per le soste sono costituiti dai campeggi di Dimaro, Peio e Ossana (quest'ultimo ad apertura annuale, mentre gli altri due prevedono qualche settimana di chiusura in primavera e autunno). Non mancano alcune aree attrezzate a gestione privata.

CALDES • **Area attrezzata** presso centro sportivo Trentino Wild in località Le Contre, tel. 0463 901263 o 329 2743226, trentinowild.it, info@trentinowild.it.

DIMARO • **Area attrezzata** Camper Solander, via Gole, tel. 339 7937529 (aperta da maggio a ottobre). • **Area attrezzata** Camper Dolomiti, via Gole 105, tel. 0463 974332, www.campingdolomiti.com (annuale).

RABBI • **Area attrezzata** Al Plan, località Plan, Fonti di Rabbi, tel. 334 3460692 o 335 6857295, www.areadisostavaldirabbi.it (aperta dal 1° aprile al 15 ottobre).

di Ponte Stori, presso Bozzana, supera il complesso fortificato di Castel Caldes e si porta a **Malè**, piccolo capoluogo della valle, sfiorando ampi frutteti. Proprio alle mele la cittadina deve l'origine del nome: il toponimo romano *Maletum*, infatti, insieme ad alcuni reperti archeologici, testimonia l'esistenza di queste coltivazioni e del relativo insediamento già nel II secolo. Dopo una passeggiata nel centro storico si consiglia la visita al museo della Civiltà Solandra, con interessanti allestimenti e reperti etnografici che riguardano le antiche popolazioni della valle.
Da Malè inizia il tratto più comodo della pista, quasi completamente in piano, che conduce a **Dimaro** (una variante transita proprio di fronte al campeggio e all'area attrezzata). Raggiunta la località Ponte di Ferro, si prosegue lungo la quarta parte che raggiunge **Mezzana**; il tracciato presenta alcune ripide ma brevi salite e si sviluppa in parte sulla statale, anche se la percorribilità resta sufficientemente facile. Qui il paesaggio torna ad assumere un aspetto tipicamente alpino, con boschi di conifere e coltivazioni di foraggio; il percorso lambisce il piccolo abitato di Pellizzano (dove vale una sosta la chiesa goticorinascimentale della Natività di Maria) e si porta a **Ossana** con qualche salita in graduale pendenza, di impegno contenuto. Per il sesto e ultimo tratto, che è invece consigliato a chi ha un discreto allenamento (poiché il dislivello è maggiore), si lascia il fondovalle a Fucine di Ossana e si sale, sempre lungo il corso del Noce, fino al paese di **Cogolo**. A monte di quest'ultimo si scorge l'abitato di Peio, il cui comprensorio è oggetto della seconda parte dell'itinerario.

Come Dimaro, anche **Peio** vanta radici antiche. Il primo popolamento accertato risale all'età del Bronzo ad opera di tribù celtiche o retiche, pro-

Il torrente Meledrio

Il rifugio Larcher al Cevedale

babilmente attratte dalla strategica posizione della valle, posta lungo le principali vie di comunicazione della zona. La ricchezza mineraria del sottosuolo contribuì a rendere intensi e frequenti gli scambi e i commerci per lunghi secoli, insieme a un'altra risorsa altrettanto preziosa: l'acqua ferruginosa, oligominerale e minerale nota sin dai tempi antichi e il cui uso è attestato già dal XVI secolo. Il connesso sviluppo turistico ottocentesco e la nascita dell'alpinismo consolidarono questo ruolo, e l'istituzione del parco nazionale dello Stelvio ha ratificato la vocazione a un turismo rispettoso dell'ambiente, contribuendo a preservare l'aspetto tradizionale delle architetture in pietra e legno.

Oltre al richiamo degli stabilimenti termali, assai frequentati anche per il benessere e il relax, è un ampio novero di passeggiate a rendere stimolante il soggiorno nei mesi da giugno a settembre. Classico e di facile approccio l'itinerario che parte da Peio Fonti e sale in circa mezz'ora al **Lago di Pian Palù**, bacino artificiale formatosi a seguito dello sbarramento del Noce; lungo il percorso si incrociano i resti del Forte Barba di Fior, presidio austro-ungarico ormai diroccato ma in splendida posizione panoramica.

Gli escursionisti esperti potranno salire dal rifugio Scoiattolo (raggiungibile in telecabina) al **Monte Vioz**, che insieme a Punta Taviela sovrasta la conca di Peio. Nonostante la vetta si trovi a ben 3.645 metri, la si può raggiungere senza l'aiuto di particolari attrezzature, informandosi preventivamente sulle condizioni meteorologiche e del terreno poiché in quota è possibile trovare neve anche d'estate. L'escursione richiede l'intera giornata, considerando il rientro, ed è bene perciò muoversi di primo mattino, a meno che non si intenda pernottare in rifugio, tornando a valle il giorno successivo. Dalla vetta si contempla un magnifico panorama che dal ghiacciaio dei Forni spazia verso il Cevedale e le altre cime del gruppo.

ITINERARI DEL GUSTO

L'enogastronomia della Val di Sole è caratterizzata dall'abbinamento delle tradizioni agricole e pastorali del territorio a quelle scaturite dalla secolare frequentazione dell'area per gli spostamenti e i commerci fra le Alpi trentine e lombarde, l'alto Adriatico e le regioni tirolesi. A fianco di specialità quali i formaggi di malga e le celebri mele, troviamo prodotti quali patate, cavoli, fagioli, erbe spontanee, salumi e carni, miele, conserve, specie ittiche d'acqua dolce e un ampio assortimento di vini, distillati, grappe e liquori. Un ottimo riferimento per acquisti e degustazioni è la Strada della Mela e dei Sapori delle Valli di Non e di Sole, alla quale aderiscono quasi cento produttori e rivenditori (per informazioni tel. 0463 421584, www.stradadellamela.it, info@stradadellamela.it).

BOLZANO E L'ALTA VALLE ISARCO

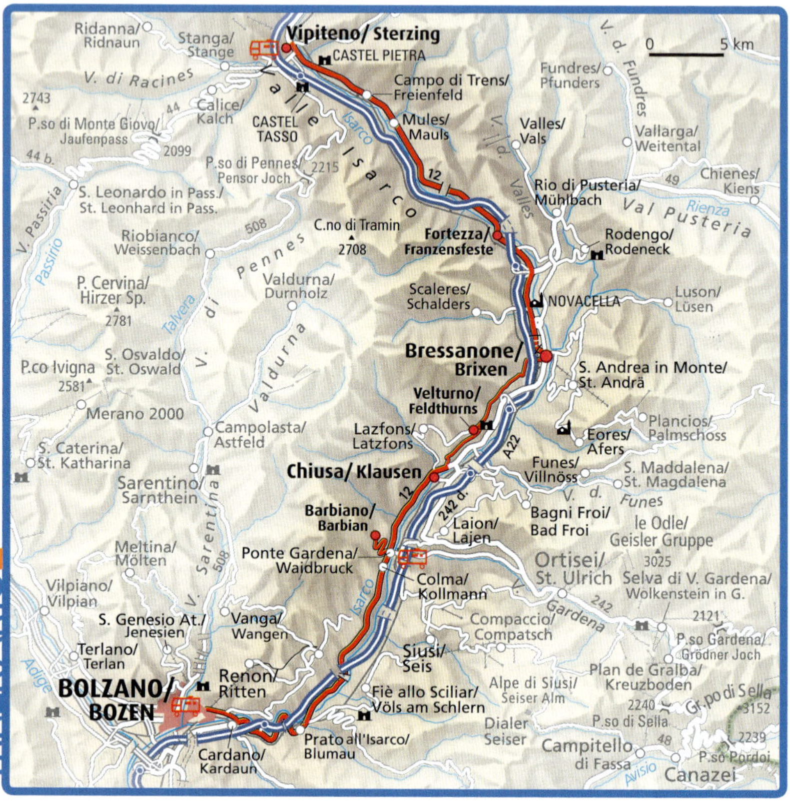

L'autostrada del Brennero/Brenner Autobahn, che permette di accedere alla Val Gardena/Grödental e alla Val Pusteria/Pustertal o di varcare il confine in direzione del Tirolo austriaco, fa sì che molti turisti in camper considerino l'alta Valle Isarco/Eisacktal solo come un percorso di avvicinamento ad altre località. Siamo invece in un contesto nel quale si possono sperimentare al meglio i ritmi lenti che caratterizzano l'uso del veicolo ricreazionale, soffermandosi su alcune delle città più ricche di storia e arte di tutte le Alpi orientali.

L'Alto Adige/Südtirol è una delle aree più difficili per la sosta libera dei camper, ma la ricerca sul territorio consente di individuare parcheggi estemporanei nelle ore diurne, mentre per la notte non mancano i campeggi, affiancati da alcune aree attrezzate.

È appunto la presenza di ben tre approdi per il veicolo ricreazionale a facilitare la visita di **Bolzano/Bozen**. Il capoluogo altoatesino, frequentatissimo dai camperisti nel periodo dei mercatini di Natale, è una meta adatta a ogni periodo dell'anno, anche a causa dell'intensa vita culturale che anima la città. Scelta la sistemazione,

PERCORSO DI AVVICINAMENTO

La Valle Isarco/Eisacktal è percorsa dalla A22 Modena-Brennero (le uscite per accedere alle varie località dell'itinerario sono quelle di Bolzano Nord, Chiusa/Klausen, Bressanone/Brixen e Vipiteno/Sterzing) e dalla parallela SS12.

il consiglio è di recarsi in piazza Walther, dove ha sede l'ufficio turistico in cui reperire i materiali informativi. Se si ha in programma una breve permanenza, la visita può iniziare da qui, ai piedi del monumento ottocentesco al poeta e cantastorie medievale Walther von der Vogelweide. La passeggiata dovrà toccare almeno piazza Duomo, su cui affaccia la cattedrale di S. Maria Assunta con lo svettante campanile, piazza dei Domenicani, con l'omonima chiesa ornata da splendidi affreschi del '300 di scuola giottesca padovana, la scenografica piazza delle Erbe, dove dal lunedì al sabato si svolge il mercato di frutta e verdura, e la pittoresca via Portici, i cui camminamenti coperti sono un susseguirsi di vetrine. Tra i musei ci si può soffermare su quello archeologico, quello di Scienze naturali e quello di Arte moderna e contemporanea, mentre i ben cinque castelli collocati fra i margini del centro e i dintorni dell'area urbana offrono piacevoli deviazioni se si intende prolungare il soggiorno (alcuni si possono raggiungere a piedi, in bici o con i mezzi pubblici).

Lasciata Bolzano/Bozen sulla statale 12, che si snoda parallela all'Isarco, ci si immerge nel paesaggio montano dominato a destra dallo Sciliar/Schlern e a sinistra dall'altopiano del Renon/Ritten. All'altezza di Ponte Gardena/ Waidbruck una tortuosa ma breve deviazione sale a **Barbiano/Barbian**: dopo aver parcheggiato nei pressi del campo sportivo, si imbocca il sentiero n. 11 che attraversa un

Le cosiddette Tre Chiese di Barbiano/Barbian

AREE DI SOSTA

La provincia di Bolzano/Bozen non è particolarmente strutturata per quanto riguarda l'accoglienza dei turisti in camper. Lungo l'itinerario si trovano però vari campeggi ad apertura annuale o comunque prolungata e alcune aree attrezzate che, grazie alla brevità del percorso, risultano utili per scandirne le tappe.

BOLZANO/BOZEN • **Area attrezzata** in via Maso della Pieve, zona cimitero, con impianto automatico Camper WC Wash.

COLMA/KOLLMANN • **Area attrezzata** Kollmann Stop, sulla SS12 in prossimità di Barbiano/Barbian, tel. 393 1724774, sabrikass@live.it (apertura stagionale).

VIPITENO/STERZING • **Area attrezzata** solo serale a pagamento di fronte al ristorante TopStop, accessibile solo dall'autostrada del Brennero, tel. 0472 721793. • **Punto sosta** gratuito presso il parcheggio della funivia Monte Cavallo, in via Brennero 2.

bosco e, in circa mezz'ora, giunge alle Tre Chiese, risalenti al medioevo e curiosamente addossate l'una all'altra. Qualora fossero chiuse, gli affreschi e le sculture lignee che adornano gli interni si potranno ammirare rivolgendosi al vicino Messnerhof, grazioso albergo rurale con ristorante tipico.

Ridiscesi a valle, in pochi chilometri si arriva a **Chiusa/Klausen**, sovrastata dal millenario monastero di Sabiona, che sorge in posizione arroccata. Chi volesse visitare il centro storico, orlato da giardini che affacciano sul fiume, tenga presente che le strade sono strettissime e sarà necessario cercare parcheggio all'esterno. La non lontana **Velturno/Feldthurns** sorge distante dall'Isarco e vanta, oltre alla chiesa con torre pendente, un castello del tardo '500 che fu residenza estiva dei principi vescovi: vi si osserva una sala rivestita in legno decorato con una stufa in maiolica su cui sono raffigurate scene della Bibbia. D'altro genere ma non meno interessante

La corte interna dell'abbazia di Novacella

l'Archeoparc, complesso funerario neolitico protetto da un moderno allestimento.

Se Bolzano/Bozen rende omaggio a Walther von der Vogelweide, a **Bressanone/Brixen** si ricorda un altro poeta e cantore medievale, Oswald von Wolkenstein: la sua lapide funeraria è conservata nel cimitero della parrocchiale di S. Michele, che un ampio cortile separa dal duomo di S. Maria Assunta e S. Cassiano. La composita facciata barocca della costruzione attuale, eretta nel XVIII secolo sui resti di due precedenti chiese distrutte dal fuoco, è introdotta da un imponente pronao e siglata da due alte torri campanarie; ma la vera particolarità è costituita dagli affreschi del chiostro, che risalgono al '400 e sono fra i più importanti dell'intero arco alpino. Da vedere anche l'attigua Torre Bianca, alta 72 metri, e il Palazzo Vescovile, costruito fra il XIII e il XVI secolo, che ospita il museo diocesano.
Proseguendo in direzione di Varna/Vahrn, una breve deviazione conduce a uno dei monumenti più celebri dell'Alto Adige/Südtirol, l'**abbazia di Novacella/Kloster Neustift**, fondata verso la metà del XII secolo e più volte ricostruita. I tesori che vi sono conservati includono la cappella dell'Engelsburg, il Pozzo delle Meraviglie e la biblioteca, che conta quasi 80.000 volumi, codici e manoscritti dall'XI al XVIII secolo; nelle storiche cantine si possono degustare e acquistare gli ottimi vini qui prodotti, insieme ad altre specialità (tra cui conserve, biscotti, cioccolato e olio extravergine) provenienti da oltre cinquanta abbazie di tutta Europa.
Poco più avanti l'Isarco devia a nord-ovest formando un piccolo lago do-

Architetture tirolesi nel centro di Bressanone/Brixen

minato dalla spettacolare cittadella di **Fortezza/Franzensfeste**. Costruita fra il 1833 e il 1838 per volere dell'imperatore austriaco Francesco I, questa possente fortificazione che veglia una stretta gola dalla sommità di uno sperone roccioso non ebbe alcun uso militare: fu però adoperata dai nazisti durante la seconda guerra mondiale per nascondervi 127 tonnellate d'oro sottratte alla Banca d'Italia e solo in parte recuperate.

Si giunge così a **Vipiteno/Sterzing** (Bandiera arancione del Touring Club Italiano), fondata dai romani nell'anno 15 a.C., dove un campeggio e due aree attrezzate accolgono i veicoli ricreazionali a poca distanza dall'autostrada e consentono di visitare il centro storico. Le origini latine della città sono ricordate da alcuni reperti conservati nel quattrocentesco Palazzo Comunale, uno dei simboli della floridezza dovuta ai commerci e all'intensa attività mineraria della vicina Val Ridanna/Ridnauntal. Del XV secolo sono anche la Torre delle Dodici, la cui campana ancora oggi suona a mezzogiorno in punto, e molte eleganti costruzioni del cuore cittadino, intonacate in vivaci colori. Meritano senz'altro una visita la chiesa di S. Spirito, con affreschi di Giovanni da Brunico che raffigurano le pene dell'Inferno, e la parrocchiale di Nostra Signora delle Paludi, così chiamata perché un tempo il circondario era caratterizzato dalla presenza di acquitrini. Nelle campagne si fronteggiano due suggestive residenze nobiliari: il duecentesco **Castel Pietra/Schloss Sprechenstein**, in scenografica posizione sul corso dell'Isarco (gli interni non sono visitabili perché di proprietà privata), e **Castel Tasso/Schloss Reifenstein**, che fin dal XII secolo cinge con le sue inviolabili mura un alto sperone di roccia. Sono queste le ultime due tappe prima di rimettersi in marcia alla volta del Brennero/Brenner o di imboccare la via del rientro.

ITINERARI DEL GUSTO

Per apprezzare i robusti sapori montani della tradizione enogastronomica altoatesina ogni stagione è indicata, ma quella più originale è senz'altro l'autunno: in questo periodo, infatti, si svolgono in gran numero i cosiddetti *Törggelen*, sagre della castagna, che viene talora abbinata ad altre specialità del territorio (per informazioni sugli eventi e sui punti vendita per gli acquisti si può consultare il sito www.valleisarco.info).
Per chi ama la cucina di alta qualità servita in ambienti di pregio, ecco tre suggerimenti: a Bressanone/Brixen i ristoranti Oste Scuro (vicolo del Duomo 3, tel. 0472 835343, www.finsterwirt.com) ed Elephant (via Rio Bianco 4, tel. 0472 832750, www.hotelelephant.com), a Vipiteno/Sterzing il ristorante dell'albergo Lilie (via Città Nuova 49, tel. 0472 760063, www.hotellilie.it).

DALLA VAL GARDENA ALLA VAL DI FASSA

Per chi ama gli sport della neve, il Trentino-Alto Adige non ha certo bisogno di presentazioni: la regione offre stazioni turistiche invernali fra le più belle e meglio attrezzate delle Alpi, con la possibilità di spaziare grazie alla mobilità consentita dal camper, che non vincola a rigide prenotazioni e permette di spostarsi qualora le condizioni meteorologiche fossero poco favorevoli.
Tra i molti itinerari è stato scelto un anello che unisce le due province passando dalla Val Gardena/Grödnertal altoatesina alla Val di Fassa trentina e toccando località di sicuro interesse per la pratica dello sci di fondo. Naturale cerniera tra i due comprensori è il Passo Sella, che mette in comunicazione Selva di Val Gardena/Wolkenstein in Gröden con Canazei: il tragitto è piuttosto tortuoso, specialmente sul versante sud, ma i chilometri che separano le due località sono poco più di 20 e la strada è percorribile anche d'inverno.

Lasciata la A22 del Brennero a Chiusa/ Klausen, da Ponte Gardena/ Waidbruck ci si dirige verso Ortisei/St. Ulrich in Gröden e **Selva di Val Gardena/ Wolkenstein in Gröden**, dove si trova il primo riferimento per la sosta in località Plan de Gralba, adiacente ad alcuni impianti di risalita. Da qui in pochi minuti si raggiunge la piccola e isolata **Vallunga**, dove alcuni parcheggi diurni accolgono anche i camper con disposizioni definite annualmente dalle autorità locali. All'inizio della valle si trova un centro fondo che offre brevi anelli per i principianti, un anello di cinque chilometri per chi ha già esperienza e una pista di 10 chilometri adatta ai più allenati, in cui le notevoli difficoltà tecniche (soprattutto al ritorno, dove la

L'Alpe di Siusi/Seiser Alm sovrastata dalla mole dolomitica del Sassolungo/Langkofel

discesa presenta pendenze notevoli e tratti ghiacciati) sono compensate da un panorama mozzafiato.
Una valida alternativa per il soggiorno è il campeggio di Fiè allo Sciliar, che consente di esplorare la vicina **Alpe di Siusi/Seiser Alm**. Intorno a questo vasto altipiano svettano alcune tra le cime più famose delle Dolomiti, che fanno da sfondo a decine di chilometri di percorsi per lo sci nordico. Dalla Val Gardena/Grödnertal, superato il Passo Sella, si entra in Val di Fassa. Qui i campeggi si susseguono e, poco dopo Moena, si trova un'area attrezzata. Per il fondo sono disponibili oltre 50 chilometri di piste e anelli d'ogni difficoltà: a **Canazei** con accesso diretto dal paese, ad **Alba di Canazei** verso la conca del Ciampac, a **Campitello di Fassa** verso Mazzin, intorno a **Pozza di Fassa** e infine a **Moena**, dove il centro fondo del Passo San Pellegrino offre percorsi stimolanti per chi ha buona esperienza (proprio qui e nell'adiacente Val di Fiemme si svolge ogni anno la celebre Marcialonga).
Grazie alla dislocazione delle strutture ricettive, inoltre, si possono facilmente visitare i paesi, magari cogliendo l'occasione di uno dei numerosi Carnevali del folklore ladino. Per il rientro, da Moena si raggiunge la A22 in una cinquantina di chilometri lungo la statale 48.

AREE DI SOSTA

Oltre al campeggio dell'Alpe di Siusi/Seiser Alm e a quelli della Val di Fassa, sono quattro le aree attrezzate per la sosta dei camper: a **Selva di Val Gardena/Wolkenstein in Gröden** in località Plan de Gralba nei pressi della funivia, punto sosta a pagamento con WC; a **Forno di Moena** presso il bar Il Giardino, strada de la Comunità de Fiem 43, tel. 0462 573287 (annuale), www.campergiardino.com; infine, sul percorso verso la A22, a **Predazzo** presso il Lago di Forte Buso, in località Pulesi (sosta a pagamento solo ore 8-21) e presso la funivia Latemar 2200, SS48, a un chilometro e mezzo dal centro.

PERCORSO DI AVVICINAMENTO

È ancora l'autostrada del Brennero/Brenner Autobahn a fornire l'accesso più comodo all'itinerario. Da nord, iniziando cioè dalla Val Gardena/Grödnertal, si esce a Chiusa/Klausen e si prosegue per Ortisei/St. Ulrich in Gröden; da sud, se si sceglie per prima la Val di Fassa, l'uscita è quella di Egna-Ora, continuando poi per Predazzo e Moena. Per chi si sposta ad ampio raggio, altri possibili percorsi di avvicinamento sono dalla Val Pusteria/Pustertal (Brunico-San Martino in Badia-La Villa-Selva di Val Gardena/Wolkenstein in Gröden oppure Dobbiaco/Toblach-Cortina d'Ampezzo-Arabba-Canazei), dalla A27 Mestre-Belluno (Belluno-Cortina d'Ampezzo-Arabba-Canazei oppure Belluno-Feltre-San Martino di Castrozza-Predazzo) e dalla A4 Torino-Trieste (Padova Ovest-Bassano del Grappa-San Martino di Castrozza-Predazzo).

Sci di fondo in Vallunga

VENETO

Le Dolomiti e il Delta del Po

Fra le regioni dell'Italia settentrionale, il Veneto è una delle più indicate per le vacanze in libertà, potendo contare praticamente su ogni tipo di interesse turistico: mare e montagna, centri d'arte famosi nel mondo e piccoli borghi caratteristici, itinerari sportivi di tutti i generi e preziosi richiami enogastronomici. Un vantaggio non secondario è offerto dalle grandi direttrici stradali che attraversano la regione consentendo rapidi percorsi di avvicinamento, con la possibilità di organizzare facilmente anche un breve soggiorno grazie all'efficienza dei servizi turistici, mentre la rete di infrastrutture dedicate ai veicoli ricreazionali è ben articolata e in continua crescita. Basti del resto nominare due comprensori quali il Delta del Po e le Dolomiti (entrati nella lista Unesco dei Patrimoni dell'Umanità rispettivamente nel 1999 e nel 2009) per riassumere le attrattive di un territorio estremamente vario e ricco di opportunità.

Quando andare

D'estate le spiagge, d'inverno le piste da sci richiamano la maggior parte dei visitatori, ma sono le attività nella natura e le piccole località tradizionali ad offrire i migliori spunti all'ospite itinerante, cercando di rimanere al di fuori dell'alta stagione. Se l'estate è un periodo quasi obbligato per molte escursioni montane, è meglio invece evitarla per l'area padana, quando l'afa rende meno piacevoli le passeggiate e il cicloturismo; l'autunno e la primavera sono ideali per il birdwatching nelle zone umide, così come per la visita di città e paesi d'interesse storico e artistico o per godere dei paesaggi d'alta quota nella veste stagionale.

Gli itinerari

Un approccio meno consueto alle Dolomiti è quanto suggerisce il primo itinerario, che da Belluno sale fino al gruppo del Sella toccando alcune delle vette più spettacolari del massiccio (tra cui il Civetta, le Pale di San Martino e la Marmolada). Il percorso è scandito da varie escursioni e molto adatto ai mesi estivi anche grazie al fatto di essere meno frequentato rispetto ad altre celebri destinazioni dolomitiche, lungo quel crocevia delle Alpi centro-orientali rappresentato dalla Valle di Agordo.

Il secondo percorso si articola invece nella pianeggiante provincia di Rovigo, spostandosi fra il Po e l'Adige attraverso paesaggi agricoli e borghi padani fino a raggiungere il Delta, una delle più belle aree naturalistiche europee, da scoprire anche con l'occhio della storia e dell'economia tradizionale. È in questa zona che la combinazione camper più bici si esprime al meglio, seguendo le strade arginali che offrono alle due ruote panorami di grande interesse con pendenze quasi nulle.

Il Passo Pordoi in veste autunnale; sullo sfondo, il Sass Pordoi

LE DOLOMITI AGORDINE

Rese famose tra un vasto pubblico da intense pagine dello scrittore Dino Buzzati, le Dolomiti di Agordo sono spesso considerate un'area di transito per quanti si dirigono verso le cime più frequentate del massiccio, o addirittura vengono evitate se da Belluno si vogliono raggiungere direttamente il Cadore e la celebre stazione turistica di Cortina d'Ampezzo. Ai conoscitori del Bellunese e agli appassionati di montagne, invece, non sfuggono i molti pregi di questo comprensorio vocato a un escursionismo di qualità, che ha inoltre il vantaggio di poter essere visitato in camper comodamente grazie alle modeste distanze e alla presenza di strutture ricettive all'aria aperta in posizioni strategiche.

La stessa area attrezzata di Belluno può costituire una valida base di partenza, oltre a permettere un'agevole scoperta della città.

Si esce dal capoluogo in direzione nord-ovest verso Agordo e ci si immette nella scenografica Val Cordevole, che attraversa un tratto del parco nazionale delle Dolomiti Bellunesi. Superata la località La Muda si incontra la prima occasione per gli amanti del trekking, una deviazione a destra sulla stretta ma percorribile strada provinciale che si inerpica verso La Valle Agordina e il **Passo Duran**, sullo spartiacque con la Val di Zoldo. Qui i rifugi Cesare Tomè e San Sebastiano consentono di rifocillarsi dopo l'escursione che conduce in un'ora circa al rifugio Carestiato, lungo l'Alta Via n. 1, o al bivacco Grisetti, che si raggiunge in un paio d'ore su un tragitto che richiede esperienza a causa di alcuni tratti impegnativi. Altri percorsi con passaggi riservati a chi pratica l'alpinismo portano alle Cime di San Sebastiano e ai Tàmer, ben visibili dalla strada che sale al valico.

Ridiscesi a fondovalle ci si trova in breve ad **Agordo**, con la piazza della Libertà e l'ampio rettangolo erboso del Broi, nel quale spiccano una fontana ornata dal leone di san Marco e il palazzo del Comune, che ospita anche una storica sede del Club Alpino Italiano. Da vedere inoltre la chiesa arcidiaconale con due campanili sormontati da cupole e, fra le opere d'arte conservate all'interno, una moderna statua di papa Giovanni Paolo I, quell'Albino Luciani che qui fu cappellano e che incontreremo anche più avanti, nel suo luogo natale. L'area di sosta cittadina si trova presso lo stabilimento Luxot-

PERCORSO DI AVVICINAMENTO

La via più agevole per portarsi nelle Dolomiti Agordine è quella descritta nell'itinerario di queste pagine, lasciando la A27 Mestre-Belluno a Belluno o a Pian di Vedoia e continuando sulla statale 50 per Belluno e Feltre, sino al bivio che immette nella Val Cordevole in direzione di Agordo.
Chi giunge da Dobbiaco, dal Cadore o da Cortina d'Ampezzo seguirà la SR48 per il Passo di Falzàrego e Livinallongo.
Se infine si arriva dalla A22 del Brennero, si esce a Trento e si continua sulle statali 47 e 50 per la Valsugana e Feltre, svoltando per Agordo all'altezza di Sedico. In alternativa, sempre dalla A22 si può uscire a Egna-Ora e proseguire per Moena, Canazei e Arabba, oppure per Moena, il Passo San Pellegrino e Falcade.

Scorcio di Agordo, con le Pale di San Lucano sullo sfondo

tica, che propone un inconsueto museo degli occhiali, mentre una collezione mineralogica si può visitare su prenotazione presso l'istituto tecnico minerario Follador, fondato nel 1867 quando le attività estrattive nella zona erano assai sviluppate. Sul paesaggio dominano le imponenti pareti dell'Agnèr e delle Pale di San Martino, la cui base si raggiunge da Taibon Agordino svoltando nella Valle di San Lucano verso il **Col di Prà**; anche qui non mancano le escursioni, come i facili sentieri per la cascata dell'Inferno e la scenografica Valle di Angheraz. Un'altra deviazione è invece quella che da Agordo segue la tortuosa provinciale per Voltago Agordino arrivando a **Frassenè**, il cui piccolo abitato (dove si può sostare nel piazzale della seggiovia) si adagia in una conca dagli spettacolari panorami.

Ripresa la Val Cordevole, si raggiunge il versante veneto delle Pale di San Martino. Da Cencenighe Agordino si prende a sinistra per Falcade e il Passo San Pellegrino, deviando ancora a sinistra

Il campanile della chiesa di S. Biagio ad Alleghe

ITINERARI DEL GUSTO

Nel Bellunese, oltre ai frutti spontanei dei boschi, l'agricoltura e l'allevamento danno origine a un vastissimo novero di prodotti tipici (in particolare frutta, legumi, ortaggi, miele, preparazioni casearie e salumi), molti dei quali ottenuti anche con metodi biologici certificati, acquistabili presso malghe e negozi di alimentari. Anche i prodotti da forno vantano numerose specialità dolciarie. Quattro i vini delle Dolomiti a marchio Igt, un bianco e tre rossi, ai quali si affiancano grappe e distillati dai diversi aromi. Immancabile sulle tavole dei ristoranti montani la polenta, dalle ricette più semplici a quelle più elaborate accompagnate alla selvaggina.

dopo qualche chilometro per **Canale d'Agordo**. Papa Luciani vi nacque nel 1912, e al pontefice prematuramente scomparso è dedicato un piccolo museo. Continuando a salire si raggiungono Garès e il **Pian delle Giare**, dove ci si può rilassare tra boschi e prati presso la capanna Cima Comelle, a 1.330 metri di quota. Gli escursionisti ben allenati saranno attratti dai faticosi sentieri che salgono all'altipiano delle Pale, mentre un itinerario in marcata pendenza ma non molto impegnativo raggiunge in mezz'ora la cascata di Garès, prodiga d'acqua anche nei mesi più caldi.
A **Falcade** (dove il miglior riferimento per la sosta è un accogliente campeggio annuale) una vera curiosità è la collezione di sculture dell'artista Augusto Murer, nato proprio qui nel 1922 e autore di celebri opere monumentali dedicate a temi storici, religiosi e civili. Ma il principale motivo di richiamo di questa vivace località turistica resta la montagna, con sentieri assai conosciuti come quello che impegna quasi l'intera giornata per salire ai 2.571 metri del rifugio Mulaz. Più semplici ma di grande suggestione, con mirabili vedute sulle

Pale, il percorso che dal **Passo Valles** conduce alla vetta omonima e quello che raggiunge il rifugio Bottari.

Tornati al bivio di Cencenighe Agordino, ci dirigiamo verso la parete nordoccidentale di un altro gigante dolomitico, il Monte Civetta. **Alleghe** si affaccia sull'omonimo lago, formatosi a seguito di una frana nel 1771. Gli impianti di risalita conducono al rifugio Col dei Baldi, che sorge a 1.922 metri di altitudine e offre un'ampia vista sul Monte Pelmo e sulle Dolomiti di Cortina. Un'escursione di due ore circa porta alla Forcella di Alleghe, alla Casera Pioda e al rifugio Sonino al Coldai, per concludersi sul Lago di Coldai, in vista del Civetta.
La maestosa parete di roccia si staglia lungo la strada di fondovalle che porta a **Caprile**, graziosa frazione di Alleghe non priva di richiami storici e artistici. È questo un altro dei crocevia dell'itinerario, da cui si raggiungono Rocca Pietore e **Malga Ciapèla** (sede di un frequentato campeggio). Si procede quindi verso il principale gruppo montuoso delle Dolomiti e del Veneto, la Marmolada, alla quale ci si avvicina in funivia: l'ambiente è segnato dalla presenza di numerose infrastrutture turistiche e, se si preferisce un contesto meno popolato, ci si deve spostare in direzione del Passo Fedaia e del confine con il Trentino-Alto Adige. Sempre da Malga Ciapèla si può invece percorrere una delle più belle escursioni dell'area dolomitica, che in circa due ore sale ai prati di malga Ombretta e poi al rifugio Falier, a quota 2.074, con vista sulla parete sud della Marmolada. Da Caprile si continua a salire con curve e tornanti fino a **Cernadoi**. Prendendo a destra sulla tortuosa strada per Cortina d'Ampezzo si sale ai 2.105 metri del **Passo di Falzàrego** (circa a metà del tragitto si osservano i ruderi del castello di Andraz, raggiungibile da un tornante con un quarto d'ora di passeggiata). Dal valico si può salire al Piccolo Lagazuoi in funivia o, dopo un breve tratto di ferrata, visitare i tunnel scavati durante la Grande Guerra. Questa è infatti una delle zone che furono maggiormente interessate dal conflitto e ne conserva molte testimonianze, oggi inserite in un progetto di valorizzazione mediante itinerari storico-escursioni-

La cabinovia di Porta Vescovo ad Arabba

stici. Se ne ha una conoscenza ancora più approfondita tornando a Cernadoi e proseguendo per **Livinallongo**, sulle pendici del Col di Lana, che insieme al non lontano Monte Sief fu teatro di innumerevoli azioni militari tra il 1915 e il 1917. Le mine hanno segnato la sagoma di questa montagna, diventata un'icona di quei tristi anni al pari di altre cime come il Pasubio, il Grappa e l'Ortigara. Dalla località Pieve (in cui si visitano la quattrocentesca parrocchiale di S. Giacomo Maggiore e il museo ladino, che conserva interessanti testimonianze di questa civiltà alpina) inizia il percorso più breve per portarsi sulla sommità, con un'impegnativa escursione che richiede circa quattro ore fra andata e ritorno.

Una stretta carrabile asfaltata conduce ai 1.650 metri della località Palla, dove si lascia il camper, proseguendo a piedi su una strada sterrata attraverso un bosco e quindi su un sentiero che conduce al Plan de la Chica, a quota 2.125, salendo infine ai 2.462 metri della vetta del Col di Lana e al bivacco Brigata Alpina Cadore.

Pochi chilometri più a monte, sulla strada regionale 48, si trova **Arabba**, frazione di Livinallongo assai rinomata per gli sport invernali. Lo sviluppo turistico ne ha in parte mutato il volto tradizionale, ma il territorio offre più di una piacevole occasione di visita, come quella a un vecchio mulino con ingranaggi in legno, ancora funzionante, e quella alla chiesetta dei Ss. Pietro e Paolo. La funivia di Porta Vescovo è il mezzo migliore per godere di uno spettacolare panorama verso la Marmolada, mentre dal **Passo di Campolongo** si possono raggiungere a piedi in circa due ore i rifugi Bec de Roces e Kostner, che si affacciano su un magnifico scenario montano.

AREE DI SOSTA

Oltre ai campeggi, in particolare quelli di Alleghe, Falcade, Canale d'Agordo e Malga Ciapèla, lungo l'itinerario e le sue deviazioni si trovano pochi ma validi approdi per i camper, in buona posizione per calibrare il percorso in base alle proprie esigenze.

AGORDO • **Area attrezzata** nella zona industriale, loc. Valcozzena, presso lo stabilimento Luxottica (Camper WC Wash; sosta massima 48 ore).

ARABBA • **Area attrezzata** in via Piagn 6 presso il campo da hockey, tel. 347 8346974 o 340 4606794, www.camperarabba.it.

BELLUNO • **Area attrezzata** comunale a pagamento in viale dei Dendrofori, nel parcheggio Lambioi, presso la piscina comunale e il palaghiaccio. • **Agriturismo** Rio Cavalli, località Sagrogna 74, tel. 0437 927380 o 328 1568852, www.riocavalli.it (annuale).

FRASSENÈ AGORDINO • **Punto sosta** nel piazzale asfaltato della seggiovia per il rifugio Scarpa (per informazioni su apertura e servizi tel. 0423 23603 o 338 2231462).

TAIBON AGORDINO • **Area attrezzata** gratuita in piazzale Le Grave del Tegnas, accanto al torrente.

Altrettanto spettacolari i paesaggi che coronano l'itinerario proseguendo da Arabba per il **Passo Pordoi** e prendendo la funivia per il Sass Pordoi. A piedi si può continuare per circa un'ora sino al rifugio Boè e infine salire, lungo un tragitto su lastroni rocciosi molto frequentato dagli escursionisti durante l'estate, ai 3.148 metri del Piz Boè, la vetta più alta del gruppo del Sella. Dal passo, a meno di non voler ridiscendere a Belluno (che da Arabba dista meno di 70 chilometri), si continua in Trentino per Canazei, Moena e l'autostrada del Brennero.

IL POLESINE, ROVIGO E IL DELTA VENETO

Il Po ne segna il confine a sud, l'Adige a nord: il territorio della provincia di Rovigo è una stretta lingua di pianura – in alcuni punti la distanza in linea d'aria tra i due fiumi non supera i 20 chilometri -- che si trova lungo alcuni dei percorsi turistici più battuti dell'Italia settentrionale. Qui passano i grandi assi stradali che conducono a Verona, a Ferrara, a Padova, a Venezia, mete d'arte dal richiamo irresistibile; ma, se si eccettua il Delta del Po, frequentato da schiere di amanti del turismo naturalistico e del birdwatching, da queste parti il turismo di massa non è arrivato. Si tratta, del resto, di ambienti e paesaggi il cui valore principale sta nella genuinità della scoperta, in una dimensione connaturata ai ritmi lenti della vacanza con il veicolo ricreazionale.

La presenza dei due grandi corsi d'acqua ha profondamente segnato non solo la geografia ma anche la storia dei luoghi, fino alla memoria a noi più vicina della catastrofica alluvione del 1951. Oggi, con la sicurezza garantita dalle moderne applicazioni, è proprio quell'evento a fornire una chiave di lettura in più, capace di dare uno spessore inatteso a una visita già ricca di motivi d'interesse originali se non inediti.

Varcati i confini della provincia, il primo incontro con il Po è a **Bergantino**, paese di antiche origini galliche, nel quale troviamo una raccolta espositiva di grande suggestione, unica nel suo genere in Italia, presso il museo nazionale della Giostra e dello Spettacolo popolare.

L'Adriatico accoglie il Po a Boccasette

PERCORSO DI AVVICINAMENTO

I due accessi principali a Rovigo e al Polesine sono la A13 Padova-Bologna, che sfiora Rovigo, e la statale 309 Romea, che collega Venezia a Ravenna costeggiando il Delta del Po ed è piuttosto trafficata in alta stagione, quando viene utilizzata per raggiungere le località turistiche costiere. Chi invece arriva dalla A22 del Brennero, può lasciare l'autostrada al casello di Mantova Sud, proseguendo per Bagnolo San Vito, Ostiglia e Bergantino, punto d'inizio dell'itinerario di queste pagine. Due avvertenze per quanto riguarda le strade arginali: spesso sono anguste e non adatte ai camper di grossa stazza, inoltre sono vietate a tutti i veicoli a motore (ad eccezione dei mezzi di soccorso e di servizio) nei giorni festivi e prefestivi da maggio a ottobre, misura destinata ad agevolare i cicloturisti che nella bella stagione frequentano la zona in gran numero.

La strada regionale Altopolesana segue a una certa distanza il fiume (chi è alla guida di un mezzo non troppo ingombrante può però scegliere la panoramica strada arginale, percorribile nei giorni feriali anche in camper) fino a **Castelnovo Bariano**, con i ruderi di una fornace abbandonata e il museo civico archeologico, che conserva testimonianze etnografiche, reperti preistorici e d'età romana e alcune ceramiche rinascimentali. Qui un isolotto occupa quasi per intero il letto del Po, come accade poco più avanti in prossimità di **Castelmassa**, dove si può sostare in un'area attrezzata sull'argine. Piazza Libertà, con la Chiesa Madre che guarda verso il fiume, divenne il soggetto per la copertina di uno dei primi libri di Giovanni Guareschi, il creatore del celeberrimo Don Camillo e del suo antagonista Peppone. Dopo una passeggiata nel centro storico, dove sorgono alcuni palazzi d'epoca e il neoclassico teatro Cotogni, con la bicicletta al seguito, si potrà accedere alla pista ciclabile Sinistra Po, uno dei percorsi più frequentati dai cicloturisti sia per i paesaggi, sia per la facile percorribilità.

Nel circondario di **Calto** valgono una tappa la seicentesca Villa Fioravanti Roveri, con le due ali in posizione avanzata come ad abbracciare l'ingresso, e il piccolo borgo rurale (abbandonato) di Co' dei Mulini, preziosa testimonianza storica della vita quotidiana e dell'economia locale di un tempo. È invece l'altissimo campanile pendente della parrocchiale (ben 72 metri) ad annunciare **Ficarolo**, che conserva anche la cinquecentesca Villa Schiatti Giglioli, oggi sede comunale, con un ampio parco circostante e due graziose torrette a siglare il prospetto.

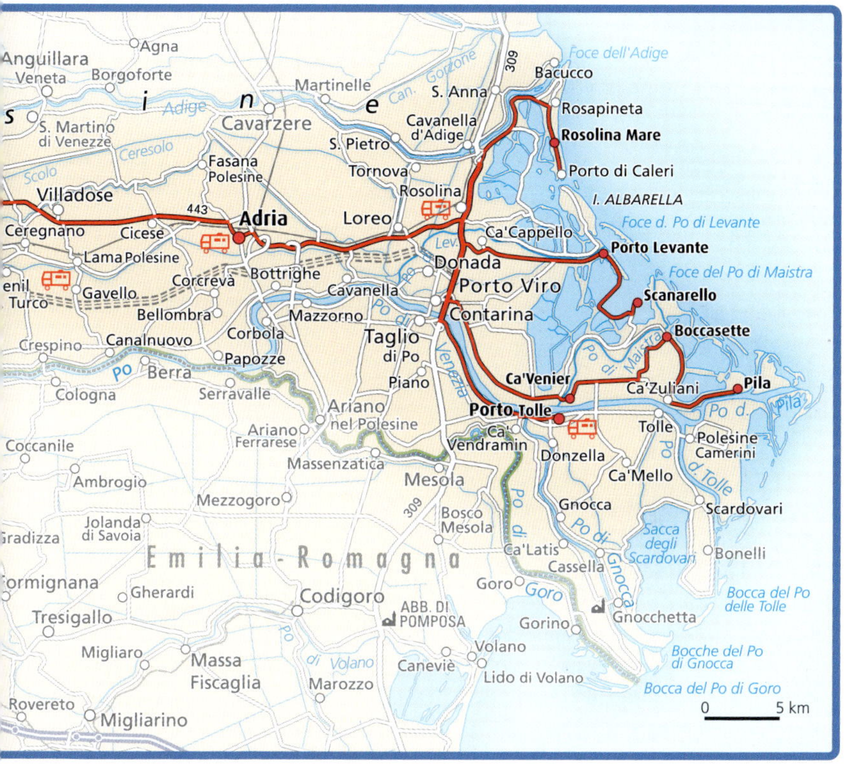

Significativo esempio di archeologia industriale è l'ex stabilimento dello zuccherificio Eridania, in prossimità dell'argine che seguiamo fino a **Stienta**, dove l'abitato ricalca l'usuale impianto, con la piazza e la chiesa rivolte verso il fiume. Tornati a ritroso di qualche chilometro si trova un tranquillo approdo nell'area attrezzata di **Gaiba**, il cui primo insediamento nac-

Lendinara, la "piccola Atene del Polesine", è attraversata dal corso dell'Adigetto que intorno al millenario monastero benedettino di S. Lorenzo in località Le Caselle, oggi di proprietà privata.

È il momento di lasciare il Po in direzione dell'Adige, seguendo piacevoli stradine interne che attraversano il tipico paesaggio polesano con gli ordinati appezzamenti agricoli bordati da filari di pioppi. Due residenze patrizie della casata Pepoli-Spalletti si incontrano poco dopo **Sariano** e a **Trecenta**, che offre alcuni monumenti fra cui un teatro ottocentesco ben restaurato. Superato il Canal Bianco, uno dei corsi d'acqua che fanno parte del complesso sistema idrografico del Po, si raggiunge infine l'Adige a **Badia Polesine**, il cui centro storico è racchiuso tra il fiume e il canale dell'Adigetto. Lasciato il veicolo nell'ampio parcheggio di piazza Marconi, una passeggiata consente di apprezzare le bellezze storiche e artistiche della cittadina: gli scenografici resti del millenario monastero della Vangadizza, circondati da un parco pubblico, e i palazzi nobiliari porticati che si incontrano lungo il percorso per piazza Vittorio Emanuele II, sulla quale affacciano il Comune e il museo civico Baruffaldi.

ITINERARI DEL GUSTO

Se i molluschi di Scardovari e i prodotti ittici in genere sono le specialità più conosciute del Delta, meno note ma di grande qualità sono altre produzioni tipiche della campagna quali il riso, la patata americana, il melone, la zucca, l'aglio polesano, il miele (se ne trova di ottimo al Centro Apicoltura di Cà Cappellino, presso Porto Viro) e, a sorpresa, il tartufo bianchetto, che può in effetti vantare un'antica tradizione di raccolta ed è attualmente oggetto di promozione e di tutela.
Rivolgendosi agli uffici turistici locali si possono organizzare piacevoli gite di pescaturismo: quelle che durano l'intera giornata consentono di assaggiare, direttamente a bordo dell'imbarcazione, le saporite ricette della gastronomia marinara polesana.

Quest'ultimo offre numerosi reperti, opere di pittori locali degli ultimi due secoli e curiosità quali il modello di un mulino natante e una ricchissima collezione di locandine dei teatri cittadini. Si segue ancora l'Adigetto per arrivare a **Lendinara**, conosciuta come la "piccola Atene" del Polesine per il cospicuo patrimonio artistico e architettonico. I principali artefici dell'abbellimento

Villa Badoer a Fratta Polesine

furono gli Estensi e la Repubblica di Venezia; ne sono testimonianza il castello fatto costruire nel XV secolo da Alberto d'Este e la colonna sormontata dal leone di S. Marco, entrambi nella centrale piazza Risorgimento. Alla dominazione della Serenissima risalgono inoltre alcuni eleganti palazzi, l'ottocentesco teatro Ballarin, il duomo di S. Sofia (che vanta un campanile di altezza superiore ai 100 metri) e il cinquecentesco santuario mariano del Pilastrello.

Se non ci si ferma presso l'area attrezzata, conviene allontanarsi dall'Adige spostandosi a **Fratta Polesine**, patria di Giacomo Matteotti. Qui si può sostare negli ampi spazi antistanti Villa Badoer, gioiello palladiano al quale si affiancano altri edifici di interesse storico: da citare almeno la vicina residenza dei Grimani e tre palazzi legati alle memorie risorgimentali: la residenza del patriota Antonio Fortunato Oroboni, palazzo Villa, che ospitava incontri degli affiliati alla Carboneria, e palazzo Dolfin, nel quale è visitabile una mostra permanente dedicata alla stessa Carboneria insieme a una rassegna su Matteotti e a reperti storici, etnografici e naturalistici.

Meno di 20 chilometri lungo la superstrada Transpolesana e sulla statale 16 conducono a **Rovigo**, la cui visita richiede un'intera giornata. Poiché il capoluogo è privo di strutture appositamente dedicate ai veicoli ricreazionali, è opportuno giungervi al mattino fermandosi nel parcheggio a pagamento poco lontano dal complesso monastico di S. Bartolomeo, che ospita il museo dei Grandi Fiumi. L'esposizione, particolarmente adatta a bambini e ragazzi, mette in evidenza il rapporto tra i corsi d'acqua principali e lo sviluppo storico ed economico del territorio, introducendo alla visita del Delta che concluderà l'itinerario.

Il centro storico cittadino è facilmente visitabile a piedi o in bicicletta. Da corso del Popolo si raggiungono le torri pendenti che facevano parte del castello medievale (oggi scomparso), il duomo, piazza Vittorio Emanuele II con palazzo Roverella e la Loggia dei Nodari (oggi sede comunale), l'Accademia dei Concordi e la pinacoteca allestita nel vicino palazzo Bosi, l'ottocentesca Gran Guardia con il portico semicircolare, la chiesa romanico-gotica di S. Francesco e, in piazza XX Settembre, la chiesa a pianta

Il centro storico di Rovigo

ottagonale della Madonna del Soccorso, altrimenti detta la Rotonda, che conserva un altare ligneo dei primi del '600 e numerosi affreschi della stessa epoca, realizzati da maestri veneti.
Si riparte alla volta di **Adria**, distante circa 25 chilometri, dove per la sosta si può scegliere fra una piccola area attrezzata periferica e un comodo agricampeggio. La prossima visita è al museo archeologico nazionale, che ripercorre con dovizia di reperti e documentazioni la storia dei commerci e degli scambi culturali in questa parte della Pianura Padana. Quanto alla città, sorta intorno a un ramo del Canal Bianco, se ne apprezzano la cattedrale ottocentesca costruita sui resti di chiese precedenti, il palazzo dell'Orologio e le scenografiche riviere sulle due sponde del canale, che rievocano atmosfere veneziane. Non lontano, lungo la provinciale per Loreo, si può far tappa al Septem Mària Museum (museo dei Sette Mari), ricavato in una dismessa stazione di pompaggio delle acque. Qui si può approfondire la conoscenza delle opere di ingegneria che nel corso dei secoli hanno interessato l'area del Delta, ormai vicino.
Prima di arrivare a destinazione, a chi ha tempo consigliamo di raggiungere l'Adriatico a **Rosolina Mare**, estremità settentrionale del Delta e della provincia. Questa deviazione di circa 30 chilometri – il cui tratto centrale si svolge sulla statale 309 Romea (da evitare nei periodi e nelle ore di maggior traffico) – porta al **Giardino Botanico di Porto Caleri**, che protegge un habitat litoraneo di grande interesse scientifico in cui si possono ripercorrere tutte le fasi di formazione della costa e delle specie vegetali e animali che vi si sono insediate. La visita (da aprile a ottobre il martedì, il giovedì, il sabato e la domenica, anche con accompagnamento su prenotazione) si può svolgere lungo tre itinerari: uno di 600 metri che esplora la pineta, uno di 1.650 metri che raggiunge la spiaggia e un terzo di quasi 3 chilometri, che riunisce i due precedenti e arriva fino alla laguna di Caleri toccando una zona umida salmastra. Di grande suggestione il paesaggio, con la stretta lingua sabbiosa che si protende verso

Capanni per la pesca nel Delta

Passerelle e capanni nell'area protetta di Porto Caleri

l'isola di Albarella e la foce del Po di Levante. In tutto il circondario vi sono molti campeggi che permettono di godere qualche giorno di relax balneare o, fuori stagione, la piacevole atmosfera dell'animato centro turistico di Rosolina Mare.

L'ultima parte dell'itinerario riserva molte sorprese e da sola vale una permanenza di qualche giorno, specialmente nelle stagioni intermedie. Per portarci verso il Delta si riprende la statale Romea, lasciandola poco dopo Rosolina per proseguire tra le celebri valli da pesca fino alla ben attrezzata marina turistica di **Porto Levante**. Da qui si scende tra i bacini costieri e il mare, in un ambiente costellato dai segni delle attività tradizionali, fino all'area picnic di **Scanarello** e alla Barchessa Ravagnan, uno dei tipici casali agricoli del territorio deltizio. Lungo il Po di Maistra si raggiungono **Ca' Pisani** e **Ca' Venier**, ormai sulla sponda settentrionale del Po di Venezia; nelle vicinanze operano alcune aziende agrituristiche attrezzate per la sosta dei camper. Le brevi distanze, l'andamento pianeggiante e il modesto traffico rendono assai indicato in questo contesto l'uso della bicicletta, già radicato nei frequentatori abituali della zona.

La prossima tappa si spinge di nuovo fino all'Adriatico passando per Ca' Zuliani. Qui si può deviare verso settentrione lungo l'arenile di **Boccasette**, su un argine di sabbia e macchia presso la foce del Po di Maistra.

In alternativa si può proseguire diritto seguendo il Po di Venezia al piccolo centro marinaro di **Pila**, quasi allo sbocco in Adriatico del Po di Pila, che offre la genuina atmosfera del borgo peschereccio.

Per esplorare la parte meridionale del Delta si torna verso Ca' Venier dove, poco prima, si guadagna l'altra sponda del Po di Venezia sul nuovo ponte di Fraterna, facendo rotta su **Porto Tolle**. Il terreno su cui sorgono gli undici nuclei di questo comune sparso si formò solo a partire dal XVII secolo, quando la Repubblica di Venezia fece deviare il corso del Po all'altezza di Porto Viro per contrastare l'accumulo di detriti portati dal fiume: queste e numerose altre notizie su storia, economia e ambiente del Delta si apprendono al museo regionale

Le idrovore oggi dismesse al museo di Ca' Vendramin

della Bonifica di **Ca' Vendramin** - certamente il più rappresentativo e visitato della zona - allestito in un ex complesso di idrovore dei primi del '900. La struttura, di estremo interesse anche dal punto di vista architettonico, funge da centro visite del parco regionale veneto del Delta del Po.

Un anello di circa 50 chilometri con inizio da Porto Tolle consente di immergersi ancora una volta in questi paesaggi sospesi fra acqua e terra.

Scendendo lungo il Po di Gnocca fino a Santa Giulia (collegata da un ponte di barche a Gorino Sullam, sulla riva opposta di questa diramazione), si prosegue verso Bacucco costeggiando la **Sacca degli Scardovari**, celebre per l'allevamento dei mitili; si risale infine verso la località Barricata, con spiagge e campeggio, si toccano Bonelli e Scardovari lungo il Po delle Tolle, e attraverso Ca' Dolfin e Tolle si torna al punto di partenza. Da qui si raggiungono in breve le grandi direttrici stradali per il rientro.

AREE DI SOSTA

Il Polesine e il Delta del Po offrono numerose e strategiche opportunità di sosta, con un significativo sviluppo dell'agriturismo, che spesso contempla un ampio ventaglio di attività di scoperta del territorio con itinerari escursionistici, cicloturistici e di piccola nautica. Sulla costa sono numerosi i campeggi stagionali, destinati prevalentemente al soggiorno balneare ma utili anche a chi preferisce una sistemazione con tutti i servizi.

ADRIA • **Area attrezzata** comunale (gratuita) in via Madre Teresa di Calcutta.

ARQUA' POLESINE • **Area attrezzata** (solo sosta gratuita, elettricità e acqua a pagamento, senza pozzetto) presso Ostello della Gioventù Canalbianco, via Valmolin Inferiore Destra 340/1, tel. 0425 465213 o 349 0561113.

CASTELMASSA • **Area attrezzata** a ridosso del paese, nel parco fluviale del Po.

FICAROLO • **Punto sosta** in piazzale Tazio Nuvolari, nei pressi degli imbarcaderi e del palazzetto dello sport (Comune tel. 0425 708072).

GAIBA • **Punto sosta** gratuito per cinque veicoli all'ingresso dell'abitato, segnalazioni in loco.

GAVELLO • **Punto sosta** presso l'azienda agricola Galassa, via Guccia 12, tel. 328 8264440 o 0425 798151, www.galassa.it (annuale).

LENDINARA • **Area attrezzata** gratuita a circa 800 metri dal centro storico, segnalazioni in loco.

PORTO TOLLE • **Agriturismo** Caprissio, località Cà Mello, via Cesare Terranova 1, tel. 0426 80053 (aperto da Pasqua al 31 ottobre). • **Agriturismo** La Cà del Delta, località Cà Venier, tel. 340 592769, www.agriturismolacadeldelta.it (annuale).

ROSOLINA • **Agricampeggio** San Gaetano, via Moceniga 20, tel. 0426 664634 o 347 8463833, www.sangaetanorosolina.it (annuale).

VALMOLIN DI MEZZO • **Area attrezzata** a Porto Bussari, sull'argine destro del Canal Bianco.

FRIULI VENEZIA GIULIA

Dalla Carnia all'Adriatico

Tra le regioni dell'Italia settentrionale, il Friuli Venezia Giulia è senz'altro quella che può offrire al turista in camper la maggior varietà di percorsi al di fuori delle rotte più battute, su una superficie che tuttavia rimane piuttosto modesta (solo Liguria, Molise e Valle d'Aosta hanno un'estensione inferiore). Si tratta di un territorio vocato a una scoperta tranquilla e rilassante, in un contesto che invita subito a prendere confidenza con le bellezze del paesaggio e i valori tradizionali, non ultimi quelli dell'enogastronomia. La posizione di confine ha favorito nel corso dei secoli una fitta rete di scambi, dando origine a un tessuto culturale molto diversificato al quale si unisce l'influenza di complesse vicende storiche non solo sul lungo periodo, ma anche nell'arco dell'ultimo secolo.

Quando andare

La grande varietà di ambienti e paesaggi, unita alle distanze contenute, fa sì che ogni stagione riservi spunti alla vacanza itinerante. La montagna, pur molto frequentata anche durante il periodo estivo, difficilmente si presenta affollata; se invece si resta sul mare è preferibile evitare le settimane centrali fra luglio e agosto, quando l'affluenza turistica è notevole e l'umidità delle lagune rende il clima meno propizio alla fruizione della natura.

Gli itinerari

La costa friulana ha la peculiarità di essere nettamente suddivisa in due tipologie assai diverse tra loro: nella parte occidentale si estende una grande area lagunare con litorali bassi e sabbiosi, in quella orientale (al di là della foce

Villaggio di casoni nella riserva delle Foci dello Stella

L'area di sosta di Sappada in veste invernale

dell'Isonzo) dominano invece le scogliere, con la montagna carsica subito a ridosso. È appunto lungo l'Adriatico che si svolge la prima proposta, praticabile quasi tutto l'anno e ricca di spunti sportivi e naturalistici oltre che culturali. Il secondo itinerario, preferibilmente invernale, è dedicato alla Carnia in un ambiente alpino le cui vette non sono particolarmente elevate, ma con un'ampia copertura di conifere e un'antropizzazione di impatto contenuto. I paesi e le stesse località turistiche, inoltre, offrono un cospicuo patrimonio di folklore e di tradizioni custodite con attenta cura. La terza proposta si concentra su una piccola ma preziosa località d'arte, Spilimbergo, conosciuta non solo per il suo centro storico, fra i più gradevoli di tutta la regione, ma soprattutto per la rinomata scuola di mosaico. La quarta proposta ci porta a Sappada, dove la pratica degli sport della neve si abbina a un'esemplare situazione ricettiva per i veicoli ricreazionali.

Toponomastica in stile alpino a Forni di Sopra

MARANO, GRADO E IL GOLFO DI TRIESTE

Estremità orientale d'Italia, la stretta fascia calcarea del Carso si insinua verso il confine sloveno, facendo da quinta alle località affacciate lungo il Golfo di Trieste. A pochi chilometri da questi scenari di colline e montagne, ambito privilegiato per le escursioni, si estende un'area lagunare che rappresenta un piccolo paradiso per gli amanti della bicicletta, della canoa e del birdwatching. Esistono dunque tutti gli elementi per una facile vacanza sportiva, ideale anche nelle mezze stagioni e a pochi chilometri da rinomati centri balneari piacevoli da visitare anche al di fuori dell'estate.

Lasciamo la A4 a **Latisana**: se si arriva da una lunga tappa di trasferimento e si ha necessità di sostare, è possibile farlo in questa cittadina bagnata dall'ultimo tratto del Tagliamento, che qui divide il Friuli Venezia Giulia dal Veneto. Il fiume sfocia nell'Adriatico pochi chilometri più a sud sfiorando **Lignano**, dove abbondano le opportunità di soggiorno nell'atmosfera tipica di un grande centro balneare. Lignano Sabbiadoro occupa l'estremità di una penisola formata da una serie di isolotti che dividono una vasta laguna dal mare aperto: è bene allora far rotta verso il paese che a essa dà il nome, **Marano Lagunare**. L'ambiente è straordinario, con il borgo marinaro di

PERCORSO DI AVVICINAMENTO

Dalla A4 Torino-Trieste si esce a Latisana, da cui inizia l'itinerario descritto. Per Marano Lagunare l'uscita più vicina è San Giorgio-Porpetto, mentre per raggiungere direttamente Grado si lascia l'autostrada a Palmanova. Per le foci dell'Isonzo bisogna uscire a Monfalcone e seguire le indicazioni per Grado, con un breve tratto di sterrato che però non presenta difficoltà. Sul Golfo di Trieste, Duino e Sistiana sono le uscite per le località costiere ma anche per quelle dell'entroterra.
Chi arriva dalla A28 Portogruaro-Conegliano deve imboccare la A4 in direzione di Trieste. Se invece si scende dalla A23 Udine-Tarvisio, si prenderà la A4 in direzione di Venezia per le lagune di Marano e di Grado.

impronta veneziana circondato dalla natura selvaggia delle zone umide, rifugio di numerose specie di uccelli. Per osservarli è sufficiente spostarsi ai margini dell'abitato, dove la **riserva naturale Valle Canal Novo** ospita una folta popolazione di oche selvatiche: una passerella in legno consente di avvicinarsi agli animali. Diverso è l'aspetto della **riserva naturale Foci dello Stella**, con folti canneti, bacini, canali, basse lingue sabbiose alternate alla terraferma e i *casoni* in giunco e legno costruiti sulle barene, le isole di canneto. Lo sbocco a mare del fiume si può raggiungere da Marano Lagunare in kayak, entrando in acqua sulla spiaggetta in fondo al paese: l'escursione richiede un'ora circa ed è facile e panoramica, avendo l'accortezza di partire con la marea più bassa per evitare le forti correnti in uscita e averle invece a favore durante il rientro.

A Cervignano del Friuli si devia verso l'estremità orientale della laguna, che qui prende il nome da **Grado**. Alle celebri spiagge, questa vivace località unisce notevoli interessi artistici e architettonici, con l'antico *castrum* al centro del quale sorgono le basiliche paleocristiane di S. Eufemia, del battistero e di S. Maria delle Grazie. Una passeggiata lungo calli e campielli conduce al porto canale costruito sotto il dominio austriaco, che si insinua tra le case dividendosi in due ampi rami.

Lungo la via d'accesso a Grado, **Aquileia** fu snodo della riorganizzazione territoriale ed economica avviata in questa zona dai romani nel II secolo a.C. (ma i primi insediamenti sarebbero più antichi di almeno settecento anni). La splendida basilica paleocristiana con i suoi raffinati mosaici pavimentali è il monumento più importante della città, la cui storia si può approfondire visitando il museo archeologico nazionale e passeggiando fra le numerose testimonianze della colonizzazione latina ancora ben visibili nel centro storico: tra queste il foro e la basilica civile, il porto sul fiume Natissa, il sepolcreto, resti di mura, abitazioni, attività commerciali e un imponente mausoleo lungo la via Iulia Augusta. Il circondario offre inoltre una serie di percorsi ciclabili ad anello che permettono di esplorare le campagne e la laguna.

Gli estesi canneti nella riserva naturale Foci dello Stella

Camminamenti nella Valle Caval Novo

Tornati al bivio di Cervignano, la statale 351 ci porta rapidamente a **Fogliano Redipuglia**, dove il Sacrario Militare custodisce le spoglie di oltre 100.000 caduti della prima guerra mondiale. Ci si trova sulle rive dell'Isonzo, uno dei fiumi simbolo della storia d'Italia, che si getta in mare pochi chilometri più a sud. Da Monfalcone, seguendo le indicazioni per Grado, si arriva in breve alla **riserva naturale regionale Foce dell'Isonzo**, un'altra delle aree protette costiere che attira non solo gli appassionati del birdwatching, ma anche chi vuole dedicarsi alle escursioni a piedi, in bicicletta, a cavallo e con piccoli natanti. Al centro del comprensorio, l'Isola della Cona è un sito ideale per le osservazioni faunistiche, con vari capanni attrezzati a questo scopo e un parcheggio fruibile anche dai camper lungo la stradina sterrata di accesso.

Dalla laguna è già visibile il panorama del Carso, meta della seconda parte dell'itinerario. Da Monfalcone conviene rimanere sulla statale 14, che supera il tratto terminale del fiume Timavo e prosegue lungo il Golfo di Trieste.

La riforestazione del massiccio, che nel XVI secolo si presentava come una brulla distesa di calcare a causa del disboscamento praticato dai pastori, avvenne sotto Maria Teresa d'Austria, che fece impiantare una robusta varietà di pino in grado di adattarsi alla povertà del terreno e di resistere agli sbalzi di temperatura provocati dalla bora. Oggi l'ambiente risulta assai vario, con innumerevoli spunti per l'escursionismo e possibilità naturalistiche e geologiche. Le ricerche di paleontologia hanno regalato alcune sorprese agli specialisti e al grande pubblico: ne è un esempio il dinosauro Antonio (in realtà un esemplare di sesso femminile, attualmente esposto nel museo di Storia naturale di Trieste) che fu rinvenuto negli anni '80 dello scorso secolo presso il Villaggio del Pescatore di **Duino**. Dall'abitato, con il castello in cima a una roccia che scende a strapiombo nel mare, ha inizio il Sentiero Rilke, intitolato al poeta praghese che qui soggiornò nei primi anni del '900. L'itinerario, che ha uno sviluppo di circa due chi-

Interno della basilica di Aquileia

lometri e termina a **Sistiana**, offre scorci sul golfo e sulla montagna ma ha la sua principale attrattiva nella compresenza della macchia mediterranea e della vegetazione tipica dell'Europa centro-orientale.
Per scoprire altre suggestioni del Carso bisogna lasciare la costa e portarsi a **Sgonico**, dove il Giardino botanico Carsiana (aperto da fine marzo a inizio novembre dal lunedì al sabato, solo di mattina; nel pomeriggio e nei festivi su prenotazione) è una straordinaria galleria di oltre seicento specie botaniche caratteristiche della zona. Da Rupinpiccolo e Rupingrande si raggiunge invece **Borgo Grotta Gigante**, così chiamato per l'eccezionale cavità sotterranea, la più grande del mondo fra quelle attrezzate per le visite turistiche (chiusa i lunedì non festivi, sempre aperta in luglio e agosto).

Da qui si deve procedere in direzione di Aurisina per tornare sul mare. Ormai alle porte di **Trieste**, conviene cercare una sistemazione in città, spostandosi poi con i mezzi pubblici. L'area attrezzata si trova in posizione poco felice

ITINERARI DEL GUSTO

La varietà di ambienti naturali e rurali che caratterizza la parte orientale del Friuli Venezia Giulia si riflette nell'enogastronomia, che offre un vasto assortimento in tema di cibi e di vini. Nell'area lagunare è naturalmente il pesce a farla da padrone: specialità di Grado è il *boreto*, una zuppa accompagnata da polenta bianca, ma non mancano prodotti di nicchia come l'asparago di Fossalon, al quale è dedicata ogni anno una sagra tra aprile e maggio. Primavera e autunno sono le stagioni migliori per gustare il *bisato*, cioè l'anguilla, che a Marano viene lungamente cotta allo spiedo in modo da sgrassarla.
Ad accompagnare queste prelibatezze sono i nettari del Collio, di Aquileia, dei Colli Orientali e del Carso. Sui terreni calcarei del massiccio alligna una varietà di Refosco che dà origine al Terrano, un rosso di carattere che si abbina perfettamente a insaccati e formaggi prodotti sull'altopiano. Un itinerario turistico di circa 25 chilometri, la Strada del Vino Terrano, si sviluppa fra Sistiana e Villa Opicina andando alla scoperta delle *osmizze*, le osterie carsoline riconoscibili da una frasca appesa all'ingresso. Altre specialità sono l'olio extravergine di oliva Tergeste, insignito della Dop, e il miele in numerose varietà, tra cui quella di marasca o ciliegio canino.

La chiesa di S. Antonio a Trieste, affacciata sul Canal Grande

in prossimità di uno svincolo stradale, ma è comunque utile per una rapida visita; più comoda la sosta presso una struttura privata nel rione Servola, a sud del centro.

Quello che fino agli inizi del XVIII secolo era uno scalo marittimo di interesse locale divenne un animatissimo centro mercantile a partire dal 1719, quando l'imperatore austriaco Carlo VI rese la città porto franco. La collocazione baricentrica rispetto alle direttrici marine e terrestri dell'area asburgica e slava favorì uno sviluppo non solo economico ma multiculturale, che ancora oggi si riflette nelle insegne delle attività fondate da imprenditori provenienti da ogni parte dell'Adriatico e dei possedimenti austro-ungarici. Cuore pulsante di questa Trieste storica è la vastissima piazza Unità d'Italia, incorniciata da sontuosi palazzi sede di compagnie di navigazione e assicurative, la fontana dei Quattro Continenti e, alle spalle, il museo del Commercio. Poco lontano è il Molo Audace, altro simbolo cittadino insieme al monumento allo Sbarco dei Bersaglieri.

Raffinate decorazioni su un palazzo storico triestino

Dopo aver percorso le vie del centro, magari sulle tracce dei grandi scrittori che qui ebbero i natali o vissero a lungo (Umberto Saba, Italo Svevo e James Joyce), si sale alla collina di S. Giusto, dove la cattedrale sorge a pochi passi dal castello, dai resti della basilica romana e dai monumenti al Risorgimento e alla Grande Guerra. Bisogna invece ridiscendere per trovare le memorie di un passato recente ma ancora do-

La scenografica piazza Unità d'Italia a Trieste

AREE DI SOSTA

In questa parte del Friuli Venezia Giulia si concentra un gran numero di camping e aree attrezzate anche rurali, con un ottimo rapporto fra l'estensione del territorio e le opportunità che esso offre. Nell'area lagunare i principali riferimenti per quanto riguarda i camping sono Lignano, Grado e Aquileia, nella fascia carsica Sistiana, Opicina e Muggia.

AQUILEIA • **Area attrezzata** in via Grandi, poco distante dal centro e dagli scavi archeologici (annuale).

CAPRIVA DEL FRIULI • **Area attrezzata** in via degli Alpini, nelle vicinanze della pista ciclabile; segnalazioni in loco; impianto Camper WC Wash.

GRADISCA D'ISONZO • **Area attrezzata** in viale Trieste (Gradisca-Sagrado) nei pressi di una stazione di servizio, sosta massima 48 ore. • **Punto sosta** presso l'agriturismo Ai Feudi, via Venuti 11, Laterale destra SS252, tel. 0481 961105, www.agriturismoaifeudi.it (annuale).

GRADO • **Area attrezzata** comunale a pagamento a 10 metri da via Ponte di Legno 1, in località Sacca dei Moreni a 2,5 km dal centro, vicino alla pista ciclabile.
• **Agricampeggio** All'Argine, via Averto 6, frazione Fossalon, tel. 0431 88156 o 331 4364429, www.agricampingargine.it, agriargine@libero.it (aperto da Pasqua al 30 settembre).

LATISANA • **Area attrezzata** in via Egregis Gasperi, dietro la stazione dei Carabinieri e vicino al supermercato Coop e alla pista ciclabile, segnalazioni in loco.

STARANZANO • **Area attrezzata** gratuita in via delle Acacie 17, non lontana dal centro abitato, tel. 333 5050103, www.camperclublafocedellisonzo.it; a pagamento la corrente elettrica e (su richiesta) i servizi igienici con docce, anche per disabili. L'area è gestita dal camper club Foce dell'Isonzo.

TRIESTE • **Area attrezzata** comunale in via Von Bruck (ex Passeggio Sant'Andrea) fra la torre dei Lloyd e il Molo Settimo, all'inizio del raccordo autostradale, sosta massima 72 ore.
• **Area attrezzata** presso Mamàca Park, via del Pane Bianco, tel. 335 8032580 o 366 3539020 (estate), www.mamaca.org. Consigliata la prenotazione.

loroso nella Risiera di San Sabba, che fu campo di smistamento nazifascista dopo l'8 settembre 1943, e di nuovo portarsi sui colli per raggiungere, nella frazione di Basovizza, il sacrario che ricorda le vittime delle atrocità compiute intorno al 1945 dai partigiani slavi, che occultarono centinaia di corpi di oppositori del regime comunista di Tito nelle cavità naturali dette foibe.

Sulla via del ritorno l'ultima tappa è il **castello di Miramare**, turrita residenza in pietra bianca voluta dall'arciduca Massimiliano d'Austria e inaugurata nel 1860. Il maniero, costruito sul promontorio di Grignano, conserva interni splendidamente decorati e i lussuosi arredi originari, mentre l'ampio parco ospita, insieme alla vegetazione spontanea, numerose specie botaniche piantate secondo un attento schema di progettazione del paesaggio. Le acque antistanti sono protette dalla **riserva marina di Miramare**, affidata in gestione al WWF: i programmi di fruizione includono il seawatching, la subacquea e le gite in barca, senza dimenticare una puntata al centro visite allestito in una palazzina all'interno del parco, che include un percorso su sabbia da compiere a piedi nudi e una vasca tattile in cui è possibile toccare gli organismi marini. Dal castello, infine, si torna rapidamente all'autostrada per il rientro.

I MONTI DELLA CARNIA

Un ambiente praticamente intatto e accuratamente preservato nei suoi valori, una tradizione genuina che ancora permea la vita dei piccoli paesi, una gestione turistica che inquadra le opportunità di svago e di relax in perfetto equilibrio con il territorio: bastano pochi tratti a disegnare il contesto delle montagne carniche, magico angolo della provincia di Udine piuttosto facile da raggiungere (vi si arriva comodamente dalla A23 Palmanova-Tarvisio) ma abbastanza remoto da non dover cedere alle lusinghe del turismo di massa. Se a questo aggiungiamo il buon innevamento anche alle quote di bassa montagna, già intorno ai 1.000 metri, e la presenza di pochi ma buoni approdi per i veicoli ricreazionali, si intuisce il motivo per il quale gli intenditori della neve secondo natura trovano nella Carnia una meta d'elezione.

I due siti intorno ai quali si concentra il soggiorno invernale, Forni di Sopra e Sauris, offrono numerose opportunità, ma esprimono al meglio le proprie qualità nella pratica degli sport invernali di minore impatto: le infrastrutture per lo sci da discesa sono poco invadenti, mentre gli itinerari per il fondo e le racchette da neve consentono di immergersi in paesaggi di selvaggia bellezza, pur usufruendo di tutti i servizi per una confortevole permanenza.

Forni di Sopra è adagiata in una conca ricoperta di boschi e dominata verso ovest dalle ultime vette del Cadore, al margine settentrionale del parco delle Dolomiti Friulane e lungo il primo tratto del Tagliamento, che nasce in prossimità del Passo della Mauria. Il nucleo centrale dell'abitato e le frazioni offrono tipiche architet-

PERCORSO DI AVVICINAMENTO

Lasciata la A23 Palmanova-Tarvisio al casello Carnia, si prosegue sulla SS52 per Tolmezzo, Villa Santina e Ampezzo. Qui la strada si biforca: continuando diritto si arriva a Forni di Sotto e a Forni di Sopra, svoltando a destra si raggiunge Sauris. Un altro utile accesso da ovest è la A27 Mestre-Belluno, che si percorre fino al termine continuando per Pieve di Cadore, Lorenzago di Cadore e il Passo della Mauria sino a Forni di Sopra.

ture in pietra e legno, varie chiese con alcune opere d'arte, un'antica fornace e i resti di un castello del XII-XIV secolo, da poco restaurati.
Ad accogliere i veicoli ricreazionali vi sono un campeggio a conduzione familiare e un'area attrezzata adiacente alla funivia del Varmost, adeguatamente collegati dai trasporti pubblici. Un mezzo assai richiesto, quando le condizioni di innevamento lo permettono, è il gatto delle nevi che presta servizio tra il citato parcheggio e il centro sportivo di Forni di Sopra, a cui fanno capo le attività sciistiche del fondovalle con seggiovia, campo scuola, piste per slittini, bob, discese in gommone e un'area giochi per bambini.
Il comprensorio a monte comprende invece panoramiche piste per lo sci alpino, fra cui la celebre Varmost, che in poco meno di cinque chilometri serpeggia dai 2.100 metri di Cima Crusicalas ai 950 del paese, e un delizioso circuito per il fondo, denominato Tagliamento, che si dipana intorno all'abitato con vari anelli di lunghezza da 3 a 10 chilometri. Un altro breve percorso per lo sci nordico, non lontano dal posteggio, viene illuminato

Passeggiata sulla neve intorno a Forni di Sopra

ITINERARI DEL GUSTO

Da pascoli e boschi delle montagne carniche scaturisce una tradizione gastronomica le cui migliori espressioni sono i formaggi di malga, alla base del celebre *frico* (a base di formaggio e patate), che costituisce una delle più note specialità friulane. A Sauris, però, è il prosciutto a farla da padrone: tutelato dall'Indicazione Geografica Protetta, ha la particolarità di essere sottoposto a una leggera affumicatura ottenuta in modo naturale dalla combustione del legno di faggio. Da assaggiare in ristoranti e trattorie i *cjarsons*, ravioli di pasta di patate con ripieno di ricotta condita e aromatizzata con frutta secca, spezie e altri ingredienti. Piccola curiosità: sia a Forni di Sopra sia a Sauris vengono prodotte da qualche anno birre artigianali di un certo pregio.

per l'uso notturno, mentre la pista da discesa Tredolo si sviluppa nella bassa valle partendo da **Forni di Sotto**. Chi preferisce le racchette da neve trova un buon numero di itinerari fra i boschi e le malghe, anche in abbinamento con le attività di scoperta proposte dal parco delle Dolomiti Friulane.
Un'offerta ancora più legata alle valenze naturalistiche del territorio è quella di **Sauris** che, specie d'inverno, appare come un luogo intatto e remoto. Il tragitto da Ampezzo, che dista 13 chilometri, rafforza questa sensazione poiché la strada provinciale (realizzata solo nel 1930) si sviluppa con un andamento piuttosto tortuoso nella gola del torrente Lumiei e comprende vari tratti in galleria.
Intorno al XII secolo la valle fu scelta come rifugio da una comunità germanofona proveniente dal versante austriaco delle Alpi, che rimase praticamente isolata per quasi sette secoli. Ancora oggi gli abitanti sono poche

centinaia e il turismo è incentrato su un'ospitalità semplice ma ben organizzata e un calibrato sviluppo delle attività produttive tradizionali (l'area attrezzata per i camper si trova, infatti, presso un salumificio in cui degustare e acquistare la specialità locale più nota, il prosciutto di Sauris).
Abitazioni, stalle e fienili si distinguono da quelli delle vallate adiacenti per la presenza di lunghi ballatoi, mentre le chiese dei due nuclei principali mostrano contaminazioni con la cultura carnica e alpina in genere: il campanile di S. Osvaldo, a **Sauris di Sotto**, presenta la tipica cupola a cipolla, mentre quello di S. Lorenzo, a **Sauris di Sopra**, termina con un tetto a cuspide ricoperto da scandole.
Il soggiorno invernale all'aria aperta, che si avvale anche di due piccoli parcheggi all'ingresso dell'abitato a valle e alla sommità di quello a monte, ha come interessi principali il fondo e le ciaspolate: queste ultime ripercorrono alcuni dei numerosi itinerari escursionistici estivi, mentre lo sci nordico si pratica su tre anelli di diversa difficoltà.
Prima di prendere la via del ritorno, vale la pena di dedicare una tappa anche alla località che funge da cerniera tra le due appena descritte. **Ampezzo** è un paese gradevole frequentato perlopiù nella stagione estiva, ma che offre motivi d'interesse anche d'inverno. La pinacoteca Marco Davanzo, che raccoglie le opere di questo artista carnico moderno, è allestita a palazzo Unfer in piazza Zona Libera 1944, toponimo che ricorda il ruolo di Ampezzo come capitale della Libera Repubblica Partigiana della Carnia. L'edificio ospita anche il museo geologico, dove una vasta collezione di fossili e minerali (a disposizione del pubblico), ricostruisce la preistoria del pianeta e la nascita della catena alpina. Per concludere, si può visitare la mostra permanente dell'artigianato locale con lavori in ferro battuto o legno intagliato, sculture, mosaici e i cosiddetti *bronzini*, le tradizionali pentole in bronzo lavorate con la tecnica della cera persa: un ricordo di tempi ormai passati e un originale souvenir di queste montagne.

AREE DI SOSTA

Oltre al campeggio annuale in località Stinsans, poco a valle di Forni di Sopra, vi sono tre strutture di sosta a disposizione dei camper.

AMPEZZO • Area attrezzata presso gli impianti sportivi tel. 329 0820029, a pagamento d'estate, gratuita d'inverno ma senza servizi.

FORNI DI SOPRA • Area attrezzata a pagamento in frazione Vico presso la seggiovia del Varmost (capienza limitata d'inverno).

SAURIS DI SOTTO • Area attrezzata presso il prosciuttificio Wolf, Sauris di Sotto 88, tel. 0433 86054, www.wolfsauris.it, info@wolfsauris.it. Verificare in anticipo la possibilità di sosta notturna.

Edicola sacra nel bianco della neve

SPILIMBERGO

Adagiato lungo la media valle del Tagliamento a circa un chilometro dal corso del fiume, **Spilimbergo** ben rappresenta quei centri minori che, a dispetto di località più famose, ha saputo organizzarsi per l'accoglienza dei veicoli ricreazionali.

Il nome della cittadina deriva da quello della casata comitale austriaca degli Spengenberg, che si insediarono nella zona intorno all'XI secolo, ma le sue origini sono più antiche, come testimonierebbe la presenza di un castello risalente forse all'VIII secolo e in seguito trasformato in un ampio borgo di forma circolare, con successivi ampliamenti dal XV al XVIII secolo, quando subentrò al potere la Repubblica di Venezia.

Tra gli edifici di maggior spicco che si allineano lungo corso Roma, il principale asse viario urbano, si segnala in particolare la Casa Dipinta, con pregevoli affreschi esterni del '500; poco distante è il duomo gotico, caratterizzato da grandi finestre circolari in facciata e da un bellissimo portale laterale della seconda metà del '300. La passeggiata nel centro storico, tra vie porticate e palazzi intonacati in colori vivaci, offre molte altre occasioni di sosta, una delle quali è la chiesa dei Ss. Giuseppe e Pantaleone in cui è conservato un prezioso coro ligneo del 1475.

Non si può infine dimenticare l'attività artistica locale di maggior rilievo, il mosaico, che ha raccolto ed elaborato l'eredità della tradizione romana e bizantina: la scuola di Spilimbergo, fondata nel 1922 e aperta alle visite, è una delle più famose nel mondo insieme ai laboratori cittadini, con una produzione di opere di grande rilievo che abbelliscono centinaia di ambienti ed edifici pubblici e privati in tutti i continenti.

Piazza Castello a Spilimbergo

PERCORSO DI AVVICINAMENTO

Dalla A4 Torino-Trieste l'accesso più diretto a Spilimbergo è l'uscita di Latisana, continuando verso nord per Varmo, Camino al Tagliamento e Dignano: qui si attraversa il fiume e si giunge in breve a destinazione.

Dalla A28 Conegliano-Portogruaro (che serve anche la città di Pordenone) si esce a Cimpello e si prosegue sulla SP23 in direzione di Sequals, fino ad incontrare il bivio per Spilimbergo. In alternativa, da Cimpello si imbocca la SS13 Pontebbana fino a Casarsa della Delizia e qui si svolta per Valvasone, San Martino al Tagliamento, San Giorgio della Richinvelda e Spilimbergo.

Dalla A23 Udine-Tarvisio si esce a Udine Nord e si continua sulla SS464 per Martignacco, San Vito di Fagagna e Dignano, fino alla meta.

AREE DI SOSTA

L'area attrezzata comunale di **Spilimbergo**, a breve distanza dal centro, si trova in via Udine 3 presso la Casa dello Studente; può accogliere una dozzina di equipaggi in uno spazio parzialmente alberato e dispone di allaccio idrico, scarico e parco giochi per bambini, con sosta massima di 48 ore (tel. 0427 2274).

SAPPADA

Fondata intorno all'XI secolo da una popolazione di lingua tedesca insediatasi in un punto cruciale dell'area dolomitica, l'antica Plodn è oggi meta in ogni periodo dell'anno di un turismo gestito all'insegna della qualità dell'accoglienza (come confermano la Bandiera arancione del Touring Club Italiano e la presenza, fra le tante strutture ricettive, di un'ottima area di sosta per i camper). Spunti per una visita questa località ne offre a ogni genere di ospite: dall'escursionista al buongustaio, dallo sciatore all'appassionato di tradizioni popolari. Il panoramico belvedere di Cima Sappada è il punto di partenza della strada che conduce alle sorgenti del Piave e al rifugio omonimo, riferimento per chi desidera percorrere i sentieri del vicino Monte Peralba. Agli sport della neve sono invece dedicati una ventina di chilometri di piste per la discesa e l'anello per il fondo, di 15 chilometri, utilizzato per gli allenamenti anche da atleti di altissimo livello.

La gastronomia tipica offre robusti piatti di montagna dall'evidente matrice tirolese, con specialità quali i canederli, la selvaggina, i classici strudel e i *cropfn* ai semi di papavero: è questo il più gustoso degli aspetti di una cultura popolare che trova ampia e completa presentazione nel museo etnografico Giuseppe Fontana e nella casa museo della Civiltà contadina. Da visitare anche l'interessante collezione del piccolo museo della Grande Guerra e il parco della Fauna alpina, un'area recintata in cui osservare varie specie animali che vivono su queste montagne.

Veduta invernale di Sappada

AREE DI SOSTA

Oltre a un campeggio aperto sia d'estate sia d'inverno, Sappada ha uno dei suoi fiori all'occhiello nell'area attrezzata posta in **Borgata Palù**: arrivando da Santo Stefano di Cadore si svolta a destra all'altezza della chiesa e si percorre una strada in discesa fino allo spazio riservato, poco distante dal centro e provvisto di acqua e pozzetto. L'accesso è a pagamento con parcometro.

Si può inoltre richiedere all'ufficio turistico sito in borgata Bach 9 (tel. 0435 469131, www.altedolomiti.it/it) l'apposita chiavetta ricaricabile per l'erogazione dell'energia elettrica.

Per le soste brevi destinate agli acquisti o alla richiesta di informazioni sono disponibili alcune aree di parcheggio nell'abitato.

PERCORSO DI AVVICINAMENTO

L'accesso più diretto a Sappada è dal casello Carnia della A23 Udine-Tarvisio, continuando per Tolmezzo, Villa Santina, Ovaro e Forni Avoltri. Chi arriva dalla A27 Mestre-Belluno dovrà superare il capoluogo delle Dolomiti Venete e proseguire per Pieve di Cadore, Padola e Santo Stefano di Cadore. Dal tratto altoatesino della A22 del Brennero si può uscire a Bressanone e proseguire per Dobbiaco, Cortina d'Ampezzo e Pieve di Cadore.

LIGURIA

Mare e monti a Levante e a Ponente

Dal punto di vista turistico la Liguria è fortemente orientata alla fascia costiera, che annovera località decantate e frequentate da secoli per la loro bellezza. Sia sulla Riviera di Levante sia su quella di Ponente, tuttavia, le spiagge sono in genere poco profonde e si alternano alle scogliere; si è inoltre creata una forte concentrazione urbanistica che ha occupato i ristretti spazi a disposizione tra il mare e le prime pendici collinari. Queste ultime, poi, si fanno subito scoscese e, più a monte, sono solcate da strade secondarie spesso strette e tortuose, con accesso poco agevole dalle località rivierasche e dalle grandi vie di comunicazione che scorrono parallele alla costa. Tali cause – pur imprimendo al paesaggio un fascino unico – hanno reso più difficile l'organizzazione della ricettività all'aria aperta, che consta soprattutto di campeggi, mentre le aree attrezzate private sono una netta minoranza, che si affianca alle strutture pubbliche. Con il veicolo ricreazionale è dunque necessario individuare parametri di visita adeguati alla natura del territorio se si vuole godere appieno della bellezza dei luoghi.

Quando andare

La preponderanza degli interessi turistici legati al turismo balneare e la presenza di divieti di sosta (e a volte persino di fermata o di transito), che si intensificano dalla tarda primavera alla fine dell'estate, rende indicati alla visita i restanti mesi dell'anno, dalla fine di settembre agli inizi di maggio. Proprio queste limitazioni si trasformano in un beneficio per il turismo all'aria

aperta e i suoi ritmi lenti: scarso affollamento e traffico praticamente inesistente nell'entroterra rendono i paesaggi primaverili e autunnali ancora più suggestivi, esaltando i colori e i contrasti delle aree coltivate e delle distese boschive delle medie e alte quote. Volendo approfittare della mitezza del clima, il pieno inverno rende consigliabile rimanere sulla costa o nella fascia adiacente, mentre l'altitudine delle località interne può richiamare un turismo sportivo che non teme di affrontare percorsi innevati.

Gli itinerari

Il promontorio di Portofino, al quale è dedicato il primo itinerario, si presenta come una sorta di antologia del territorio ligure, con ambienti naturali e umani da scoprire sotto il segno dell'intermodalità affiancando al camper le pratiche e gli strumenti della vacanza escursionistica.
La seconda proposta si sviluppa invece nel Ponente, intorno a Finale Ligure, con un raggio d'azione più ampio ma comunque contenuto che si indirizza verso le zone interne, vocate al turismo outdoor e assai disponibili nei confronti degli ospiti itineranti. Ancora a Ponente, quasi a ridosso del confine con la Francia, il terzo itinerario permette di visitare alcuni borghi la cui qualità turistica e ricettiva è confermata dalla Bandiera arancione del Touring Club Italiano.

Dolceacqua, con i resti del castello

IL PROMONTORIO DI PORTOFINO

Frequentato dal turismo internazionale sin dai primi anni del '900, il promontorio di Portofino offre uno dei paesaggi più affascinanti della Riviera di Levante, con le sue rocce tappezzate di boschi e macchia mediterranea da cui si affacciano borghi marinari di grande suggestione. Oggi protetto da un parco naturale regionale, è una meta di grande soddisfazione per chi desidera scoprire in modo attivo l'ambiente costiero ligure, alternando al veicolo ricreazionale l'escursionismo, il cicloturismo e l'uso dei trasporti pubblici. In questo caso, inoltre, si preferiranno i campeggi come base per il soggiorno, poiché l'orografia e gli spazi ristretti rendono assai difficile la sosta libera: le uniche due strutture ricettive di questo genere si trovano a **Rapallo**, proprio all'imbocco orientale della penisola. Simbolo della cittadina è il castello, posto all'estremità di una sottile lingua di terra che si stacca dal lungomare: edificato nel XVI secolo per sventare le incursioni piratesche, è coronato da un massiccio torrione quadrangolare. Risalirebbe invece al medioevo il cosiddetto Ponte di Annibale, che un tempo univa le due sponde del torrente Boate (deviato nel 1823 per far posto a nuove strade). Le origini di Rapallo, tuttavia, sono molto più remote: reperti archeologici rinvenuti nella zona fanno risalire il periodo del primo popolamento stabile al VII secolo a.C.

All'ingresso dell'abitato provenendo da La Spezia, il panoramico parco Casale ospita Villa Tigullio, nella quale hanno sede un'importante biblioteca internazionale e un interessante museo dedicato all'arte del merletto e del pizzo al tombolo. Si trova invece nell'ex convento delle Clarisse, un complesso seicentesco attualmente adibito a sede di mostre e incontri culturali, il museo intitolato ad Attilio e Cleofe Gaffoglio, appassionati collezionisti di sculture, dipinti, porcellane e oreficeria dal XIV al XX secolo, che hanno fatto dono al Comune della preziosa raccolta. Nel cen-

Case lungo il molo a Portofino

tro storico spicca la basilica intitolata ai santi Gervasio e Protasio, che mostra un'architettura composita dovuta ai numerosi interventi effettuati a partire dal XVII secolo sull'originario edificio medievale. In posizione elevata su un piccolo poggio sorge la pieve di S. Stefano, la chiesa più antica di Rapallo, affiancata dall'elegante Torre Civica.
Tra le escursioni nei dintorni si segnala quella al santuario di Nostra Signora di Montallegro, in splendida posizione panoramica con ampia vista sul Golfo del Tigullio. Costruito nella seconda metà del '500 dopo il ritrovamento di un'effigie mariana, si può raggiungere in pochi minuti con un impianto a fune oppure con una passeggiata di circa 4 chilometri che inizia nei pressi della stazione della funivia. Seguendo invece la strada che si addentra lungo la vallata del fiume San Francesco, in prossimità di un ponte si raggiunge un antico complesso molitorio per la macinazione di cereali e castagne e per la spremitura delle olive; all'interno del frantoio è in mostra una collezione di attrezzi agricoli che costituisce il nucleo del museo contadino, mentre arredi e utensili di uso domestico sono esposti nell'ala destinata ad abitazione.

Con la bicicletta o con l'autobus, è di 5 chilometri la distanza da coprire per raggiungere **Santa Margherita Ligure**. La cittadina in cui nacque il poeta Camillo Sbarbaro è un'antologia dell'architettura locale che ha il suo centro nella chiesa della patrona Margherita d'Antiochia, festeggiata ogni anno il 20 luglio. La cinquecentesca Villa Durazzo Centurione, circondata da un parco di alberi secolari, si trova invece sul colle di San Giacomo ed è oggi di proprietà del Comune, che l'ha destinata a concerti, spettacoli e mostre. Da visitare anche la vicina chiesa di S. Giacomo di Corte, con imponente facciata barocca rivolta verso il mare; di fronte a essa inizia la gradinata che porta all'oratorio di S. Erasmo, protettore dei marinai, che gli hanno dedicato numerosi ex voto. Su corso Rainusso, alle spalle della spiaggia, si trova la sede dell'ente parco, dove si possono ritirare materiali informativi e un'utile cartina dei sentieri.
La tappa successiva, Portofino, è collegata a Santa Margherita Ligure dagli autobus pubblici, che la raggiungono in un quarto d'ora circa. Ai buoni camminatori si consiglia invece di proseguire a piedi lungo il percorso dedicato, che si sviluppa nel primo tratto su marciapiede, poi su una passerella a lato della strada e infine sul sentiero che scende alla cittadina. Lungo il percorso valgono una sosta l'abbazia di S. Girolamo o della Cervara, oggi di proprietà privata, e il minuscolo abitato di Paraggi, dominato dalla mole squadrata del castello.

PERCORSO DI AVVICINAMENTO

Dall'autostrada A12 Genova-Roma, l'asse principale della Liguria di Levante, il promontorio di Portofino si raggiunge uscendo a Rapallo (se si proviene da est) oppure a Recco (se si proviene da ovest). In alternativa si può percorrere la SS1 Aurelia, che attraversa Rapallo e Camogli.
Per gli spostamenti nella zona può essere conveniente servirsi dei trasporti pubblici dopo aver scelto una base di sosta. Per le autolinee che collegano le principali località del parco di Portofino contattare l'Azienda Trasporti Provinciali (capolinea di Rapallo tel. 0185 373302, biglietteria di Santa Margherita Ligure tel. 0185 373303, www.atpesercizio.it), per i traghetti il Consorzio Servizi Marittimi del Tigullio (tel. 0185 284670, traghettiportofino.it) e i Trasporti Marittimi Turistici Golfo Paradiso (tel. 0185 772091, 392 1375558, www.golfoparadiso.it).

Giunti a **Portofino** lungo il tratto finale su sentiero, si incontra la parrocchiale di S. Martino, fulcro dell'abitato originario, che anche qui propone le tipiche case alte e strette, addossate le une alle altre, dalle facciate in caldi colori pastello. L'immagine più efficace è quella offerta da piazza Martiri dell'Oliveta, che si apre sul porticciolo noto già ai romani come approdo sicuro e ben riparato, mentre una suggestiva visione d'insieme dell'insenatura e del paese si apprezza dalla chiesa di S. Giorgio. Piacevole la passeggiata al faro, che sorge all'estremità del promontorio. Portofino è inoltre punto di partenza di numerose escursioni verso l'entroterra e le altre località della costa, tra le quali la celebre **abbazia di S. Fruttuoso**. Lo scenografico complesso, oggi inserito nel patrimonio del Fondo Ambiente Italiano, non è servito da alcuna strada carrozzabile e vi si giunge solo in battello o a piedi, seguendo il tracciato per Portofino Vetta sino alla località di Pietre Strette, da cui si prosegue in direzione Base O e S. Fruttuoso. Posta al fondo dell'insenatura di Capodimonte e circondata dalle case del borghetto marinaro, l'abbazia è uno dei monumenti più preziosi della Liguria: fondata nel X secolo, rimaneggiata e ingrandita più volte, fu anche di proprietà della potente casata genovese dei Doria, alcuni dei quali tumulati in una cripta appositamente realizzata nel XIII secolo. Oltre al sepolcro e all'ala gotica verso il mare, la visita comprende il monastero, il chiostro, la sala capitolare e la chiesa. Nelle acque antistanti, a circa 15 metri di profondità, nel 1954 è stata collocata la statua bronzea del *Cristo degli Abissi*, realizzata dallo scultore Guido Galletti: si tratta di un'immersione molto popolare fra gli appassionati di subacquea, da compiere con guide autorizzate poiché anche la fascia marina è sotto la tutela del parco.

L'abbazia di S. Fruttuoso

Il rientro a piedi da S. Fruttuoso a Portofino sullo stesso percorso dell'andata comporta una salita impegnativa: la si può evitare imbarcandosi sui battelli che collegano le due località ogni ora circa dalle 10 alle 17.

Sul versante occidentale della montagna di Portofino si apre il Golfo Paradiso, dove si trova l'unica opportunità di sosta camper diurna e notturna in un parcheggio con accesso gratuito nei giorni feriali. Questa opportunità è offerta dal paese di **San Rocco di Camogli**, al quale si arriva da Rapallo tornando a riprendere la via Aurelia e seguendola in direzione di Genova fino ad incontrare, poco dopo una galleria, la località di Ruta: qui si svolta a sinistra e si segue la strada, che termina nell'abitato. La posizione arretrata rispetto alla costa, in questo punto particolarmente scoscesa, fa sì che nei boschi e sulle alture circostanti si snodino numerose

escursioni di vario livello. Una di esse conduce a **Punta Chiappa** in tre quarti d'ora circa, toccando la bella chiesa romanica di S. Nicolò di Capodimonte.
Dal piccolo centro è possibile raggiungere anche S. Fruttuoso, se non lo si è fatto nella prima parte del viaggio. In questo caso gli escursionisti più esperti possono seguire l'impegnativo sentiero di costa che passa per le Batterie, testimonianza della seconda guerra mondiale, mentre i più tranquilli preferiranno il tracciato interno che si addentra nella rigogliosa vegetazione del parco passando per Gaixella e Pietre Strette (una deviazione conduce a Portofino Vetta). Per il rientro ci si imbarca scendendo a Punta Chiappa, da dove un sentiero sale al parcheggio di San Rocco.
La stessa postazione di sosta si rivela utile per la visita di **Camogli**, alla quale si arriva con un lunghissimo percorso scalinato che conta ben 840 gradini da ripercorrere in salita al rientro (è questo l'unico tratto faticoso della passeggiata). La vista sul porticciolo e sulle case scendendo dal colle di San Rocco è di grande suggestione, con la basilica di S. Maria Assunta, la torre campanaria con orologio e il castello Dragone a dominare l'isoletta, più tardi collegata alla terraferma, su cui venne fondato il paese. Sul lato interno dell'istmo si trova il porticciolo, su quello esterno alle spalle della chiesa ha inizio la spiaggia, orlata da colorati palazzetti in stile. La solida tradizione marinara del borgo, che ebbe una cospicua flotta di velieri tra il '700 e l'800, è ricordata dal museo Gio Bono Ferrari; l'edificio ospita anche un piccolo museo archeologico e la biblioteca civica.
Per il rientro si effettua il percorso a ritroso risalendo la lunga scalinata per San Rocco. Questo stesso percorso costituisce la prima parte del tragitto escursionistico per S. Fruttuoso, ma partendo da Camogli è senz'altro più conveniente servirsi dei trasporti marittimi per raggiungere l'abbazia, con corse ogni ora circa nei mesi da giugno a settembre e collegamenti utili per l'andata e ritorno in giornata anche negli altri mesi.

AREE DI SOSTA

L'unica opportunità di sosta dei camper sul promontorio di Portofino è rappresentata dal parcheggio a pagamento di **San Rocco di Camogli**. Lo spazio è di sufficiente ampiezza, ma è meglio evitare grandi concentrazioni di veicoli e una permanenza prolungata. Per un confortevole soggiorno all'aria aperta ci si può servire dei campeggi di **Rapallo**: il Miraflores (tel. 0185 263000 o 392 7706987, www.campingmiraflores.it, chiuso dall'Epifania agli inizi di marzo) e il Rapallo (tel. 0185 262018, www.campingrapallo.it, aperto dal 15 marzo al 15 novembre).

ITINERARI DEL GUSTO

La gastronomia del promontorio di Portofino e del Tigullio ha un carattere perlopiù contadino e marinaro, con saporiti prodotti dell'agricoltura e della pesca. Saporito condimento tipico della cucina ligure e famoso in tutto il mondo, il pesto ha qui una tradizione particolare e può costituire anche un ottimo souvenir del territorio, così come le acciughe sotto sale. All'abbondanza di vegetazione mediterranea si deve invece lo sviluppo della produzione di liquore di mirto. La *fugassa*, una delle varianti della classica focaccia, è la più rinomata specialità della panificazione: si tratta di un semplice impasto di farina, olio, sale e lievito che viene cotto in una teglia di rame stagnato; lo si trova anche nelle versioni condite, come quelle alle olive o al formaggio.

IL FINALESE E L'ENTROTERRA

Il camperista che percorre la costa ligure ne teme i divieti (di sosta e a volte perfino di circolazione) che, se pur motivati dall'oggettiva mancanza di spazi adeguati, è dovuta anche alla scarsa volontà organizzativa di alcune amministrazioni. Questa situazione è assai evidente nei tratti in cui l'autostrada corre quasi parallela e a pochi chilometri dalla via Aurelia, l'asse litoraneo principale: la facilità con cui si potrebbe raggiungere il mare è negata dall'impossibilità di fermarsi, a meno di approdare in uno dei tanti campeggi. Bisogna dunque prestarsi a qualche compromesso, oppure compiere una scelta differente facendo rotta verso l'interno: qui infatti i paesi, perlopiù frequentati da quanti hanno attitudini sportive, sono lo scenario di una vacanza all'aria aperta veramente alternativa e spesso consentono di sostare in approdi liberi e poco affollati. Le strade collinari strette e tortuose richiedono una guida accorta e non sono agevoli per veicoli di stazza eccessiva, ma le distanze contenute permettono eventualmente di far base sulla costa effettuando brevi escursioni giornaliere (le località più vicine possono essere raggiunte anche con gli autobus pubblici): è appunto questo il caso del Finalese.

Lasciata la A10 al casello di **Spotorno** e raggiunta la cittadina, ci si dirige verso uno dei campeggi o al parcheggio a pagamento non lontano dal campo sportivo. L'edilizia moderna si è affiancata al vecchio borgo marinaro affacciato sui lunghi arenili che richiamano il turismo balneare; nelle acque di fronte all'estremità orientale dell'abitato spicca l'isoletta che prende nome dalla località di **Bergeggi** ed è protetta da una riserva naturale regionale.

Anche a **Noli** è possibile fermarsi per una rapida visita del centro storico;

Castello Ursini, alla sommità dell'abitato di Noli

tra vicoli e piazzette lastricate spiccano i monumenti medievali, fra cui la cattedrale di S. Pietro, il Municipio e alcune torri del XIII e XIV secolo. All'esterno delle mura sorge castello Ursini, a cui si sale con un'impegnativa passeggiata (non è possibile raggiungerlo con il veicolo, poiché in cima non esiste spazio per fare manovra).
Ripreso il camper, dalla litoranea o dalla parte alta dell'abitato, si guida in direzione di Voze e, dopo il campo sportivo, si devia per Varigotti e Finalpìa. La strada, che nel primo tratto ha un andamento perlopiù rettilineo, attraversa l'**altopiano delle Mànie**, un tavolato con ampie vedute su Capo Noli. Superato un campeggio, si parcheggia in un vasto piazzale e, calzati gli scarponi, si giunge in circa mezz'ora alla panoramica Torretta del Semaforo, un faro dismesso dal quale partono vari percorsi dedicati alla mountain bike. Da qui la strada scende al mare, diventando però talmente tortuosa da scoraggiare anche chi è alla guida di un furgonato: conviene perciò tornare a Voze e proseguire per Ganduglia, Magnone e **Vezzi Portio**, al di là dell'autostrada (che in questo punto corre in galleria). Dalla frazione Borghi uno sterrato ben indicato porta alle **Rocche Bianche**, sperone calcareo sagomato dai fenomeni carsici, da cui si gode un magnifico panorama: lo spazio disponibile per la sosta può accogliere solo due equipaggi ma, se avrete la fortuna di trovarlo libero, potrete continuare a piedi verso Rocca dei Corvi e la Colla di San Giacomo.

Per raggiungere la prossima tappa le alternative sono due, di lunghezza equivalente (circa 12 chilometri) ma con andamento diverso: da Borghi si può riprendere l'autostrada al casello di Spotorno in direzione di Imperia, lasciandola all'uscita successiva per **Orco Feglino**, oppure proseguire per Revelli, Boragni e Costa Villa su un tortuoso percorso che si addentra nella spettacolare forra del torrente Sciusa. Feglino si trova sul fondovalle, in prossimità del corso d'acqua, mentre Orco sorge sul crinale; nei pochi spazi di parcheggio si viene ben accolti, ma è quanto mai opportuno un atteggiamento discreto. Questa località è un ottimo sito di arrampicata grazie alla presenza di falesie molto frequentate dagli appassionati, che qui usano accamparsi in tenda.
Passando per Carbuto e Calice Ligure, o tornando a riprendere la A10 a Orco Feglino fino alla successiva uscita di Finale Ligure, si arriva alla provinciale 490 che dal casello scende comodamente al mare; chi invece volesse restare immerso nei paesaggi dell'entroterra potrà seguire la stessa strada verso monte. Dal punto d'immissione la strada sale in circa 10 chilometri al **Colle di Melogno** passando attraverso il Forte Centrale, presidio militare d'epoca sabauda; altre fortificazioni sorgono nei dintorni e si possono raggiungere a piedi dopo aver parcheggiato negli

PERCORSO DI AVVICINAMENTO

Dalla A10 Genova-Ventimiglia si esce a Spotorno o a Finale Ligure per portarsi rapidamente sulla costa, mentre chi preferisce visitare prima l'interno può scegliere il casello intermedio di Orco Feglino. Dalla A6 Torino-Savona ci si immette sulla A10 poco a sud del capoluogo, a meno di non proseguire sulla strada di scorrimento che scende verso Vado Ligure, Bergeggi e Spotorno. Le località costiere sono attraversate dalla SS1 Aurelia, ma si tratta di un asse trafficato.

ampi spazi che circondano l'edificio. Altro motivo di interesse è un'ampia faggeta demaniale attraversata dall'Alta Via dei Monti Liguri, asse di fondamentale importanza per i trekking nell'interno della regione. Continuando lungo la provinciale per un'altra decina di chilometri ci si trova in Val Bormida, a **Calizzano**: l'ameno paese possiede un nucleo medievale e offre un campeggio nel quale si può far base prima di ripercorrere la strada a ritroso per portarsi sul mare. Una deviazione porta a **Magliolo**, dove la Ferrata degli Artisti (così chiamata per la presenza di alcune opere pittoriche e scultoree realizzate sulla parete stessa) è un altro motivo di richiamo per i climber esperti. In paese si sosta presso la chiesa dei Ss. Cosma e Damiano.

L'ultima tappa è **Finale Ligure**, dove fermarsi in uno dei campeggi è praticamente obbligatorio e ideale per rilassarsi in riva al mare dopo l'esplorazione delle colline. La visita può iniziare dal borgo di Finale Marina, mentre, a poco più di un chilometro nell'interno, di grande attrattiva è l'antico centro di Finalborgo: piazzette e stradine sono affiancate da edifici le cui decorazioni rivelano la passata prosperità del sito, mentre in alto spicca castel Gavone, che sorvegliava l'accesso alle valli. Poco a monte vale una puntata anche Perti, con la chiesa di S. Eusebio, una delle più antiche del Finalese, risalente ad almeno un migliaio di anni fa; è invece di epoca rinascimentale la chiesa di Nostra Signora di Loreto, altrimenti detta dei Cinque Campanili per questa sua peculiarità architettonica. Da qui si torna in breve all'autostrada per il rientro.

ITINERARI DEL GUSTO

L'ambiente mediterraneo del Ponente Savonese trova il primo riscontro enogastronomico nelle produzioni agricole: dunque olive e olio extravergine, vini (fra quelli a marchio Igt troviamo il Bianco di Calice Ligure), ma anche i frutti della campagna e del bosco, che alle quote più elevate comprendono erbe e ortaggi selvatici, funghi e castagne. Non sono da meno le specialità marinare, soprattutto piatti a base di acciughe, bianchetti e baccalà, mentre per uno spuntino o un pasto leggero sono senz'altro da provare torte e focacce di verdura e la semplice ma gustosa farinata, a base di farina di ceci.

AREE DI SOSTA

Nella fascia collinare interessata dall'itinerario sono presenti, come descritto nel testo, varie opportunità di sosta libera. Non così sulla riviera, dove il principale riferimento è costituito dai numerosi campeggi, mentre le aree predisposte per i camper sono decisamente poche: la loro distribuzione, tuttavia, consente di organizzare la permanenza con relativa facilità. Una situazione simile si trova in molte delle località adiacenti, come Pietra Ligure, Loano e Borghetto Santo Spirito.

BERGEGGI • **Punto sosta** a pagamento presso il parcheggio privato in via Merello 5.

FINALE LIGURE • **Agricampeggio** per 25 veicoli presso l'azienda agricola Terre Rosse, località Manie 40/40 bis, tel. 019 698473 o 328 7373410, www.terrerossecamping.it, (annuale).

SPOTORNO • **Punto sosta** a pagamento per 60 veicoli presso il parcheggio Roma, vicino al mare, tel. 349 7242540.

VADO LIGURE • **Area attrezzata** a pagamento al km 579 della via Aurelia, davanti al pontile Enel.

LA VALLE DEL NERVIA

L'estremità occidentale della Liguria a ridosso del confine francese è un altro comprensorio in cui alternare con soddisfazione il soggiorno marino alle brevi perlustrazioni dell'interno. La valle del Nervia, uno dei corsi d'acqua che scendono a pettine verso la costa, ha un'alta concentrazione di paesi insigniti della Bandiera arancione del Touring Club Italiano. Il primo di essi, raggiungibile da Camporosso Mare in pochi minuti di guida, è **Dolceacqua**, disteso lungo il torrente (scavalcato da un caratteristico ponte a schiena d'asino) con l'armonioso centro medievale dominato dai resti del castello, risalente al XII secolo. Sulla stessa strada, una decina di chilometri più a monte, si incontra **Pigna** con lo svettante campanile della parrocchiale di S. Michele, che conserva un prezioso polittico cinquecentesco del pittore Giovanni Canavesio.
Tra Dolceacqua e Pigna, una breve deviazione conduce ad **Apricale**, piccolo gioiello di epoca medievale che, oltre al restaurato castello della Lucertola e alle numerose chiese, è abbellito da un ciclo di murales di tema agreste.

PERCORSO DI AVVICINAMENTO

La Valle del Nervia si raggiunge dalla A10 Genova-Ventimiglia uscendo a Bordighera o a Ventimiglia. Chi arriva dal Cuneese può scendere direttamente sulla SS20 del Col di Tenda, con un breve passaggio in Francia lungo la Val Roya, rientrando in Italia presso Airole. Dalla A6 Torino-Savona si può invece uscire a Ceva proseguendo sulla SS28 per Garessio, Ormea, il Col di Nava e Imperia, dove ci si immette sulla A10.

AREE DI SOSTA

Al contrario della riviera, che offre vari campeggi, nella valle non esistono strutture espressamente dedicate ai veicoli ricreazionali, ma i paesi toccati dall'itinerario offrono accoglienza nei parcheggi cittadini. Per informazioni ci si può rivolgere ai rispettivi Comuni: **Dolceacqua** (tel. 0184 206444, Ufficio IAT tel. 0184 206666), **Apricale** (tel. 0184 208126), **Pigna** (tel. 0184 241016) e **Seborga** (tel. 0184 223622).

Bisogna invece scendere a Bordighera (o all'omonima uscita della A10) per imboccare la tortuosa provinciale che in circa 10 chilometri sale a **Seborga**, dove la chiesa di S. Martino vanta una inusuale facciata policroma affrescata con figure di santi; da vedere anche una curiosa esposizione di strumenti musicali.
Prima di lasciare la zona ci si potrà dedicare a qualche passeggiata lungo i terrazzi collinari, in più punti tappezzati dai vigneti e capaci di offrire vedute di grande fascino verso il mare e le Alpi Marittime.

Scorcio di Apricale con la chiesa di S. Michele

EMILIA ROMAGNA

Dall'Appennino alle Valli di Comacchio

L'Emilia-Romagna è una regione fra le più ricche di opportunità per la vacanza itinerante. Da lungo tempo, avvalendosi di progetti specifici, l'organizzazione turistica delle aree interne dedica energie e risorse all'ospitalità all'aria aperta, avendo ben compreso le potenzialità offerte dal veicolo ricreazionale come versatile strumento di scoperta del territorio. Se le città e i borghi d'arte attirano i visitatori interessati ai temi della cultura, l'ambiente richiama e accoglie quanti sono propensi alle attività outdoor; in entrambi i casi sono disponibili efficienti servizi e viene valorizzato il ruolo sociale ed economico delle tradizioni locali. Ci si trova dunque in un contesto capace di soddisfare sia coloro che muovono i primi passi nell'ambito del pleinair, sia i praticanti più evoluti alla ricerca di occasioni inedite o inconsuete.

Quando andare

La parte settentrionale della costa romagnola, interessata dal Delta del Po e dall'ampio sistema delle valli da pesca, è una meta visitabile tutto l'anno e offre suggestioni diverse in ogni periodo. I mutevoli colori del paesaggio, l'importante presenza di luoghi d'arte e le numerose opportunità sportive si completano con le osservazioni naturalistiche, in modo particolare il birdwatching, che riserva le maggiori soddisfazioni in primavera e autunno.
Anche la montagna emiliana si presta a una vacanza "quattrostagioni", spaziando dalle escursioni primaverili ed estive (anche in mountain bike) alla pratica degli sport invernali, mentre l'autunno è il momento migliore per apprezzare la gastronomia tipica e i genuini prodotti locali al centro di rinomati appuntamenti tradizionali.

alta valle, da Salsomaggiore ai borghi montani, ed è adatto al viaggiatore in camper che voglia scoprire un territorio ricco di interessi e tuttavia non soggetto a una presenza turistica eccessiva.
Il secondo percorso, che termina in Toscana, collega alcune vette delle province di Parma e Pistoia tra le più importanti per il turismo invernale: Corno alle Scale, Cimone e Abetone formano un comprensorio dai molteplici interessi.
Il terzo itinerario si snoda in riva all'Adriatico nella provincia di Ferrara, dall'abbazia di Pomposa ai margini del Delta del Po fino allo storico centro marinaro di Comacchio.

Gli itinerari

Tra l'Appennino Parmense e la via Emilia si distendono le colline solcate dal fiume Taro, affluente del Po. Il primo itinerario è ambientato nella media e

La chiesa annessa al seminario di Bedonia ospita un interessante polo museale

SALSOMAGGIORE E LE VALLI DEL TARO E DEL CENO

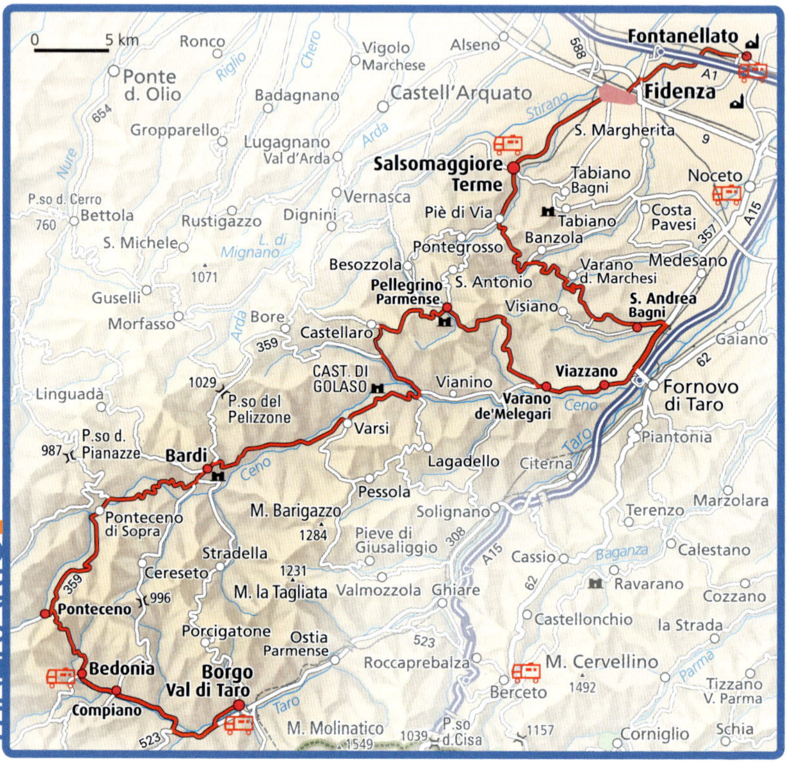

All'incrocio fra l'autostrada del Sole e la A15 Parma-La Spezia, la media Valle del Taro e quella del suo affluente Ceno sono gli assi di un territorio ancora poco frequentato dal turismo di massa, e che non gode di particolare notorietà nemmeno fra coloro che hanno scelto la vacanza itinerante. Si tratta invece di uno dei comprensori emiliani più interessanti per la scoperta in libertà, proprio grazie alla frequentazione limitata e all'accoglienza spontanea. I paesi e le attrazioni naturalistiche e paesaggistiche si possono così apprezzare in modo compiuto, senza trascurare gli invitanti richiami della gastronomia.

Salsomaggiore si trova proprio al confine settentrionale di questa zona, tra colli e pianura, e offre al percorso un'ottima tappa introduttiva insieme alle vicine località di Fidenza e **Fontanellato**. Quest'ultima, insignita della Bandiera arancione del Touring Club Italiano, è conosciuta dai camperisti per la presenza di due aree attrezzate che consentono una facile visita delle sue attrattive. Il nome deriva da *fontana lata*, ossia fonte ampia, a motivo delle numerose sorgenti naturali del territorio, ancora oggi prodighe di acque. Continua a beneficiarne anche la principale attrazione cittadina, rocca

Sanvitale, il cui fossato deve la sua origine a questo fenomeno. Il castello, che sorge nella piazza al centro del borgo, fu costruito intorno al 1124 e divenne proprietà della famiglia eponima alla fine del '300, quando assunse la veste architettonica che tuttora conserva; solo nel 1948 fu ceduto al Comune, che lo trasformò in museo. A differenza di altri edifici coevi, internamente disadorni, gli ambienti sfoggiano arredi e oggetti di varie epoche, come la sala delle armi, la sala da pranzo (dove sono in mostra porcellane del '500 e del '600) e l'elegante camera da letto. Non mancano curiosità come il grazioso teatro delle marionette o la camera ottica, ingegnoso sistema di prismi mediante il quale era possibile osservare dal torrione ciò che accadeva intorno alla rocca senza doversi servire di guardie esterne. Di grande valore è la saletta decorata nel 1524 da Girolamo Francesco Maria Mazzola, meglio noto come il Parmigianino, che a soli vent'anni fu incaricato di affrescare la stanza rappresentando il mito di Diana e Atteone. A pochi metri dall'edificio centrale si nota un elegante porticato in cotto: si tratta delle ex scuderie Sanvitale, che danno accesso a un suggestivo giardino che riunisce quasi un centinaio di specie arboree, tra cui alcune piante di oltre 500 anni. Vi si accede lambendo una champagneria che offre l'occasione di degustare vino di altissima qualità. Prima di ripartire si può visitare il santuario della Beata Vergine del Rosario, un edificio del XVII secolo che tra le numerose opere d'arte conserva un'immagine sacra della Madonna.

PERCORSO DI AVVICINAMENTO

Alle località descritte nell'itinerario si accede dal tratto Piacenza-Parma della SS9 (via Emilia) o dalla parallela A1, uscendo a Fidenza-Salsomaggiore Terme. Chi proviene dal versante tirrenico centrosettentrionale può invece seguire la A15 Parma-La Spezia, uscendo a Borgotaro, a Fornovo o a Parma Ovest.

Rocca Sanvitale a Fontanellato

Distante una decina di chilometri, **Fidenza** è posta lungo l'asse della via Emilia. La sua importanza storica è da ascriversi a ragioni politiche e militari ma anche ad aspetti religiosi, e il duomo ne è un esempio concreto. Costruito nel luogo in cui nel IV secolo fu eretto un piccolo tempio per custodire le spoglie di san Donnino (conservate nella cripta ed esposte al culto), si presenta con tre grandi navate ed è il risultato di una serie di interventi succedutisi nei secoli fin dal 1101. La facciata, di Benedetto Antelami, presenta tre ingressi ed è posta fra due torri a campanile; il principale elemento decorativo è rappresentato dalle scene scultoree che hanno per tema i pellegrini romei e la storia del patrono. La torre medievale accanto alla chiesa è quanto resta delle fortificazioni erette a più riprese intorno all'abitato.

La provinciale 359 si porta verso le prime pendici collinari entrando a **Salsomaggiore**. Il nome è un omaggio alla principale ricchezza della città, le

Le terme Berzieri a Salsomaggiore

acque salate, ed è sufficiente passeggiare nelle strade per scorgere alcuni pozzi ancora in attività (in totale ce ne sono 21). Di fronte alle famose terme Berzieri se ne trova uno in disuso eletto monumento cittadino e circondato da una gabbia di ferro battuto costruita nel 1912 in stile liberty. È proprio l'Art Nouveau a dominare la città: le storiche terme, oggi adibite a centro benessere di prestigio e visitabili anche da coloro che non si avvalgono dei trattamenti, ne sono il miglior esempio, sebbene altri linguaggi artistici e architettonici convivano nell'opera del principale artefice del palazzo, Galileo Chini. Non meno raffinati sono gli interni del palazzo dei Congressi, già Grand Hôtel des Thermes, costruito nel 1901 e, a quell'epoca, considerato uno dei più lussuosi al mondo. Solo negli anni '50, quando l'albergo cessò l'attività, il Comune lo acquistò per convertirlo nell'attuale struttura pubblica. Il grande Salone Moresco e la Sala delle Cariatidi sono un trionfo del liberty, ma meritano attenzione anche particolari come l'ascensore a fianco della sala principale. Fino a poco fa – ora temporaneamente chiuso per trasferimento alla nuova sede nel Parco dello Stirone-Piacenziano – ai piani superiori il complesso ospitava il Museo dei Fossili, in gran parte dovuto alle ricerche di Raffaele Quarantelli nell'alveo del torrente Stirone, da cui provengono i resti di due balene di circa otto milioni di anni fa e di una testuggine di circa tre milioni di anni.
Salsomaggiore è anche una delle principali città dei fiori italiane, recentemente insignita del premio europeo per il miglior arredo urbano floreale. Merita una visita il parco Corazza, mosaico di giardini con numerose composizioni di piante fiorite.

Uscendo dall'abitato, sono visibili sulle colline sagome di castelli come quello di Bargone, testimone della congiura in cui vennero uccisi Giacomo e Giovanni Pallavicino; di Tabiano, che sovrasta un altro noto sito termale; di Contignaco, luogo di supplizio per nemici e traditori; e di Scipione, tutti a pochi chilometri da Salsomaggiore.

Non sono però solo i manieri a punteggiare il paesaggio delle colline parmensi: le pievi, infatti, offrono un'altra valida ragione di visita. La prima che si incontra è la **chiesa di S. Nicomede**, al limitare del parco fluviale dello Stirone. Costruita nel IX secolo per ospitare le reliquie del santo (in seguito trasferite nel duomo di Parma), conserva un pozzo al suo interno; l'aspetto attuale, di grande raffinatezza, si deve ai rimaneggiamenti di epoca medievale. Quasi dello stesso periodo è la **pieve di Contignaco** (già vista se avete raggiunto l'omonimo castello che sorge nei pressi), una struttura preromanica ricostruita nel '300 con accorgimenti militari, in cui si possono ammirare affreschi rinascimentali. L'intera provincia è disseminata di pregevoli luoghi di culto e testimonianze storiche, la più famosa dei quali è senza dubbio la via Francigena.

Da Contignaco, situata a pochi chilometri a sud di Salsomaggiore, si potrebbe iniziare la scoperta delle aree più interne seguendo la panoramica provinciale 54 che in 30 chilometri conduce a Fornovo di Taro passando per

La pieve trecentesca di Contignaco

ITINERARI DEL GUSTO

Il fungo porcino della Val di Taro è stato insignito nel 1993 dell'Indicazione Geografica Protetta ed è tutelato dal consorzio delle Comunalie Parmensi. A questa specialità Borgo Val di Taro dedica una sagra che si svolge il secondo weekend di settembre, mentre nel terzo weekend di ottobre è in programma il mercatino del Fungo. Per l'acquisto segnaliamo Borgotaro Funghi e Funghi (via Campo Fortuna 1, tel. 0525 921132, www.borgotarofunghi.it) e Primizie della Bottega del Fungo (via Nazionale 66, tel. 0525 96898, www.bottegadelfungo.it).

Altro prodotto da non perdere è il Parmigiano Reggiano, che qui ha una delle zone di produzione d'origine. Lo si può trovare al caseificio Sociale di Borgotaro (località Pontescodellino, Albareto, tel. 0525 96284) e al caseificio Porcari e Tambini (località Borio, Bedonia, tel. 0525 826154).

Nei boschi della Val di Ceno si alleva allo stato brado il maiale nero, alimentato in modo ecocompatibile con foraggi freschi, castagne e ghiande. Al pregiato suino è dedicata la rassegna gastronomica Val Ceno in Tavola, che da novembre a febbraio coinvolge ristoranti e trattorie in tutta la vallata.

Da ricordare le sagre della Castagna a Borgo Val di Taro e a Bedonia nel mese di ottobre; la Festa d'Autunno con castagnata a Pellegrino Parmense sempre a ottobre e la rassegna enologica a Fornovo di Taro nel primo weekend di novembre.

Varano Marchesi e Roccalanzona. La strada, però, è stretta, tortuosa e con alcune pendenze molto impegnative che la rendono sconsigliabile ai mezzi più grandi; conviene perciò tornare a Fidenza e scendere lungo la via Emilia fino all'uscita di Parma Ovest, imboccando la A15 in direzione di La Spezia e lasciandola al casello successivo.

A Fornovo inizia il **parco fluviale del Taro**, rifugio protetto per circa 250 specie di volatili che sfruttano l'area protetta come corridoio per la migrazione, ma anche per rare presenze floreali come l'orchidea e il fiordaliso tirrenico. La zona si visita facilmente seguendo un percorso pedonale o ciclabile, formato da sterrati pianeggianti che si snodano lungo le anse del fiume.

Appena superato il ponte di Fornovo verso Ramiola, una breve digressione sulla statale della Cisa verso Noceto e Parma conduce al bivio per **Sant'Andrea Bagni**, piccola stazione termale sulle rive di un torrente minore. L'interessante centro benessere del parco della Mescita offre acque minerali solfuro-magnesiche e ferruginoso-potassiche, ottime da bere quanto per bagni e trattamenti. Tornati a Ramiola, si imbocca la strada che risale il Ceno in direzione di Bardi: **Viazzano** è il primo borgo storico che si incontra, visitabile a piedi dopo aver lasciato il camper sulla strada principale (l'accesso all'abitato è piuttosto angusto e il centro pedonale è minuscolo). Poco più avanti si giunge a **Varano de' Melegari** la cui fortezza non fu mai trasformata in residenza e conserva perciò tutte le strutture difensive medievali del mastio militare.

All'uscita di Varano la strada si biforca: prendendo a destra su un tracciato ampio ma con vari tornanti, si lascia la Valle del Ceno salendo in una quin-

AREE DI SOSTA

Nei paesi e cittadine delle valli del Taro e del Ceno le aree attrezzate sono ancora poco diffuse sia in ambito pubblico sia nell'iniziativa privata, ma in compenso non sussistono specifici divieti di sosta dei camper, anche notturna. Non manca inoltre l'opportunità di sfruttare la campagna, facilmente raggiungibile con sterrati spesso percorribili senza particolari difficoltà anche da mezzi di una certa mole. A Ghiare di Berceto, ad esempio, svoltando a sinistra sulla strada di ciottoli c'è una splendida area libera di sabbia e prato sul lungofiume: si raggiunge dal fondovalle del Taro, prendendo per Berceto in prossimità del casello autostradale e deviando subito per Ghiare e il campo sportivo.

BEDONIA • **Camping** Centro Atlantide, largo Colombo 5, tel. 333 7333019 info@centroatlantide.com, www.centroatlantide.com.

BERCETO • **Camping** I Pianelli, via Nazionale 146, tel. 0525 64521, www.campingipianelli.it, info@campingipianelli.it (annuale). • **Area attrezzata** a pagamento a 500 metri dal centro, via San Francesco di Sales, tel. 0525 64394.

BORGO VAL DI TARO • **Camping** Europa, via Stradella, tel. e fax 0525 99363, info@prolocoborogotaro.net, www.prolocoborgotaro.net/camping, aperto dal 16 aprile al 16 ottobre.

FONTANELLATO • **Area attrezzata** in via XXIV Maggio, presso il parcheggio adiacente alla linea dell'alta velocità.

NOCETO • **Punto sosta** presso Azienda Agricola Ciaolatte, via Muroni 28, Sanguinaro, tel. 0521 624035, www.ciaolatte.it (annuale).

SALSOMAGGIORE TERME • **Area attrezzata** in via Antonio Gramsci, presso lo scalo merci ferroviario. • **Camping** Arizona, via Tabiano 42/a, tel. 0524 565648, www.camping-arizona.it (apertura dal 1° aprile al 6 ottobre).

dicina di chilometri a **Pellegrino Parmense**, spartiacque con i colli piacentini dominato anch'esso da un turrito castello circondato dal verde (visitabile previo appuntamento). Lungo il tragitto si trova un'interessante opportunità per gli escursionisti: poche centinaia di metri dopo la biforcazione, uno sterrato a destra per Monte Salso e Rocca Lanzona (indicato anche come Strada Maria Longa e Punta Corva) porta in circa sette chilometri e mezzo ai ruderi di un altro maniero, con un bel passaggio sotto lo sperone vulcanico di Pietra Corva. In questo caso è necessario lasciare il camper lungo la strada, sfruttando un piccolo spazio su asfalto vicino a una casa diroccata in direzione di Pellegrino Parmense.

L'itinerario prosegue viaggiando a ritroso per qualche chilometro in direzione di Varano de' Melegari fino al bivio per Volta, da cui si torna in Valle del Ceno lungo una strada che offre varie opportunità di scendere sul greto del torrente. Seguendo il corso d'acqua si supera a destra il castello privato di Golaso e, arrivati a Varsi dopo un tratto paesaggisticamente notevole, si scavalca il Ceno iniziando a salire verso **Bardi**, con la fortezza in posizione dominante. Costruita per difendere le strategiche vie di collegamento fra il Mar Ligure e la Pianura Padana, risale alla fine del IX secolo e si presenta oggi come un raro esempio di complesso fortificato medievale in ottimo stato di conservazione. Da un secolo circa è sede del Comune e di un museo permanente; diversi ambienti

Scorcio del centro storico di Bardi

Il parco fluviale del Taro presso Fornovo

restaurati – tra cui la residenza signorile, le torri di guardia e i camminamenti di ronda – sono aperti al pubblico.
In zona un'escursione porta al **Monte Crodolo** o Corno di Gazzo: l'inizio del percorso si incontra sulla strada per il Passo del Pelizzone verso Salsomaggiore e Pellegrino Parmense. Solo due camper possono trovare posto nel minuscolo slargo in prossimità dei cartelloni della Via Francigena e dei tavoli da picnic; qui si imbocca a piedi il sentiero attraverso boschi di faggio misti a piccoli pascoli in quota, fino a raggiungere uno sperone granitico ben visibile salendo nell'ultimo tratto su asfalto.
Ancora da Bardi, ma in direzione opposta, si diparte la provinciale 359 per Raffi e Ponteceno, angusta nella prima parte e ricca di curve, ma molto panoramica. Giunti a **Ponteceno di Bedonia** – attenzione a non confonderlo con il quasi omonimo paese di Ponteceno, che si trova lungo la stessa strada una dozzina di chilometri più a monte – si seguono le indicazioni per il sentiero dell'Ansa dei Graniti, dove compiere una facile esperienza di torrentismo risalendo il Ceno permettendo di ammirare le incredibili colorazioni (viola, verdi e azzurre) delle rocce e dei calanchi di questa zona.

Il castello di Compiano

A **Bedonia**, cui si arriva con qualche impegnativo tornante, merita una visita il polo museale del seminario vescovile che, oltre al vecchio e al nuovo santuario, offre una corposa pinacoteca, un museo di Storia naturale con la ricostruzione degli ambienti del fiume e delle valli, un planetario e una mostra permanente dell'incisore xilografo Romeo Musa (nativo della piccola frazione di Calice), che nel '900 fu maestro della tecnica su legno. Qui si ritrova il Taro, da seguire per chiudere l'anello verso Fornovo.
Anche **Compiano** vanta un castello, restaurato e adibito a struttura ricreativa. Purtroppo da qualche anno il borgo ha perso la sua attrattiva più singolare, ora ospitata a Vigoleno: il Museo degli Orsanti (ammaestratori di orsi), curiosa collezione espositiva dedicata ai girovaghi e ai circensi che nei secoli hanno percorso le montagne portando di paese in paese, insieme ai loro animali, notizie di altri luoghi.
Il viaggio si conclude a **Borgo Val di Taro** (o Borgotaro), centro di origine medievale oggi piccolo capoluogo della valle, con un vivace programma di eventi culturali e della tradizione. Famoso è il fungo porcino a Indicazione Geografica Protetta, che si festeggia nel secondo weekend di settembre con una grande fiera. Per soste brevi si possono utilizzare i parcheggi (privi di sevizi) di piazzale G. Castagnoli, via Pellizzari e parco Tolmezzo prima di scendere lungo il fiume verso Solignano, Fornovo e l'autostrada.

L'APPENNINO MODENESE

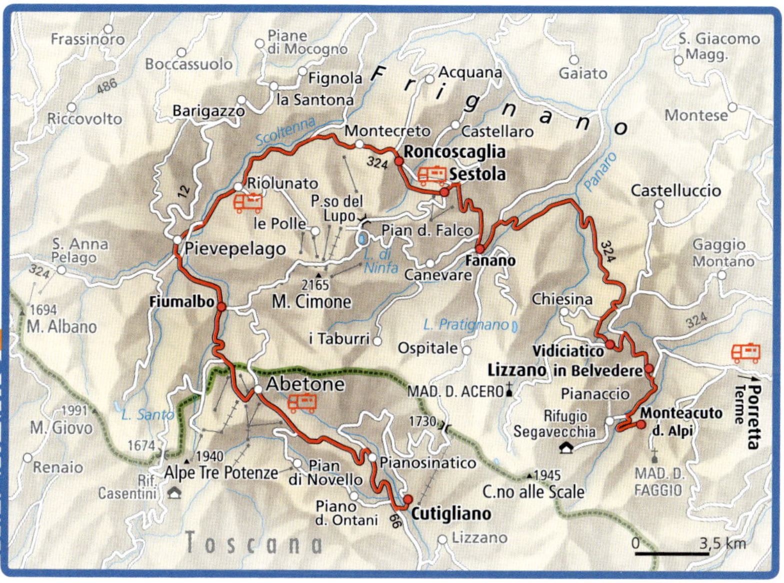

Con i suoi 2.165 metri il Cimone è la vetta più alta dell'Appennino Modenese. Ben visibile già dalla Pianura Padana, ripaga l'osservatore con panorami senza confronto: nelle giornate più limpide si arrivano a scorgere perfino l'Adriatico e, sul lato opposto, la Corsica. Insieme al Corno alle Scale, alto 1.945 metri, è il fulcro del turismo invernale in Emilia con la località toscana dell'Abetone, che si trova subito oltre il confine tra le due regioni, orograficamente simili. La frequentazione da parte dei camperisti locali è ben radicata, come dimostra la presenza di approdi per i veicoli ricreazionali distribuiti su tutto il territorio, ma le tre stazioni sciistiche offrono interessanti opportunità, sia dal punto di vista sportivo sia da quello paesaggistico, anche a chi proviene da maggiore distanza. Negli ultimi anni, inoltre, l'offerta di servizi è divenuta più ampia e diversificata per rispondere alle esigenze e agli interessi di un ampio novero di turisti.

Un'area attrezzata si trova alla base delle piste del Cavone, punto di partenza degli impianti del **Corno alle**

PERCORSO DI AVVICINAMENTO

Dall'uscita Modena Sud della A1 si raggiunge il comprensorio del Cimone seguendo il fondovalle del Panaro via Spilamberto, Vignola, Fanano, Sestola, Montecreto e Riolunato. Da qui si può continuare per Pievepelago, Fiumalbo e l'Abetone. Al Corno alle Scale si arriva da Fanano svoltando per Lizzano in Belvedere o direttamente da Bologna percorrendo la SS64 Porrettana in direzione di Pistoia fino a Silla, quindi la provinciale per Lizzano in Belvedere. Se si rimane sulla 64, poco più avanti di Porretta Terme si raggiunge l'Abetone dal Ponte della Venturina.
L'intera area delle tre stazioni sciistiche, inoltre, è raggiungibile dal versante tirrenico uscendo dalla A11 a Lucca e prendendo il fondovalle del Serchio verso Bagni di Lucca, poi la SS12 a San Marcello Pistoiese fino all'Abetone e da qui a Pievepelago e Riolunato. A San Marcello Pistoiese si arriva facilmente anche da Pistoia e da Firenze.

Scale. La zona sciistica si estende dai 1.945 metri della Croce del Corno ai 1.258 della Val di Gorgo, per un totale di 36 chilometri di percorsi battuti con vari livelli di difficoltà. La pista del Sole, di 800 metri, e la Duca degli Abruzzi, di un chilometro, sono molto apprezzate dagli sciatori amanti dei tracciati tecnici e impegnativi, ma non mancano uno snowpark e due anelli per il fondo, rispettivamente di tre e cinque chilometri (uno dei quali a 1.640 metri di altitudine). Per rifocillarsi sono presenti tre ristoranti in quota e numerosi punti di ristoro alla partenza degli impianti, dove hanno sede la scuola di sci e un centro di noleggio delle attrezzature.

Alcuni paesi offrono occasioni per una piacevole pausa. Il nome di **Lizzano in Belvedere** evoca la posizione panoramica dell'abitato, dove spicca la seicentesca Casa Gasperini con torretta sulla facciata. Nella frazione di **Vidiciatico** restano l'abside con bifora romanica di una chiesa edificata negli ultimi anni del XIV secolo e l'oratorio di S. Rocco, che venne costruito nel 1631 dopo una lunga epidemia di peste. Nel **santuario della Madonna dell'Acero** sono invece conservati numerosi ex voto, oltre a un gruppo di statue in legno che ricordano la vicenda di Brunetto Brunori, scampato alla morte durante la battaglia di Gavinana, vinta dalle truppe del condottiero noto come Maramaldo. Si visita solo a piedi la parte alta del suggestivo borgo di **Monte-**

ITINERARI DEL GUSTO

Nel comprensorio del Corno alle Scale, del Cimone e dell'Abetone la gastronomia tipica si incentra sulle specialità dell'Appennino tosco-emiliano, in primo luogo funghi, castagne e altri frutti di bosco, a cui sono dedicate innumerevoli sagre e feste popolari. Molto sviluppata è la lavorazione dei salumi, con prosciutti e insaccati dall'aroma peculiare, e dei formaggi, compreso il Parmigiano Reggiano, prodotto ai margini dell'area.

Numerosi i ristoranti e le trattorie in cui gustare una cucina genuina e di qualità, che segue i canoni della tradizione montanara e ne fa un punto di forza dell'offerta ricettiva. Oltre ai locali dei centri abitati, sono molto valide le proposte di alcune strutture situate lungo le piste da sci.

Gli impianti di risalita delle Rocce al Corno alle Scale

acuto, con i notevoli resti del piccolo castello e la chiesa di S. Nicolò.
Da Lizzano in Belvedere, imboccando la provinciale 57 in direzione di Porretta Terme, dopo circa tre chilometri si trova il bivio per **Panigale**, dove l'Ecomuseo della Ferriera testimonia un'interessante realtà industriale dell'età moderna. Sono infatti tuttora funzionanti due magli dell'impianto con cui si producevano attrezzi per l'agricoltura, reimpiegando scarti di materiale ferroviario (per informazioni e visite rivolgersi a IAT Lizzano in Belvedere, tel. 0534 51052; IAT Vidiciatico, tel. 0534 53159).

A pochi chilometri in linea d'aria dal Corno alle Scale, il **Cimone** domina l'orizzonte con il suo maestoso profilo. Dalle località di Fanano, Montecreto, Riolunato e Sestola, sul confine del parco naturale del Frignano o nelle immediate vicinanze, partono gli impianti di risalita che portano alla vetta e le strade di avvicinamento al Passo del Lupo, crocevia dei 50 chilometri di piste del comprensorio, dotato anche di

Il castello di Sestola

Il Cupolino, nel comprensorio del Corno alle Scale

alcuni percorsi per il fondo. L'area sciistica si estende dai 1.976 metri della Buca del Cimone ai 1.020 dell'abitato di Sestola, con il tratto da Pian del Falco al Passo del Lupo collegato da navetta. Nelle località di Piancavallaro e Cimoncino si trovano due grandi snowpark, mentre al Lago della Ninfa – dove operano la scuola di sci e il centro noleggio attrezzature – è disponibile un grande parco giochi per i bambini. Sono cinque i ristoranti in quota, oltre alle opportunità di ristoro a Pian del Falco, Passo del Lupo, Le Polle e La Capanna.
Quanto agli spunti culturali, il centro più ricco di motivi è certamente **Sestola** (Bandiera arancione del Touring Club Italiano), dove la severa fortezza cinquecentesca ospita il museo degli Strumenti Musicali Meccanici, con 120 pezzi dal XVII secolo ai giorni nostri, e quello della Civiltà montanara, la cui vasta collezione di utensili e attrezzi d'epoca è arricchita da sci, bob e slitte di vari periodi (d'inverno la visita va concordata con l'ufficio del turismo). La rocca include l'oratorio di S. Nicola in Castello, che fu chiesa parrocchiale e conserva resti di affreschi del '400.
Passeggiando tra il paese e le frazioni

rurali, oltre a incontrare altri edifici sacri interessanti (come a **Roncoscaglia**, dove si segnalano le chiese di S. Rocco e S. Biagio), si potranno notare i cosiddetti *metati*, piccole costruzioni rustiche in legno e pietra che un tempo venivano utilizzate per essiccare le castagne, assai diffuse in tutto il comprensorio fin da tempi remoti e protagoniste di vivaci sagre popolari.

Anche il territorio di **Fanano** (un'altra Bandiera arancione del Touring Club Italiano) è particolarmente ricco di chiese, cappelle e oratori, mentre nel centro storico vi sono alcune interessanti residenze signorili. Valgono una tappa il rione medioevale dei Borghi, alle spalle di palazzo Lardi, e la fontana dei primi del '900 con quattro mascheroni.

Procedendo da Sestola in direzione opposta, verso l'Abetone, lungo la strada fra Riolunato e Pievepelago si trova il ponte romanico della Fola, unico a due arcate in tutta l'Emilia, che scavalca il torrente Scoltenna in prossimità di una stretta forra.

La piazza centrale di Fanano

A **Fiumalbo** (terza Bandiera arancione di questo itinerario, a ulteriore riprova della presenza di un'organizzazione turistica di qualità) è possibile visitare una collezione di arte sacra nella chiesa di S. Caterina o dei Rossi, sita in piazza Umberto I (in inverno si accede su prenotazione rivolgendosi al Comune).

Dal punto di vista orografico le piste dell'**Abetone** sono situate sul versante

Veduta sulle piste dell'Abetone

AREE DI SOSTA

Oltre ai campeggi dell'Abetone e a quelli distribuiti tra Fanano, Fiumalbo, Montecreto, Pievepelago, Riolunato e Sestola, l'area sciistica dispone di varie aree attrezzate, alcune in prossimità degli impianti di risalita, fruibili anche d'inverno.

Corno alle Scale

Sosta gratuita con pozzetto di scarico nei parcheggi nei pressi degli impianti di risalita (seggiovia Cavone-Rocce, 1.450 m). Per raggiungere il piazzale più alto, a 1.550 m, fare attenzione al tunnel (altezza 2,70 m).

PORRETTA • **Area attrezzata** in via Maglia, vicino alla Coop, iat@comune.altoreno terme.bo.it.

Cimone

RIOLUNATO • **Area attrezzata** in località Le Polle, 6 km a sud-est del paese, poco prima della seggiovia.

SESTOLA • **Area attrezzata** nei pressi del Lago della Ninfa, via Aeronautica, tel.0536 62968 o 339 6523405, www.adventurepark cimone.it. • **Punto sosta** gratuita in piazza Guidellina, nei pressi delle scuole.

Abetone

ABETONE • **Punto sosta** a pagamento in piazza del Municipio.

emiliano e anche il Comune è stato incluso nella provincia di Pistoia solo a partire dagli anni '30.
Il primo impianto di risalita di questa località e dell'intero Appennino, una slittovia inaugurata nel 1936, conduceva gli sciatori sulla Selletta, una delle tre aree sciabili insieme al Monte Gomito-Pulicchio e alla Val di Luce. In posizione decentrata è una quarta area, la Doganaccia, a cui si arriva da Cutigliano; il

Scorcio del Palazzo Pretorio di Cutigliano

punto più elevato, la Croce Arcana, è situato subito a ovest delle piste del Corno alle Scale. Si tratta in totale di 65 chilometri di piste battute, tra le quali la rossa della valle del Sestaione, la Stucchi e la Coppi nella zona del Gomito e del Pulicchio, e la pista delle Regine o Chierroni che scende dalla Selletta verso i campi scuola e la pista Zeno 3, assolato pendio di oltre due chilometri e mezzo. Anche qui non manca un parco giochi per i più piccoli, mentre in Val di Luce è attivo un grande snowpark.
Ai piedi della Doganaccia, il centro storico di **Cutigliano** vanta il palazzo Pretorio (o dei Capitani della Montagna): risalente alla fine del XIV secolo, presenta una facciata a intonaco riccamente decorata da stemmi in terracotta policroma e in pietra, oltre alla statua del Marzocco posta in cima a una colonna, copia dell'originale conservata nella loggia d'epoca rinascimentale che affaccia sulla stessa piazza. Da qui si può scendere verso Pistoia e la A11 per il rientro, a meno di non voler tornare a Pievepelago e continuare sulla statale 12 per Modena, la A1 e la A22 del Brennero.

IL BOSCO DELLA MESOLA E LE VALLI DI COMACCHIO

Come accade nella parte del Delta del Po compresa nella provincia di Rovigo, anche in quella ferrarese il connubio fra terra e acqua ha profondamente influenzato, secolo dopo secolo, le caratteristiche del paesaggio.

Dal corso principale del fiume si stacca il ramo di Goro, che segna un tratto del confine regionale: nell'ambiente deltizio solcato da una fitta rete di canali, il **Gran Bosco della Mesola** si distende verso i lidi ferraresi e il Po di Volano, formando un polmone verde di eccezionale importanza naturalistica che copre circa 1.000 ettari. Per il turista sportivo questa è un'area privilegiata per l'escursionismo e il cicloturismo, rendendo particolarmente indicato l'abbinamento fra camper e bici per ampliare il raggio dell'esplorazione dopo aver scelto una base di sosta. La prima di esse si trova a **Mesola**, dove il castello estense (voluto nella seconda metà del '500 dal duca Alfonso II come sito di riposo e di caccia) ospita un centro di educazione ambientale che introduce alla visita della zona.

PERCORSO DI AVVICINAMENTO

Le località dell'itinerario sono attraversate dalla SS309 Romea, che collega Padova e la A4 a Ravenna e alla A14: si tratta di un asse molto trafficato, ed è bene dunque scegliere i giorni e gli orari meno frequentati. Arrivando dalla A13 Bologna-Padova, tra Ferrara Nord e Altedo si può deviare sul raccordo per Porto Garibaldi, che raggiunge Comacchio; lungo il tragitto, uscendo a Migliorino-Portomaggiore, si arriva direttamente all'abbazia di Pomposa.

Il Gran Bosco della Mesola

A ovest del Boscone (come viene localmente chiamato) si trova uno dei siti benedettini più importanti e visitati in Italia, l'**abbazia di Pomposa**: con l'altissimo campanile visibile da lunga distanza, offre un colpo d'occhio la cui suggestione viene confermata dalla visita. La chiesa di S. Maria, che ne costituisce il primo nucleo, venne fondata tra il VII e il IX secolo e ampliata nel Mille; se ne ammira l'interno a tre navate, con le pareti ricoperte da affreschi del XIV secolo e pavimento in marmi policromi. Del complesso monastico restano il chiostro con pozzo centrale, la sala capitolare, il refettorio ornato da un affresco che riproduce l'*Ultima Cena* e il palazzo della Ragione.

L'abbazia è lambita dalla statale Romea, che si imbocca in direzione sud per raggiungere **Comacchio**. La città dei Trepponti, opera architettonica seicentesca di Luca Danesi, è il simbolo di

AREE DI SOSTA

Oltre ai numerosi campeggi costieri, che si trovano nel comprensorio dei lidi ferraresi (o lidi di Comacchio) e osservano quasi tutti un'apertura stagionale prolungata, la zona è ben servita da strutture per la ricettività dei veicoli ricreazionali, che si trovano in posizione ideale per la visita delle principali attrazioni del territorio.

BOSCO MESOLA • **Area attrezzata** Oasi Park 2, via Cristina 84, tel. 0533 794386 o 335 1272616, aperta da marzo a metà novembre.

COMACCHIO • **Area attrezzata** Le Saline, via della Salina 3, Lido di Spina, tel. 0533 330885 o 349 8328963, marziano@residenzalesaline.it. • **Area attrezzata** Bagno Trocadero, via Spiaggia 39, Lido di Spina, tel. 0533 330218 o 349 3159667 (aperta 1° aprile al 30 settembre). • **Punto sosta** in via Fattibello.

MESOLA • **Area attrezzata** all'ingresso del centro abitato presso il campo sportivo; segnalazioni in loco.

POMPOSA • **Punto sosta** nel parcheggio dell'abbazia.

VOLANO • **Punto sosta** gratuito nell'oasi naturale provinciale di Cannevié e Porticino (strada provinciale 54).

questo borgo marinaro, centro d'arte e di cultura. La cornice urbana viene definita non a caso "piccola Venezia" per il susseguirsi di isolette, ponti e canali su cui affacciano case dalle facciate color pastello. Oltre al duomo di S. Cassiano, risalente all'VIII secolo, sono numerosi gli edifici storici di pregio, ma la visita non dovrà trascurare le collezioni espositive, tra cui il museo della Nave romana il cui relitto è esposto insieme al carico. Di grande interesse anche la Galleria d'Arte contemporanea, ospitata nell'ottocentesco palazzo Bellini, e la Manifattura dei Marinati, pregevole esempio di archeologia industriale dedicato a una delle principali risorse economiche della zona, la lavorazione delle anguille.
A sud della città si estende il bacino delle valli, nel quale si praticano ancora le tradizionali attività di pesca. Anche in questo caso è particolarmente indicata la bicicletta, completando l'esplorazione con gite a bordo delle imbarcazioni turistiche.

Capanni da pesca e attrezzature tradizionali nelle Valli di Comacchio

TOSCANA

Entroterra da scoprire

La posizione centrale della Toscana rende questa regione meta elettiva per weekend e brevi soggiorni, diretti principalmente alle città d'arte. Per vacanze di maggior durata, la scelta cade generalmente sulle località costiere, ben attrezzate anche per la ricettività all'aria aperta. In entrambi i casi, tuttavia, si trascurano gli spunti offerti dalle aree interne, serbatoio di natura e cultura dalle peculiarità uniche, ideale per un soggiorno itinerante denso di originali opportunità. Lo scarso popolamento della fascia appenninica e preappenninica, inoltre, ha spinto gli enti locali a tutelare i valori della tradizione (non ultima quella enogastronomica, che vanta molte specialità tipiche e di nicchia) e a promuovere le attività outdoor, in modo da coltivare un approccio rispettoso dei luoghi.

Quando andare

L'isola d'Elba, fra i comprensori di maggior richiamo nell'ambito della ricca offerta territoriale, è particolarmente fruibile con i modi e i mezzi del turismo secondo natura dalla primavera all'inizio dell'autunno, escludendo invece le settimane centrali dell'estate, quando è forte la pressione del turismo balneare e il clima è meno adatto all'escursionismo.

Nelle aree interne della regione, al contrario, l'affluenza è contenuta anche in luglio e agosto, a eccezione dei fine settimana, in cui si intensifica il turismo pendolare a breve raggio. Da tenere in considerazione anche il periodo invernale, quando le località collinari e di media montagna possono essere innevate, accrescendo la suggestione del paesaggio naturale e urbano.

Gli itinerari

La prima proposta si sviluppa lungo il versante settentrionale delle Alpi Apuane, partendo dalla Lunigiana e arrivando a Lucca attraverso la Garfagnana, interamente percorsa dal fiume Serchio: un tragitto alternativo alla costa, in un ambiente boschivo e montano punteggiato da borghi medievali di grande interesse e da attrazioni paesaggistiche e naturalistiche di spicco. Il facile accesso alla zona da più direzioni consente di scegliere una sola parte dell'itinerario per brevi soggiorni concentrati intorno alle località principali.

L'Elba è protagonista della seconda proposta, privilegiando una scoperta alternativa che si concentra (anche grazie alla modesta estensione del territorio) sulle opportunità escursionistiche offerte dalle zone interne, utilizzando come basi logistiche le strutture ricettive delle località marine e compiendo piccoli spostamenti con il veicolo ricreazionale per accedere più comodamente ai vari percorsi.

La terza proposta è un breve ma denso itinerario nel cuore del Casentino toscano e delle sue celebri foreste, con tappe a Stia, Pratovecchio e Poppi: un piccolo "laboratorio del pleinair" con aree attrezzate pubbliche di esemplare concezione.

Terracotta di stile robbiano in un santuario presso Stia

Particolare dell'abbazia di S. Caprasio ad Aulla

LA LUNIGIANA TOSCANA, LA GARFAGNANA E LUCCA

ITINERARIO1

Al confine tra Liguria e Toscana, il bacino disegnato dal fiume Magra fu per millenni un transito privilegiato verso il Parmense attraverso il passo della Cisa. Ancora oggi la statale di fondovalle e la parallela autostrada A15 sono i principali accessi alla Lunigiana, che si sviluppa nella provincia di Massa e Carrara dopo il breve tratto ligure in quella di La Spezia (dove sorgeva la città romana di Luni, da cui deriva il nome dell'intero comprensorio). Da questa zona l'itinerario muove in Garfagnana, versante nordorientale delle Alpi Apuane, seguendo il fiume Serchio lungo l'antica direttrice che portava verso Lucca. Si tratta di un percorso collinare e montano piuttosto articolato e tortuoso, ma con valenze paesaggistiche e storiche tali da renderlo molto indicato per i ritmi lenti del camper, che qui trova interessanti approdi in un contesto ambientale di notevole pregio.

L'autostrada si affaccia sul borgo medievale di **Aulla**, prima tappa dell'itinerario, dove la cinquecentesca fortezza della Brunella ospita il museo di Storia naturale della Lunigiana. L'imponente struttura si erge alla sommità dell'abitato sorvegliando il punto in cui il Magra (o la Magra, come viene chiamata nella zona) riceve le acque del torrente Aulella.

La statale 63 risale per un tratto l'affluente e conduce a **Fivizzano**, dove un elegante maniero turrito testimonia l'importanza del borgo durante il medioevo. Nel territorio comunale – duramente colpito da un terremoto nel 1920 e tristemente noto per i massacri che nazisti e fascisti compirono nel 1944 – è presente un'area attrezzata; da qui si può andare verso **Equi Terme**, che si raggiunge tornando verso Cormezzano e Gassano, per poi immettersi sulla regionale 445 (la vecchia statale della Garfagnana). Nei pressi di Gragnola si diparte la provinciale che conduce al piccolo borgo, il cui nome è dovuto ai bagni benefici noti già ai tempi dei romani.

Ricco di grotte e fenomeni erosivi, questo territorio accolse insediamenti umani fin dalla preistoria. Per approfondire l'argomento si può visitare il museo del Territorio dell'Alta Valle Aulella di **Casola in Lunigiana**, che si raggiunge da Equi Terme percorrendo la provinciale 58 per Isolano e Codiponte fino a incrociare la SR445. Della fortezza che caratterizzò la cittadina resta solo una torre cilindrica, utilizzata anche come campanile della vicina chiesa romanica di S. Felicita.

Proseguendo lungo curve e tornanti, ci si porta verso la Garfagnana e in una ventina di chilometri si arriva a **Piazza**

PERCORSO DI AVVICINAMENTO

L'itinerario è servito da importanti autostrade e si presta a essere percorso in entrambi i sensi. Arrivando da nord o dalla A12 Genova-Roma, l'accesso più diretto è l'uscita di Aulla della A15 che collega Parma e La Spezia, ricalcando il percorso della SS12 della Cisa. Da Reggio nell'Emilia si può arrivare a Fivizzano con la SS63 del passo del Cerreto. Da Modena si raggiungono Borgo a Mozzano e Lucca con la SS12 dell'Abetone; lungo quest'ultima strada, a Pievepelago, si può deviare sulla SS486 per il passo delle Radici e Castelnuovo di Garfagnana. Da Bologna si può seguire la SS64 per Pistoia, continuando per Lucca con la A11. Arrivando da sud lungo la costa tirrenica, si esce dalla A12 a Pisa Nord e si imbocca la breve diramazione fino a Lucca. Se invece si sta risalendo la penisola lungo la A1, si dovrà imboccare dopo Firenze Nord la A11 per Lucca.

Il castello della Verrucola a Fivizzano

al Serchio, ormai in provincia di Lucca e al di sopra dei 500 metri di altitudine. Oltre alla pieve di S. Pietro e ad alcune piccole chiese rurali, come quelle di Petrognano e di Borsignano, merita uno sguardo San Michele, la frazione più antica del Comune, un ponte trecentesco a campata unica.

Superato Camporgiano, si devia dalla 445 seguendo le indicazioni per il **Lago di Vagli**, un bacino artificiale creato alla fine degli anni '40 dello scorso secolo nel quale si trova l'abitato sommerso di Fabbriche di Careggine, visibile nelle rare occasioni in cui il lago viene prosciugato per consentire i lavori di manutenzione della diga. Il paese che dà il nome allo specchio d'acqua, **Vagli Sotto**, conserva uno splendido esempio di architettura romanico-gotica, la chiesa di S. Regolo, la cui facciata alterna fasce di pietra calcarea al marmo bianco proveniente dalle cave che rendono celebri le Alpi Apuane. Siamo infatti ai piedi dei gruppi della Tambura (1.890 m) e del Pisanino (1.946 m), le vette più alte di questa catena montuosa che

Tradizionale ricovero dei pastori in Garfagnana

Torrione della rocca di Castiglione di Garfagnana

può essere scoperta grazie ai numerosi sentieri che hanno inizio dalle località del circondario.

Dopo essere ridiscesi alla Valle del Serchio si arriva a **Castelnuovo di Garfagnana**, capoluogo storico della regione. Il paese mantiene le due strutture difensive di cui era dotato: la fortezza di Mont'Alfonso (fuori dal borgo, di notevole interesse ma raggiungibile solo lungo una strada del tutto sconsigliata ai veicoli ingombranti) e la Rocca Ariostesca, che domina il centro abitato e ne costituisce il simbolo. Il millenario edificio deve il nome al poeta dell'*Orlando Furioso*: dal 1522 al 1525 Ludovico Ariosto governò da queste stanze il territorio garfagnino, appena annesso al ducato di Ferrara. Anche il duomo di Castelnuovo risale all'XI secolo, ma fu riedificato nel '500 e oggi merita senz'altro una visita per l'eleganza della sua architettura e per le preziose opere d'arte che racchiude, tra cui un crocifisso ligneo del XV secolo miracolosamente scampato a un incendio che colpì la sacrestia nel 1977.

A monte del paese, passando per Pieve di Fosciano, si trova **Castiglione di Garfagnana**, borgo di intatta bellezza ben conservato entro la possente cinta difensiva, con due chiese e altrettanti belvedere situati sulle mura: quello nei giardini pubblici si affaccia sulle Alpi Apuane, mentre l'altro è ai piedi della rocca (oggi di proprietà privata) e domina il versante opposto.

Continuando lungo il fiume si giunge a Gallicano, importante crocevia dal quale si compiono due deviazioni prima di proseguire verso Lucca. Svoltando a destra in direzione di Vergemoli e Fornovolasco si giunge a una delle attrazioni naturalistiche più importanti della Toscana, la celebre **Grotta del Vento**. Il nome deriva dal fatto che il complesso ipogeo è attraversato da una corrente d'aria dovuta alla presenza di due imbocchi separati da un notevole dislivello: il primo a circa 1.400 metri di altitudine, il secondo (oggi utilizzato per l'accesso turistico) a poco più di 600 metri. Il percorso di visita della cavità, formatasi nel substrato calcareo della montagna a partire da circa venti mi-

Stalattiti nella Grotta del Vento

AREE DI SOSTA

La provincia di Massa e Carrara e quella di Lucca offrono decine di camping lungo la costa e sono ben fornite di strutture ricettive organizzate anche nell'interno (vi sono campeggi a Castelnuovo di Garfagnana, Fivizzano, Giuncugnano, Licciana Nardi, Minucciano e Villafranca in Lunigiana). Inoltre, i piccoli borghi mostrano un atteggiamento ospitale nei confronti del visitatore in camper, e non manca un discreto numero di aree attrezzate.

Lunigiana

CASOLA IN LUNIGIANA • **Area attrezzata** a pagamento all'ingresso del paese sulla riva sinistra del torrente, tel. 329 0787985 (annuale).

FIVIZZANO • **Punto sosta** presso il ristorante Al Vecchio Tino, località Germalla 1, Monte dei Bianchi, tel. 0585 97733, www.alvecchiotino.com (annuale). • **Punto sosta** presso l'agriturismo Il Bardellino, frazione Soliera Apuana, tel. 0585 93304, www.ilbardellino.it (annuale).

Garfagnana e valle del Serchio

BARGA • **Area attrezzata** San Cristoforo in via Hayange, vicino al centro storico.

BORGO A MOZZANO • **Area attrezzata** gratuita in via I Maggio, tel. 0583 888881. • **Area attrezzata** gratuita in via del Brennero, SS12 in località Chifenti (annuale).

CASTELNUOVO DI GARFAGNANA • **Area attrezzata** gratuita nel parcheggio dello stadio, in riva al fiume Serchio.

LUCCA • **Area attrezzata** in viale Luporini, vicino a Porta Sant'Anna, segnalazioni in loco. • **Area attrezzata** Parking Il Serchio, via del Tiro a Segno 704, località Sant'Anna, tel. 335 8481153 o 0583 317385, www.camperilserchio.it.

MINUCCIANO • **Area attrezzata** presso l'agriturismo Da Pasquino, Località Perdetola, tel. 0583 610295 o 348 5644430 (annuale).

lioni di anni fa, non si esaurisce ammirando le concrezioni, ma interessa anche per l'aspetto didattico: grazie alla ricchezza e alla varietà dei fenomeni che ne hanno determinato l'assetto attuale, la grotta è infatti un vero e proprio museo geologico. Ogni evento ha lasciato un'impronta che illustra il succedersi dei periodi, appassionando anche i meno esperti. L'itinerario è diviso in tre parti di diversa lunghezza e difficoltà, ma è consigliabile scegliere quello completo, della durata di circa tre ore (apertura tutto l'anno escluso il 25 dicembre, visite guidate in orari diversi a seconda della stagione, per informazioni tel. 0583 722024, www.grottadelvento.com).

Tornati a Gallicano, si riprende la marcia per **Barga**, senz'altro il centro che esercita il maggior fascino paesaggistico

Il ponte della Maddalena a Borgo a Mozzano

nella media Valle del Serchio (uno dei motivi che gli hanno valso la Bandiera arancione del Touring Club Italiano).

La struttura medievale e rinascimentale è intatta entro le antiche mura, che accolgono una cittadina vitale. Il duomo s'impone all'attenzione per le linee romaniche, il pulpito e la posizione panoramica, con impareggiabile affaccio sull'abitato e sui dintorni; di grande interesse anche le altre chiese, tra cui quella quattrocentesca di S. Francesco. Oltre a un museo del territorio, da non mancare è la visita al Teatro dei Differenti, piccolo gioiello della fine del '700 ancora oggi in uso: l'area attrezzata per camper poco lontana dal centro storico offre la possibilità di assistere agli spettacoli, pernottare e quindi ripartire.

I 70 chilometri della statale della Garfagnana hanno fine all'imbocco della SS12 dell'Abetone, che da questo punto affianca il corso del Serchio. Svoltando a destra si giunge in breve a **Borgo a Mozzano**, noto per il trecentesco ponte della Maddalena (o ponte del Diavolo). Il paese merita una sosta

ITINERARI DEL GUSTO

In Lunigiana la tavola contadina si imbandisce con caciotta, mortadella tipica, spalla cotta e sottili focaccine dette *panigacci*. Fra i primi piatti si segnalano le pappardelle al sugo di lepre, i *testaroli* al pesto e le lasagne *bastarde*, fatte con farina di grano tenero e di castagne. Per "pulirsi la bocca" si potrà assaggiare la cipolla di Treschietto, una vera specialità (www.cipolladitreschietto.it).

In Garfagnana e nella media valle del Serchio sono da non perdere i *tordelli* al ragù, la zuppa di farro, il cinghiale, i funghi e la trota, presente in abbondanza nelle acque dolci del territorio. Per uno spuntino si consigliano i *necci*, grosse cialde di farina di castagne cotte nei ferri.

L'orografia rende difficile la coltivazione della vite, ma nelle trattorie si può trovare il vino locale sfuso. In alternativa, il Vermentino dei Colli di Luni è una buona soluzione per i palati più esigenti. A Piazza al Serchio si producono invece birre di farro e di castagne: una tradizione antica oggi riaffermata grazie a un birrificio artigianale (www.lapetrognola.it).

anche per la parrocchiale di S. Jacopo, minuta struttura a tre navate che custodisce importanti sculture lignee; notevole il campanile, decisamente sproporzionato rispetto alla chiesa. In tutto il territorio comunale, si osservano i numerosi bunker e camminamenti sotterranei (alcuni dei quali visitabili) che risalgono alla seconda guerra mondiale.

Non resta che percorrere l'ultima ventina di chilometri fino a scorgere le mura di **Lucca**, capolavoro architettonico che racchiude il centro con uno sviluppo di oltre quattro chilometri: fu necessario quasi un secolo e mezzo per completare l'opera, unica in Europa. Oggi il camminamento attrezzato sopra le mura è una frequentata pista ciclabile, e i baluardi sono giardini in cui rilassarsi all'ombra degli alberi.
Dopo aver sistemato il camper in una delle due aree attrezzate, per visitare la città e godere del panorama sulle colline circostanti basta salire i 45 metri (e i 230 scalini) della Torre Guinigi, caratterizzata da un piccolo giardino pensile di lecci. Dall'alto si può notare la struttura ovale di piazza dell'Anfiteatro, risultato della sistemazione ottocentesca degli edifici costruiti sull'anfiteatro romano, cui si accede tramite quattro porte ad arco.
Lucca è famosa anche per le architetture romaniche, tra cui la chiesa di S. Michele, con i quattro ordini di logge che slanciano la facciata verso il cielo. Al suo interno si trovano numerose opere d'arte e una pala dipinta da Filippino Lippi intorno al 1483. Non meno importante è la cattedrale di S. Martino, il cui frontale più basso accentua lo slancio del campanile: il duomo di Lucca conserva tele di Fra Bartolomeo, del Tintoretto e di Federico Zuccari, oltre a ospitare la cappella del Volto Santo (eseguita da Matteo Civitali nel 1482) e il celebre monumento funebre di Ilaria del Carretto, realizzato da Jacopo della Quercia e collocato nella sacrestia, nella quale si può altresì ammirare un'opera di Domenico Ghirlandaio. Merita una sosta anche il museo italiano del Fumetto e dell'Immagine, di recente realizzazione, un modo originale per concludere il viaggio prima di imboccare la A11 verso il mare o in direzione di Firenze per il rientro.

Piazza dell'Anfiteatro a Lucca

L'ISOLA D'ELBA

La più grande delle sette isole che formano il parco nazionale dell'Arcipelago Toscano è nota principalmente come destinazione balneare, ma l'approccio con i modi e i mezzi del turismo all'aria aperta la rende consigliabile anche per l'escursionismo, che permette di scoprire ambienti meno conosciuti e di apprezzare i paesaggi dell'Elba anche dall'alto dei suoi rilievi. Si scoprirà in questo modo un angolo di natura mediterranea ancora più suggestivo di quanto si potrebbe immaginare.

La modesta estensione del territorio a fronte della massiccia affluenza estiva di camperisti ha spinto qualche località a emettere ordinanze di divieto, quasi sempre temporanee; ma il soggiorno all'aria aperta può comunque contare su una trentina di campeggi e alcune aree attrezzate, generalmente in funzione dalla primavera all'inizio dell'autunno. Conviene perciò organizzare la permanenza scegliendo prima di tutto la base logistica più adatta alle proprie esigenze, da cui muoversi per l'esplorazione a corto raggio.

Il principale scalo marittimo arrivando da Piombino è la cittadina di **Portoferraio**, annunciata dallo scenografico promontorio con il faro e i fortilizi che, ancora oggi, sorvegliano l'abitato: forte Falcone, forte Stella e la torre della Linguella, all'ingresso della darsena. Al di fuori della stagione estiva, nei parcheggi del porto non vi sono divieti di sosta diurna dei camper e si può

Una delle piccole spiagge intorno a Portoferraio

dunque lasciare il veicolo per il tempo necessario alla visita. Varcate le mura del centro storico, scandite da imponenti bastioni, si raggiungono la chiesa della Reverenda Misericordia, quella romanica di S. Stefano e, nella parte alta, la Villa dei Mulini, residenza ufficiale di Napoleone durante il suo primo esilio. Da vedere anche il museo civico archeologico, ospitato nella fortezza medicea, e la pinacoteca comunale Foresiana con dipinti, stampe e arredi dal XVI al XIX secolo.

Procedendo in senso antiorario lungo la litoranea per Viticcio e Scaglieri o sulla più comoda provinciale interna, si raggiunge la spiaggia attrezzata di **Procchio**, al centro dell'omonimo golfo dal mare limpido. Qui la strada si porta sulla costa fino a **Marciana Marina**, con l'abitato disposto a mezzaluna lungo una piccola insenatura alla cui estremità sorge la torre saracena, che veglia il lungomare orlato da tamerici secolari. Sul lato opposto si trova il quartiere di Cotone, antico villaggio di pescatori il cui nome si deve alla *cote*, che nel dialetto locale significa grossa pietra: alcune case sorgono infatti sulle grandi rocce che si protendono verso l'acqua. All'uscita meridionale dell'abitato si inizia a salire verso l'entroterra giungendo in cinque chilometri al borgo

PERCORSO DI AVVICINAMENTO

Le compagnie di navigazione Toremar (tel. 199 117733, www.toremar.it) e Moby Lines (tel. 199 303040, www.moby.it) collegano il porto di Piombino all'Elba con sbarco a Portoferraio, a Cavo e, nel caso di Toremar, anche a Rio Marina. Da luglio a settembre le partenze sono frequentissime, con corse quasi ogni ora dal primo mattino a tarda sera; si diradano negli altri mesi, ma rimangono sempre piuttosto numerose. La durata del tragitto è di circa un'ora. Estremamente ampio il ventaglio delle tariffe a seconda del periodo e dell'orario, consultabili sui siti dei due operatori.
A Piombino si arriva con la superstrada Grosseto-Livorno, che ricalca la statale 1 Aurelia e prosegue a nord per Genova, a sud per Civitavecchia e Roma. Arrivando dalle regioni centrali lungo la A1, da Firenze si raggiunge Livorno con la A11. Dal versante adriatico si può seguire il tragitto Cesena-Sansepolcro-Arezzo-Siena-Grosseto oppure, per chi proviene da Fano, Ancona o Civitanova Marche, il percorso Foligno-Perugia-Trasimeno-Siena-Grosseto.

Panorama su Marciana Marina dal Monte Capanne

fortificato di **Poggio**, circondato da boschi di castagni e querce sulle pendici del Monte Capanne, la cima più elevata dell'isola. Da qui si possono compiere alcune passeggiate, ma gli spazi di sosta libera sono scarsi ed è preferibile spostarsi a **Marciana**, dove si trovano possibilità di sosta lungo la circonvallazione ai piedi del paese. Si tratta di uno degli insediamenti più antichi dell'Elba, che conserva il suo aspetto medievale con stretti vicoli e stradine lastricate in pietra elbana, piccole piazze e portali di granito.

Da Marciana un itinerario escursionistico di grande interesse porta al **santuario della Madonna del Monte** (627 m), seguendo una Via Crucis con quattordici piccole cappelle. Il percorso si sviluppa nella parte iniziale lungo il sentiero CAI numero 3 fino a un piazzale con tavoli e panchine, dal quale procedere lungo la ripida salita proprio di fronte. Si cammina lungo la via sacra fino al santuario, circondato da castagni secolari: è il più antico dell'Elba, ricco di riferimenti storici ai personaggi che lo hanno frequentato (tra cui Napoleone, che qui si incontrava segretamente con una sua amante polacca, come ricorda una lapide sul muro del romitorio). La facciata della chiesa, del XVI secolo, presenta un portale che si apre su un'esedra ornata da una fontana, mentre l'interno a tre navate conserva al di sopra dell'altare un dipinto su pietra della Vergine, circondata da angeli che suonano strumenti musicali.

L'altra escursione da non mancare è quella alla vetta del **Monte Capanne**, che domina l'entroterra occidentale. Da Marciana si può scegliere se raggiungere la cima in cabinovia o attraverso il sentiero che ha inizio al termine meridionale del paese. Se la giornata è limpida, dalla vetta si riconoscono all'orizzonte la sagoma di Pianosa, quella di Montecristo e, a distanza, il lungo profilo della Corsica, insieme ad altre isole dell'arcipelago. Per la discesa è possibile seguire il segnavia numero 1 per tornare a Marciana o il 2 per Poggio. Nella prima parte, il sentiero si snoda fra ripide pareti costituite da frane di grossi lastroni di granito, quindi scende fino al bivio per Marciana e al successivo

La spiaggia di Fetovaia, una delle più apprezzate della costa meridionale

La chiesa di S. Nicolò a Sant'Ilario, frazione di Campo

incrocio, dove si svolta a sinistra per il sentiero numero 6, lungo il quale si incontra l'**eremo di Cerbone**, eretto dai Benedettini nel 1421 presso la grotta in cui, nel 573, si rifugiò il vescovo di Populonia per sfuggire alla persecuzione dei longobardi. Tornati all'ultimo bivio, si prende a sinistra facendo ritorno al parcheggio della cabinovia.

Ripresa la marcia sulla provinciale, all'altezza del piccolo abitato di Zanca si incontra la breve deviazione per il villaggio di **Sant'Andrea**, che dispone di un arenile sabbioso non molto ampio ma servito da un parcheggio (a pagamento). Percorrendo un facile sentiero si può arrivare all'incantevole spiaggia del Cotoncello.

La strada principale scorre a media quota lungo la costa occidentale dell'Elba, attraversando i centri rivieraschi di Chiessi e Pomonte: dopo quest'ultimo ci si affaccia sul versante meridionale, con le spiagge di Fetovaia, Seccheto e Cavoli. Va sottolineato che questa parte dell'isola è priva di campeggi e, quasi ovunque, vigono durante l'estate divieti di circolazione e sosta nei punti nevralgici quali parcheggi e discese a mare.

Per ritrovare le strutture ricettive è necessario portarsi a Marina di Campo che, insieme a Sant'Ilario in Campo e a San Piero in Campo (altri due piccoli belvedere sui paesaggi isolani), forma il comune di **Campo nell'Elba**. Sant'Ilario è un minuscolo borgo di montagna che ha mantenuto l'aspetto medievale, con la piazza su cui sorgono la chiesa di S. Francesco e il campanile ricavato da una torre d'avvistamento pisana. San Piero conserva le mura della fortezza di Facciatoia – anch'essa edificata sotto il dominio pisano – che incorpora la chiesa di S. Nicolò, costruita tra le rovine di un tempio romano. Dal paese un'altra passeggiata porta a un vecchio mulino ad acqua e ad alcune antiche cave di granito: dal campo sportivo, nella parte alta dell'abitato, si imbocca il sentiero 35 (che più avanti cambia numero ma continua senza interruzioni). Se si prosegue sul sentiero 34 si arriva alla pieve di S. Giovanni, facendo ritorno in paese con il 7A.

La semidiruta pieve di S. Giovanni

Da Marina di Campo si superano il golfo di Lacona e quello della Stella (dove si trovano altre spiagge e campeggi), per portarsi a **Capoliveri**. Evidente la posizione strategica dell'abitato, che controlla il mare da più direzioni: nato come fortezza etrusca, è oggi un centro turistico di rilievo, specialmente nei mesi estivi, quando i negozi di artigianato, le enoteche, i ristoranti e i locali animano la vita notturna. Da visitare sono la pieve di S. Ilario dell'XI secolo, la fortezza medicea, la chiesa rinascimentale di S. Maria della Pietà (risalente alla fine del '400), il santuario della Madonna delle Grazie in posizione dominante sul golfo e il forte Focardo, costruito a picco sul mare nel XVII secolo per volontà del re di Spagna sotto il governatorato di Ferdinando Foxardo. Da qui la più classica delle escursioni a piedi o in bicicletta porta al **Monte Calamita** – una collina alta 413 metri – e alla località Miniera. L'itinerario (percorribile anche sulla rotabile con veicoli di consistenti dimensioni) inizia a sud del paese, a monte dell'ufficio postale, e si snoda seguendo una serie di rientranze naturali a circa 200 metri sul livello del mare. Superata la piazzola panoramica sopra la Cala dell'Innamorata si trova una prima deviazione sulla sinistra per il monte, ma è preferibile continuare per circa tre chilometri fino alla miniera, dove osservare i resti di uno dei più importanti scavi a cielo

ITINERARI DEL GUSTO

Fin dai tempi dei romani l'isola d'Elba è famosa per i suoi vini, che oltre alla Doc omonima comprende il Procanico e il Sangioveto, insieme a vini da dessert come il Moscato, l'Aleatico e l'Ansonica passito. Questi nettari di pregio accompagnano una cucina di impronta marinara e agricola: sulla costa primeggiano il pesce di scoglio, i molluschi e i crostacei (in primavera si trovano anche le aragoste, specialmente nella zona di Marina di Campo), mentre le località dell'interno propongono piatti a base di legumi e prodotti della panificazione salati e dolci, come il *corollo*, la *schiacciunta*, le focaccine di fichi e la schiaccia bianca, a base di pasta non lievitata. Assai sviluppate anche l'olivicoltura, la castanicoltura e l'apicoltura, con risultati di qualità dovuti anche al clima favorevole.

In kayak verso Porto Azzurro

Spazio per il picnic all'ombra di un castagno

aperto dell'isola. Da qui si torna sui propri passi per salire al Calamita dalla strada già incontrata, oppure si raggiunge il villaggio Costa dei Gabbiani (una tenuta costiera formata da 450 ettari di bosco e attrezzata per soggiorni residenziali), da cui si imbocca una deviazione per il monte. La costa in questo punto è così selvaggia da ospitare una delle più grandi colonie europee di gabbiani reali.

Porto Azzurro, che si affaccia sul mare di fronte al promontorio grossetano di Punta Ala, è uno degli approdi marittimi e turistici più rinomati dell'isola, capace di richiamare ogni anno migliaia di visitatori. Facendo base in uno dei campeggi della località Barbarossa, ci si può rilassare sull'omonima spiaggia di ghiaia fine e scura. A piedi si può raggiungere il **santuario della Madonna del Monserrato** o seguire la passeggiata a mare che arriva in paese aggirando il promontorio e il forte di S. Giacomo, enorme costruzione seicen-

AREE DI SOSTA

Fuori stagione è più facile trovare l'opportunità di sostare liberamente in camper, mentre in piena estate è necessario fare attenzione ai divieti di sosta e di circolazione presenti quasi ovunque. Il consiglio è far base in uno dei numerosi campeggi o in un'area attrezzata, da cui raggiungere i punti di partenza delle escursioni con gli autobus pubblici: frequenti anche nei giorni festivi, collegano tutti i centri abitati e i viaggi sono di breve durata, visto il modesto sviluppo del percorso (orari e informazioni si possono richiedere alla CTT NORD Livorno, tel. 050 884000, www.livorno.cttnord.it).

CAPOLIVERI • **Area attrezzata** in località Ferrato nella pineta, a 100 metri dalla spiaggia, tel. 0565 968527 o 340 3221831 (aperta da aprile a ottobre, prenotazione gradita).

CAVO • **Area attrezzata** in località San Bennato, tel. 0565 949724 o 333 4708729 (aperta da maggio a settembre, possibilità di scuola di vela, immersioni ed escursioni).

LACONA • **Agricampeggio** presso l'agriturismo Orti di Mare, via dei Vigneti 522, tel. 0565 964436 o 331 5867805, (annuale).

PIOMBINO • **Area attrezzata** all'interno del parcheggio di via della Pace, con impianto Camper WC Wash; un altro pozzetto di scarico si trova presso l'imbarco della Compagnia Sarda di Navigazione.

PORTO AZZURRO • **Punto sosta** in località Bocchetto, verso Rio Marina, nei pressi del cimitero.

RIOTORTO • **Agricampeggio** Isolotto, località Mortelliccio 7, tel. 0565 252118 o 340 3362451, www.agriturismoisolotto.it (annuale). • **Area attrezzata** a pagamento in località Mortelliccio 4, Riotorto Vignale, tel. 0565 20187, www.camperoasi.com.

tesca dalla caratteristica pianta a stella, eretta per ordine del sovrano spagnolo Filippo III sul modello della cittadella militare di Anversa e sede dal 1890 del noto istituto penale.

In tutta la parte orientale dell'isola è molto salda la tradizione estrattiva, illustrata nel museo archeologico del Distretto Minerario di **Rio nell'Elba**, che si completa con il museo dei Minerali e il Parco minerario nella frazione litoranea. Il nome del paese è forse dovuto all'abbondanza di sorgenti, come fanno pensare le molte fontane presenti e alcuni lavatoi pubblici. Il parcheggio nei pressi del cimitero è indicato per il pernottamento e come base per affrontare le escursioni che concluderanno il soggiorno. Il punto di partenza è dalla piazza centrale, imboccando la via principale che dopo un breve tratto di andamento pianeggiante sale ripida fino al termine dell'abitato. Continuando, si arriva all'incrocio con la strada per Portoferraio dove si apre uno dei panorami più belli dell'isola, con il **castello del Volterraio** aggrappato alla roccia. Spostandosi di poco sulla carrareccia che sale a Cima del Monte si domina tutta la rada di Portoferraio: il tragitto coincide con la Grande Traversata Elbana (GTE), che parte da Cavo all'estrema punta nordorientale dell'isola e la percorre per intero fino a Pomonte. Il sentiero indicato dal segnavia 62 porta al **Monte Capannello**, altro eccezionale punto di osservazione sul mare da ambo i lati, con vista sull'insenatura di Bagnaia e sulla più lontana Portoferraio a ovest, e su Rio Marina a est. Dopo il Capannello si può prendere il sentiero 53 che ridiscende a Rio, oppure proseguire oltre il **Monte Strega** fino a quando il sentiero sbuca sulla strada che conduce a Nisporto, proprio nel punto in cui inizia la discesa. Imboccata quest'ultima, dopo qualche tornante si trova la deviazione verso l'eremo di S. Caterina e l'Orto dei Semplici Elbano. Tornati al bivio, si continua a scendere fino al parcheggio di Rio e da qui si chiude l'anello a Portoferraio per l'imbarco e il rientro.

I ruderi del castello del Volterraio

Antico lavatoio pubblico a Rio nell'Elba

IL CASENTINO

Tutelate da un parco nazionale tra i più fruibili dell'Appennino, le Foreste Casentinesi coprono un ampio territorio a cavallo tra la provincia di Arezzo e quella di Forlì-Cesena, in Romagna. Oltre agli eremi di Camaldoli e della Verna, mete assai frequentate lungo gli itinerari della fede, sul versante toscano si allineano tre località di grande interesse, lambite dall'Arno che nasce sulle pendici del vicino Monte Falterona. **Stia**, la più settentrionale, è conosciuta soprattutto per la tradizione del panno casentino, le cui origini sono documentate dal XIV secolo e che viene ancora oggi utilizzato per la confezione di pregiati cappotti e altri capi di abbigliamento. A poca distanza dal borgo sorge la millenaria **torre di Porciano**, menzionata anche da Dante, perfettamente restaurata e resa di nuovo abitabile nella seconda metà del '900.

In pochi chilometri si arriva a **Pratovecchio**, con le stradine lastricate che convergono sull'armoniosa piazza centrale dedicata al pittore Paolo Uccello. Circondati dal verde, il castello e la **pieve di Romena** costituiscono il più rilevante esempio di architettura del medioevo in questo territorio.

All'incrocio delle strade che conducono a Firenze e al versante romagnolo, la tappa conclusiva è **Poppi**, altro borgo di grande suggestione dominato dal castello dei conti Guidi, a lungo signori di queste terre. L'edificio, costruito nel XIII secolo, ospita la biblioteca Rilliana e una cappella affrescata da Taddeo Gaddi, allievo di Giotto.

Oltre alla cultura e alle opportunità di escursioni nel selvaggio ambiente boschivo, si apprezzeranno i sapori del territorio che comprendono specialità casearie e di salumeria, funghi, castagne, miele e le gustose patate rosse di Cetica, un prodotto di nicchia assai ricercato dai buongustai.

L'antica torre di Porciano

PERCORSO DI AVVICINAMENTO

Dal versante tirrenico settentrionale l'accesso diretto al Casentino toscano è l'uscita della A1 Firenze Sud, proseguendo per Bagno a Ripoli, Pontassieve, il Passo della Consuma e Poppi. Arrivando invece da sud si lascia l'autostrada ad Arezzo e si continua per Subbiano e Bibbiena. Dal versante adriatico si può seguire la E45 Cesena-Roma fino a Bagno di Romagna, da dove si segue la strada regionale del Passo dei Mandrioli.

AREE DI SOSTA

Tutte le località dell'itinerario sono dotate di un approdo comunale: a **Stia** l'area attrezzata nel parco del Canto alla Rana, sulla SP556 per Londa; a **Pratovecchio** l'area attrezzata di via Uffenheim, presso lo stadio e il ponte sull'Arno; a **Poppi** il punto sosta presso il parcheggio gratuito Crocina.

MARCHE

Dalla costa alle terre del Verdicchio

Le Marche sono una regione molto accogliente per chi viaggia con il veicolo ricreazionale: grazie alla sensibilità degli amministratori locali, è stata elaborata una gestione del territorio che attribuisce un ruolo di primo piano al turismo itinerante. Partendo dal presupposto che l'ospite debba essere accolto favorendone il rapporto con i luoghi, nel corso degli anni si è strutturata una rete di aree di sosta ben dislocate e intelligentemente organizzate per una frequentazione armonica dell'ambiente naturale e dei contesti urbani vissuti nelle varie stagioni.
Il territorio offre inoltre numerose situazioni di sosta libera che fanno affidamento sulla correttezza dell'utente, e che proprio per questo vanno fruite con rispettosa attenzione. Questi fattori, uniti al crescente sviluppo delle attività sportive all'aria aperta, hanno contribuito a un'equilibrata distribuzione dei flussi turistici, soprattutto nell'interno, a beneficio della conservazione dei paesaggi e delle espressioni tradizionali, non ultime quelle dell'enogastronomia.

Quando andare

Per le medie e basse quote ogni stagione dell'anno è indicata, sia per il clima favorevole sia per la varietà delle occasioni. Nei mesi estivi, inoltre, la rapidità di spostamento fra costa ed entroterra invita ad alternare i soggiorni balneari all'esplorazione delle aree interne. Nella fascia montana non mancano località turistiche attrezzate anche per la frequentazione invernale, ma l'estate rimane il periodo privilegiato per il turismo in chiave escursionistica.

I pregiati tartufi di Acqualagna

Il duomo di Urbino

Gli itinerari

La prima proposta prende le mosse da Fano, accogliente città della costa, per proseguire verso l'interno attraverso la spettacolare Gola del Furlo e giungere fino a Urbino. Dal mare alle colline per scoprire gli incantevoli paesi, le bellezze naturali e i diversi e genuini sapori di questa regione.

Il secondo itinerario è un godibile percorso che inizia e si conclude in due località di spicco quali Fabriano e Jesi. Alle valenze artistiche dei borghi lungo il tragitto si uniscono quelle ambientali, con l'eccellenza rappresentata dalla Gola della Rossa e dalle Grotte di Frasassi.

La terza proposta, dedicata a Loreto e a Recanati, torna verso il mare con due motivi conduttori: quello degli itinerari religiosi e quello letterario ispirato alla figura di Giacomo Leopardi.

FANO, URBINO E LA GOLA DEL FURLO

L'arco di Augusto segna l'ingresso in città, e da qui in avanti **Fano** è tutta una scoperta. Le vicine logge di S. Michele furono realizzate nel Rinascimento utilizzando proprio il travertino rimosso dalla volta mentre la cattedrale, mutilata del suo campanile nel 1944 dalle truppe tedesche in ritirata, annuncia il centro.

Su piazza XX Settembre si affaccia l'imponente mole del palazzo della Ragione, che conserva sulla facciata tre statue di terracotta dei protettori della città ed è tutt'uno con la Corte Malatestiana. Fu proprio durante la signoria dei Malatesta che la città crebbe, grazie soprattutto al commercio e al porto; alcune tombe della potente famiglia sono conservate nei ruderi della vicina chiesa di S. Francesco. In alto, sulle prime colline affacciate sull'Adriatico, il convento camaldolese di Monte Giove si sviluppa attorno alla chiesa settecentesca di S. Salvatore, e la sua terrazza offre uno splendido panorama verso il mare. Il monastero, oggi abitato da sette monaci, ha una farmacia assai fornita che propone in vendita prodotti naturali realizzati da diversi conventi dell'ordine.

Dalla cittadina l'itinerario prosegue nell'entroterra risalendo la Valle del Metauro fino a **Fossombrone**. Disposta su tre piani distinti, corrispondenti alle diverse epoche di sviluppo, l'antica cittadina merita una visita per le pregevoli testimonianze del suo passato riscontrabili nelle chiese, nella cattedrale e nei ruderi del castello Malatestiano. La località è la porta di accesso settentrionale alla **Gola del Furlo**, scavata dal fiume Candigliano che qui confluisce nel Metauro. La maggior parte dei visitatori concentra l'attenzione sul *forulus*, la galleria voluta

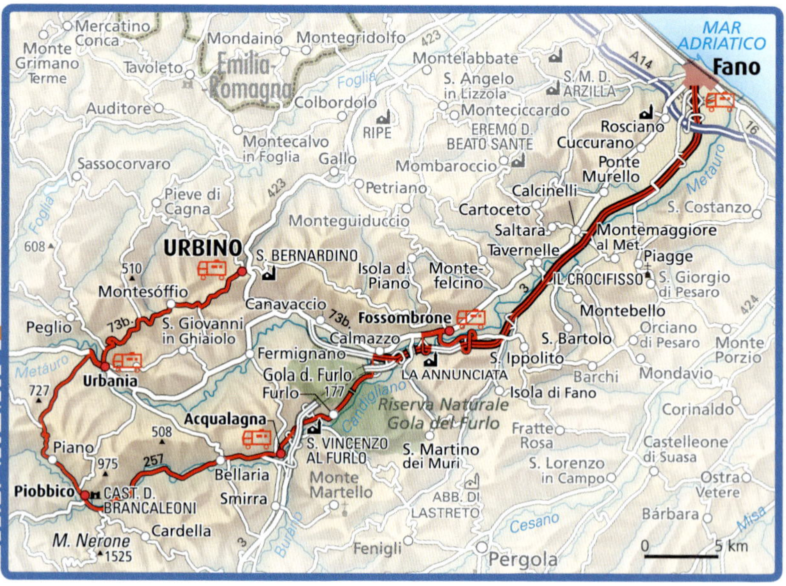

L'uscita della galleria nella Gola del Furlo

da Vespasiano per consentire il transito di carri di grandi dimensioni e macchine da guerra. Il tunnel, una delle più ardite operazioni d'ingegneria stradale della storia, fu completato in soli cinque anni fra il 73 e il 77 d.C. scavando la roccia a colpi di scalpello (i segni sono ben visibili): lungo 38 metri per 5,5 di larghezza e 6 di altezza, è ancora oggi percorribile. L'intera area è tutelata da una riserva naturale e offre itinerari escursionistici dove si può osservare l'aquila reale nel periodo della nidificazione.
La tappa successiva è **Acqualagna**, che conserva nel centro le chiese di S. Lucia, di S. Vincenzo, di S. Paterniano, della SS. Annunziata e del SS. Sacramento. L'indiscusso re del territorio è il tartufo bianco, protagonista di un'importante fiera annuale che si svolge tra la fine di ottobre e gli inizi di novembre: una ghiotta occasione per scoprire l'enogastronomia locale e per apprezzare l'ospitalità riservata ai turisti itineranti.

Prima di proseguire alla volta di Urbania vale la pena di deviare verso l'interessante borgo di **Piobbico**, noto per il suggestivo castello Brancaleoni, costruito nel XIV secolo sui resti di una rocca del '200. È opportuno prendere parte a una visita guidata (per prenotazioni: tel. 333 3886193, visit@castellobrancaleoni.it) per apprezzare le esposizioni custodite all'interno di queste mura: da quella dedicata agli antichi mestieri a quella delle ceramiche passando per le collezioni di numismatica e di reperti archeologici; nei sotterranei, dedicati alla speleologia e ai fossili, si trovano resti di *Ursus spelæus*, il gigantesco orso delle caverne, ricostruito con le ossa trovate nella Grotta del Nerone.

Urbania è invece famosa per il cimitero delle mummie nella chiesa dei Morti: diciotto cadaveri mummificati che raccontano storie a volte terribili a volte commoventi, come quella del giovane accoltellato a una festa, o della donna morta di parto. I corpi si sono conservati

PERCORSO DI AVVICINAMENTO

Da nord tramite l'A1, o in alternativa l'A13 se si è più a est, si arriva a Bologna, dove si prosegue per l'A14 in direzione della costa. Superata la Riviera romagnola, si entra nelle Marche all'altezza di Pesaro, immediatamente a sud della quale si esce al casello autostradale di Fano. Provenendo da sud le direttrici sono la Roma-Pescara (A24) in direzione Teramo per poi prendere, all'altezza di Giulianova, l'A14 e proseguire verso nord, oppure accedere direttamente al tratto meridionale dell'A14, che collega con Bologna.

Le mummie nella chiesa dei Morti di Urbania

grazie a una particolare muffa presente nel luogo di sepoltura, che li ha disidratati permettendo ai tessuti di essiccarsi senza decomporsi. Lasciata la chiesa, si può andare alla scoperta di Casteldurante: questo era il nome della cittadina dal 1284 al 1636, quando papa Urbano VIII onorò il borgo con la qualifica di Comune, che da allora prese il nome di Urbania. Il grande fermento artistico rinascimentale è testimoniato dalle maioliche esposte nel museo civico e in quello diocesano, di fattura così raffinata da essere richieste per esposizioni in varie gallerie del mondo. Fuori dalle mura di Urbania il ponte dei Cocci deve il suo nome all'usanza di mettere ad asciugare sulle sue spallette le ceramiche che, talvolta spinte dal vento, cadevano nelle acque del Metauro. L'altro ponte, detto del Riscatto, è altrettanto interessante per la bella vista sul Palazzo Ducale e sui resti ricostruiti del Tempio del Bramante, distrutto durante la seconda guerra mondiale. Il nome si deve al fatto che i viandanti lasciavano del denaro alla Madonna effigiata all'interno del tempio per pagare il riscatto dei cristiani prigionieri in Terrasanta. Entrando nel centro storico colpiscono invece i numerosi portici, che hanno spinto alcuni abitanti a chiamare la zona "Piccola Bologna". Fra gli appuntamenti notevoli si segnala la Festa nazionale della Befana, che si svolge ogni anno nei giorni dell'Epifania, con un'accoglienza particolare riservata ai visitatori in camper (www.festadellabefana.com).

Città natale di Raffaello Sanzio e inserita nel Patrimonio dell'Umanità Unesco, **Urbino** vanta uno dei centri storici più pregevoli d'Italia, racchiuso dalle spettacolari mura che furono più volte abbattute e ricostruite. Le quattro porte d'accesso offrono scorci diversi della cittadina medievale: entrando da quella

Il Palazzo Ducale di Urbino

settentrionale, Santa Lucia, si percorre via Bramante, su cui si affacciano la chiesetta di S. Spirito e l'orto botanico, il cui monumentale ingresso e la successiva scalinata conducono all'esposizione delle piante provenienti da tutto il mondo. Incrociando via Raffaello, si giunge in prossimità della casa natale del pittore, oggi adibita a museo. Attraverso la stretta via Vittorio Veneto, oltrepassato il Palazzo Comunale, si arriva nel cuore della città. Qui si incontrano il duomo, il cui aspetto odierno risale alla fine del '700 (ma il primo edificio fu consacrato nell'XI secolo), e una delle più importanti realizzazioni architettoniche del Rinascimento, il Palazzo Ducale, il cui cortile porticato e la cui facciata sono noti in tutto il mondo. L'esplorazione dell'interno richiede una buona guida, utile anche per la visita alle sale, in cui è ospitata la galleria nazionale delle Marche con il museo archeologico Urbinate. Interessante anche il museo della Città, a pochi passi dal duomo, dove si raccontano le vicende storiche che nel tempo hanno caratterizzato e modificato la città, nell'arte non meno che nella tecnologia. Prima di lasciare Urbino è da non perdere una passeggiata fino alla fortezza Albornoz, all'interno del parco della Resistenza: costruita nel XIV secolo, è un bell'esempio di ingegneria militare da dove si gode una veduta superba sulla città e sul paesaggio circostante.

ITINERARI DEL GUSTO

Dalle specialità dell'Adriatico ai sapori dell'entroterra, non c'è che l'imbarazzo della scelta di fronte alla vasta offerta dei prodotti tipici del territorio. Allo squisito brodetto della costa – tradizionalmente realizzato con almeno dieci diversi tipi di pesce – spetta il compito di dare il benvenuto al visitatore, che poi sarà accompagnato lungo il percorso dagli aromi dei gustosi formaggi (famosa la Casciotta di Urbino Dop) e dal profumo della star locale, il tartufo bianco di Acqualagna. Ci sono poi i salumi, avvolti nella cera d'api o conservati sotto la cenere, da consumare con una tradizionale piada o una crescia dei forni locali in compagnia di un calice di vino delle colline del Montefeltro. Per un pasto più sostanzioso c'è la squisita trippa marchigiana, piatto di origine povera diventato un'icona della cucina regionale.

AREE DI SOSTA

ACQUALAGNA • **Area attrezzata** in via Pianacce 1 SS3, località Furlo, presso il Parco Le Querce, tel. 366 4198321, info@parcodelfurlo.it.

FANO • **Area attrezzata** in viale Kennedy (zona del cimitero). • **Area attrezzata** campo Nunzia SS16 257/a, località Metaurilia, tel. 392 7817468, www.camponunzia.it, impianto Camper WC Wash • **Camping** Il Gabbiano, tel. 0721 960942, www.campingdelgabbiano.it

FOSSOMBRONE • **Area attrezzata** in via Morandi, località Mosse.

URBANIA • **Area attrezzata** in piazzale delle Poste, a 300 m dal centro. • **Area attrezzata** dietro il complesso monumentale del Barco. • **Punto sosta** per 4 veicoli presso agriturismo Orsaiola, via Orsaiola 36, località Ca' Sanchio, tel. 0722 318988 o 339 2230049, www.orsaiola.it, info@orsaiola.it.

URBINO • **Area attrezzata** in via Neruda, presso il bocciodromo. • **Punto sosta** per 6 veicoli presso agriturismo La Corte della Miniera, via Miniera 10, località Miniera, Santa Barbara in Campitelli, tel. 0722 345322, www.cortedellaminiera.it, info@cortedellaminiera.it.

FABRIANO, JESI E LA VALLE DELL'ESINO

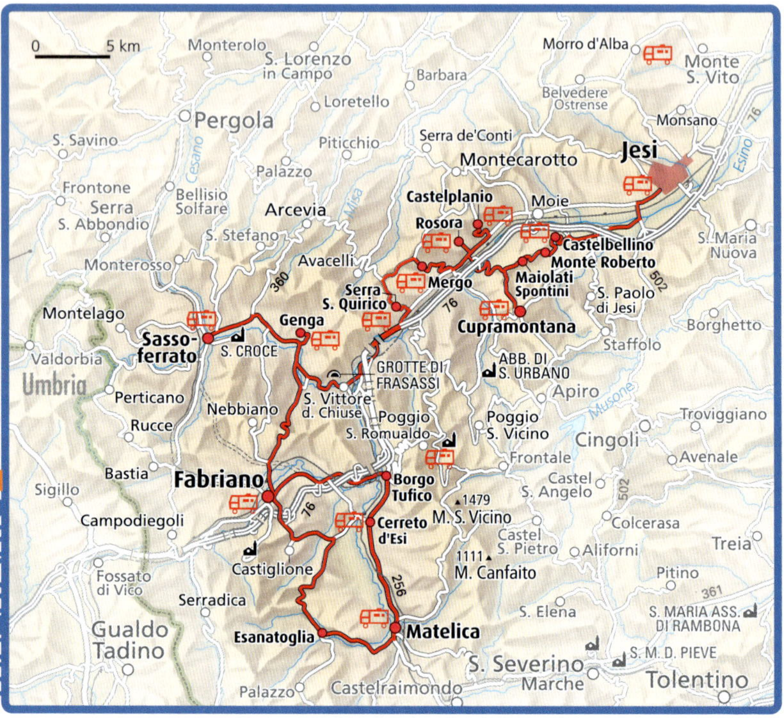

ITINERARIO2

La statale 76 Vallesina, che dall'Adriatico si addentra verso i colli per congiungersi alla via Flaminia, ricalca una delle vie di comunicazione che fin dall'antichità servivano la parte centrale della penisola. Come spesso accade per i collegamenti che si sviluppano fra il mare e l'entroterra seguendo un corso d'acqua, si tratta di un itinerario che ha visto più volte riattualizzarsi la sua funzione di asse commerciale e culturale e, ancora oggi, conserva tutta la sua validità come filo conduttore di una piacevole esplorazione nell'ottica del turismo creativo e indipendente. Si tratta di una zona che nel raggio di qualche decina di chilometri offre ai veicoli ricreazionali numerose opportunità di sosta, agevolando così l'organizzazione della vacanza itinerante.

La Gola della Rossa e la vecchia strada che la percorre

Palazzo del Podestà e fontana Sturinalto a Fabriano

Anello di congiunzione tra l'Umbria e la valle dell'Esino, **Fabriano** è un ottimo punto di partenza sia per le indubbie valenze artistiche e architettoniche, sia per la valida area attrezzata di cui dispone. Qui ebbe i natali Gentile da Fabriano, che negli anni a cavallo tra il XIV e il XV secolo fu uno dei principali esponenti della pittura gotica internazionale; all'epoca la città era già nota per le sue cartiere, la più antica delle quali risalente al XIII secolo. Le vicende di questa tradizione artigianale e poi industriale sono ben documentate nel museo della Carta e della Filigrana, presso l'ex complesso conventuale di S. Domenico (aperto dal martedì alla domenica). Centro della vita cittadina è la piazza del Comune, con il palazzo del Podestà in pietra bianca e l'elegante fontana Sturinalto, entrambi del XIII secolo. Tra gli edifici più importanti si segnalano alcune chiese con preziosi affreschi rinascimentali, l'oratorio del Gonfalone (il cui semplice esterno non lascia intuire la ricchezza decorativa del soffitto a cassettoni), il loggiato di S. Francesco e l'ex ospedale di S. Maria del Buon Gesù, che ospita la pinacoteca civica, intitolata allo storico dell'arte Bruno Molajoli, fabrianese di nascita.

L'incontro con il corso dell'Esino avviene pochi chilometri più avanti sulla SS76. A **Borgo Tufico**, la romana *Tuficum*, dove il fiume riceve le acque del torrente Giano, si devia sulla SP256 risalendo in direzione delle sorgenti. Dopo qualche rettilineo appare **Cerreto d'Esi**, dal suggestivo impianto medievale su cui spicca un torrione cilindrico lievemente inclinato, detto di Belisario. Un ampio parcheggio ai piedi delle mura permette di sostare per il tempo necessario alla visita, che tocca Porta Giustiniana, la collegiata e il piccolo museo Antica Farmacia Giuli: nel retro di una bottega oggi dismessa, ma della quale si possono tuttora osservare alcuni arredi originari, è esposta una raccolta di otto pregevoli opere di artisti locali, realizzate fra il XV e il XVIII secolo.

PERCORSO DI AVVICINAMENTO

Arrivando da nord o dal versante adriatico, la valle dell'Esino si imbocca dall'uscita di Ancona Nord della A14, continuando sulla SS76 per Jesi e Fabriano (in senso opposto a quello descritto nell'itinerario). In alternativa, scendendo da Firenze verso Roma lungo la A1, poco dopo Val di Chiana si imbocca il raccordo per Perugia e, superato il capoluogo umbro, si prosegue per Foligno; qui si svolta sulla SS3 Flaminia in direzione Ancona-Fano e dopo circa 50 km, poco prima della località Osteria del Gatto, si devia sulla SS76 per Fabriano, Jesi e Ancona (fare attenzione al bivio, specialmente nelle ore di buio, poiché le segnalazioni non sono molto numerose).
Da Roma e dal versante tirrenico meridionale si segue la A1 fino al casello di Orte, dove si continua per Terni, Spoleto, Foligno, la SS3 e la SS76 come descritto sopra.

L'elegante campanile nel centro di Serra San Quirico

Entrando in provincia di Macerata si raggiunge **Matelica**. Il consistente patrimonio artistico del paese include il museo archeologico, che conserva reperti dal Paleolitico all'Età del Bronzo e testimonianze della romana *Matilica*, e il museo Piersanti, con opere del '400 di scuola veneto-marchigiana e oggetti sacri. Una passeggiata nel centro storico permetterà di scoprire i palazzi intorno a piazza Mattei, con la fontana ottagonale in pietra bianca e alcune chiese, fra cui S. Maria Maddalena e S. Francesco.

L'Esino inizia la sua corsa a 1.275 metri di quota, alle pendici del Monte Cafaggio presso il pittoresco borgo di **Esanatoglia**, sul quale si levano ben sette campanili. L'antica *Aesa*, fondata probabilmente intorno al I secolo a.C., è oggi articolata con un centro storico di origine medievale e una parte più recente, dove cercare parcheggio per dedicarsi all'escursione nella Valle di San Pietro fino alle sorgenti del fiume, in un selvaggio ambiente boschivo che, soprattutto in primavera, offre abbondanti fioriture selvatiche.
Ripreso il camper e tornati all'incrocio di Borgo Tufico, si prosegue lungo la Vallesina incontrando presto la meta successiva: il **parco regionale della Gola della Rossa e di Frasassi** che alla facilità di sosta per i veicoli ricreazionali unisce alcune eccellenze dell'arte marchigiana e numerose opportunità di passeggiate a piedi e in mountain bike. Utile base logistica è il parcheggio attrezzato di **San Vittore delle Chiuse**, adiacente alla stazione ferroviaria e punto di partenza per visitare le famosissime **Grotte di Frasassi** (aperte tutti i giorni con numerose visite scaglionate nell'arco dell'intera giornata). I camper possono sostare anche nel parcheggio della biglietteria del complesso sotterraneo, piuttosto affollato nei giorni festivi.
La **Gola della Rossa**, incisa nella roccia dal torrente Sentino, è un piccolo capolavoro della natura da cui ci si può muovere per esplorare altri siti d'interesse come il Vernino, l'oasi di Valle Scapuccia e la grotta del santuario che contiene l'ottagonale basilica del Valadier. In questa zona il vero gioiello dell'architettura sacra è la romanica **abbazia di S. Vittore delle Chiuse**, risalente alla fine del X secolo, il cui interno di sobria semplicità è immerso in una mistica atmosfera.

Scorcio dell'abbazia di S. Vittore delle Chiuse

AREE DI SOSTA

L'abbondanza di strutture ricettive per i veicoli ricreazionali in questa parte delle Marche rende l'itinerario particolarmente indicato per le prime esperienze: Comuni e piccoli imprenditori dell'agricoltura hanno creato una rete di accoglienza che, per distribuzione e qualità dei servizi, è senz'altro fra le migliori d'Italia.

CASTELBELLINO • **Area attrezzata** zona campo sportivo.

CASTELPLANIO • **Area attrezzata** presso l'agriturismo Sant'Anna, via Sant'Anna 10, tel. 368 637256 o 0731 814104, www.agrituristsantanna.com (annuale).

CERRETO D'ESI • **Area attrezzata** in via Dante, con impianto Camper WC Wash.

CUPRAMONTANA • **Area attrezzata** in via Badia Colli.

FABRIANO • **Area attrezzata** a pagamento in via Bruno Buozzi (piazzale dello stadio), con impianto Camper WC Wash, info@fabrianoturismo.it.

GENGA • **Area attrezzata** a pagamento nelle ore diurne in località La Cuna, presso la biglietteria delle Grotte di Frasassi.

JESI • **Area attrezzata** in via Zannoni, con ascensore per il centro.

MATELICA • **Area attrezzata** in piazzale El Alamein, zona stadio, con impianto Camper WC Wash. • **Area attrezzata** presso l'azienda agricola Cerque Granni, Vocabolo Terricoli 253, tel. 0737 86437 o 328 8180504 (aperta dal 1° aprile al 31 ottobre). • **Punto sosta** presso la cooperativa Apicoltori Montani, località Salomone 437, tel. 339 2357888, www.cooperativaapicoltorimontani.it.

MERGO • **Area attrezzata** gratuita in via Colli, con spazio per tende, tel. 0731 814820.

MORRO D'ALBA • **Area attrezzata** gratuita in via degli Orti (ritirare la chiave in piazza presso il bar del Circolo Morrese, tel. 0731 63010).

POGGIO SAN ROMUALDO • **Area attrezzata** gratuita su prato all'inizio del paese sulla destra (uso sconsigliato nei mesi invernali).

ROSORA • **Area attrezzata** presso il campo sportivo. • **Area attrezzata** presso l'agriturismo Croce del Moro, via Tassanare 5, tel. 0731 812112 o 338 9379761, www.crocedelmoro.it (aperta dal 1° febbraio al 31 ottobre).

SASSOFERRATO • **Area attrezzata** in piazza Dante, con impianto Camper WC Wash.

SERRA SAN QUIRICO • **Area attrezzata** in via Sant'Elena, dotata di impianto Camper WC Wash.

Qualche chilometro più avanti si fa notare per la posizione panoramica sulla cima di una piccola altura, il borgo di **Genga** (una delle Bandiere arancioni marchigiane), con un piacevole nucleo medievale.
Volendo dedicare ancora tempo alla zona, vale la pena di continuare fino a **Sassoferrato**, che dista meno di 10 chilometri. In questa graziosa e animata cittadina, per lungo tempo difesa dalla massiccia rocca trecentesca voluta dal cardinale Albornoz (oggi sede di manifestazioni culturali), si possono visitare i musei d'arte, di Tradizioni popolari, l'area archeologica della romana *Sentinum* e un'interessante esposizione dedicata alle miniere di zolfo di Cabernardi, che ebbero grande rilievo nell'economia locale dalla fine dell'800 alla seconda metà del '900.
La statale 76 conduce in breve a **Serra San Quirico** (Bandiera arancione del Touring Club Italiano), che domina la sponda settentrionale del fiume: la parte più antica dell'abitato è caratterizzata da passaggi porticati detti *copertelle*, preludio a un nucleo forti-

ficato ricco di interessanti edifici civili e religiosi. All'uscita della superstrada, un'area attrezzata con servizi per i camper, tavoli e barbecue costituisce un ottimo appoggio per la visita della Gola della Rossa (accessibile a piedi o in bicicletta da una vicina cava).

Da questo punto è preferibile lasciare il nuovo asse stradale e proseguire lungo la vecchia nazionale, che corre quasi parallela e permette brevi deviazioni per visitare alcuni nuclei fortificati. Siamo ai margini dei cosiddetti Castelli di Jesi, zona di produzione di una delle più rinomate qualità di Verdicchio.

Molti paesi della sponda settentrionale dell'Esino mostrano infatti un impianto in cui le abitazioni sono racchiuse nelle strutture difensive; tra essi vi è **Mergo**, con il borgo antico di forma semicircolare, dove le mura cingono una scarpata a terrazze. Qui l'accoglienza degli ospiti itineranti è fornita da un'area attrezzata, mentre nella vicina **Rosora** si può sostare presso un'azienda agrituristica in località Croce del Moro, il cui nome deriva forse dal fatto che vi venne giustiziato un signorotto locale. Sosta rurale delle migliori anche alle porte di **Castelplanio**, dove visitare il museo civico che conserva un'eterogenea collezione di reperti e opere d'arte dall'età tardoromana al XVIII secolo. Un percorso naturalistico ha inizio dalla piazza del Comune e unisce questo paese al precedente in un'ora e mezza circa di passeggiata.

ITINERARI DEL GUSTO

La valle dell'Esino e i Castelli di Jesi costituiscono la zona classica del Verdicchio, il vino bianco che ha reso celebre la regione delle Marche nel mondo. A Montecarotto si trova una cantina fra le più quotate, la Moncaro – Terre Cortesi (via Piandole 7/a, tel. 0731 89245, www.moncaro.com). A nord di Jesi, il paese di Morro d'Alba è invece conosciuto per il pregiato rosso Lacrima di Morro d'Alba, protagonista di una sagra che si svolge agli inizi di maggio. Il borgo vale la visita anche per il bellissimo centro storico fortificato.

Sulla sponda opposta dell'Esino i centri abitati sono immersi in vigneti e oliveti, come **Cupramontana**. Di origini preromane, è oggi considerata il principale luogo di produzione del Verdicchio (proprio ai temi dell'enologia è dedicato il singolare museo internazionale dell'Etichetta del Vino) e conserva un ricco patrimonio di architetture storiche dal

La ciclabile che percorre la bassa Vallesina, qui nei pressi di Castelbellino

medioevo al XVIII secolo. Nei dintorni si trova la restaurata chiesa abbaziale del Beato Angelo, le cui origini romanico-gotiche risalgono al XII o XIII secolo. **Maiolati Spontini** è invece patria del grande musicista Gaspare Spontini, del quale si può ripercorrere l'intera esistenza visitando la casa natale, il museo con strumenti, arredi e altri ricordi a lui appartenuti, la tomba nella chiesa di S. Giovanni e il parco Colle Celeste, che l'artista dedicò alla moglie.
Prima di scendere a valle si toccano altri due piccoli centri in posizione panoramica, con interessi storici e artistici: **Monte Roberto**, nella cui cinta di forma ovale sono integrati quattro torrioni, e **Castelbellino**, con un suggestivo impianto urbano culminante in due piccole alture.

Dove ha inizio la pianura, due tappe rappresentano le più importanti testimonianze del monachesimo che segnò per secoli la vita e lo sviluppo culturale ed economico del territorio. L'**abbazia di S. Maria delle Moie** – oggi inglobata nel centro abitato – sorse nel XII secolo in un sito allora isolato ai margini di un bosco, e rappresenta un notevole esempio di architettura romanico-gotica con influssi bizantini sottolineati dal portale decorato, dalla lavorazione dei capitelli e dalla pianta a croce greca. Poco lontano dal bivio per Castelbellino è invece l'**abbazia di S. Apollinare**, ancora più antica poiché fondata intorno al IX-X secolo e arricchita in seguito da affreschi di scuola marchigiana.
Si giunge così alla conclusione dell'itinerario, nel centro principale della Vallesina. **Jesi**, città natale di Federico II di Svevia e del compositore Giambattista Pergolesi, è una delle località più piacevoli della regione, con un animato nucleo antico di grande respiro che conserva un patrimonio monumentale di assoluto rilievo,

Le mura turrite di Jesi

racchiuso da una cinta muraria ottimamente conservata. Un comodo presidio per i camper favorisce la visita, che richiede un'intera giornata per apprezzarne almeno i luoghi principali.
All'imperatore svevo è intitolata la piazza principale, dove in epoca romana si trovava il Foro. Il Teatro Pergolesi, di fine '700, affaccia invece su piazza della Repubblica; al piano terra dell'edificio è ospitato l'ufficio del turismo. Altri luoghi di interesse sono il Palazzo Comunale, il palazzo della Signoria, la chiesa di S. Nicolò, la chiesa benedettina di S. Marco (che custodisce affreschi di scuola riminese e fabrianese) e la pinacoteca civica di palazzo Pianetti, nella quale si possono ammirare una raccolta di opere di Lorenzo Lotto, un'ampia collezione di vasi da farmacia e un'esposizione di opere d'arte moderna e contemporanea dalla seconda metà dell'800 a oggi. L'edificio stesso è di grande interesse architettonico, artistico e documentario per gli ambienti, tra cui la Galleria degli Stucchi in stile rococò, lunga oltre 70 metri. Prima di lasciare la zona ci si potrà soffermare nella **riserva naturale Ripa Bianca**, gestita dal WWF e occasione per alcune passeggiate nel verde.

LORETO E RECANATI

Una manciata di chilometri divide due delle località di maggior richiamo delle Marche, particolarmente indicate per un lungo weekend, sia per le dimensioni contenute sia perché sono provviste di spazi molto ben organizzati per la sosta dei camper. L'area attrezzata di **Loreto** si trova a due passi dal principale richiamo cittadino, la basilica della S. Casa, consacrata nel 1294 e divenuta ben presto un sito mariano fra i più conosciuti e visitati del mondo. Tradizione vuole che sia stato un gruppo di angeli a trasportare in volo su questa collina la casa di Nazareth in cui Maria aveva vissuto e ricevuto l'Annunciazione; più probabile è che i preziosi resti, citati in un antico documento come "sante pietre", siano giunti a bordo di navi crociate.

Il maestoso complesso è preceduto da un belvedere che offre un ampio panorama sul mare e sul promontorio del Conero: la cosiddetta Scala Santa scende al cimitero di guerra polacco, mentre l'accesso di Porta Marina conduce all'interno delle mura. L'itinerario pedonale che si snoda intorno all'edificio raggiunge la spettacolare piazza centrale, chiusa su due lati dalle volte del Palazzo Apostolico e conclusa dalla candida facciata rinascimentale della chiesa. La cupola cinquecentesca, progettata da Giuliano da Sangallo, è la terza in Italia per dimensioni dopo S. Pietro in Vaticano e S. Maria del Fiore a Firenze, mentre il campanile settecentesco è del Vanvitelli. Non è da meno l'interno, realizzato in forme tardogotiche probabilmente su disegno di Francesco di Giorgio Martini: la sua ampiezza fu dettata dall'esigenza di offrire il massimo spazio ai fedeli per la venerazione della S. Casa, posta al centro del transetto e custodita da un rivestimento marmoreo di finissima fattura, ideato dal Bramante e alla cui realizzazione parteciparono artisti di grande fama. Tra le numerose opere d'arte conservate nella chiesa vanno citati almeno gli affreschi di Melozzo da Forlì nella sagrestia di S. Marco e di Luca Signorelli in quella di S. Giovanni, oltre alla Sala del Tesoro firmata dal Pomarancio. Dal piano superiore del Palazzo Apostolico, che offre una veduta incomparabile della piazza e del santuario, si

Notturno della basilica della S. Casa a Loreto

PERCORSO DI AVVICINAMENTO

Entrambe le località si raggiungono dalla A14 Adriatica uscendo a Porto Recanati-Loreto. Tre i principali percorsi di avvicinamento dalla A1 e dal versante tirrenico, tutti collegati alla A14 da prendere in direzione Ancona: dal casello di Valdichiana per Perugia, Foligno, Tolentino, Macerata e Civitanova Marche, dal casello di Orte per Terni e Foligno continuando come sopra, oppure dalla A24 Roma-L'Aquila-Teramo.

passa al museo e alla pinacoteca in cui sono esposti arazzi, maioliche, oggetti preziosi, ma soprattutto alcuni dipinti di Lorenzo Lotto, che a Loreto trascorse gli ultimi anni della sua esistenza.

Imboccata da Loreto la provinciale 77, si giunge in breve a **Recanati**, che fu culla della civiltà picena, colonia romana e florido centro economico e culturale già nel Rinascimento. Una passeggiata conduce dall'area camper al centro storico, arrivando proprio in piazza Leopardi: la presenza del grande poeta pervade ogni angolo della cittadina, ed è seguendone le tracce che si può compiere al meglio la visita. Il palazzo comunale, di forme neoclassiche, è stato realizzato nel centenario della sua morte, mentre la Torre del Borgo è quel che resta dell'antica sede municipale. Costeggiando la chiesa di S. Domenico, con pregevole portale in marmo, lungo via Cavour si scoprono il Teatro Persiani, sede del museo dedicato al tenore Beniamino Gigli (nativo di Recanati), e l'elegante palazzo Venieri, che si affaccia sulla Valle del Musone e sul Conero. Poco lontana è la chiesa di S. Agostino, il cui campanile mozzo è ciò che resta della Torre del Passero Solitario. Superata la chiesa di S. Vito, dove il piccolo Giacomo usava leggere i suoi sermoni, si raggiunge la piazzola Sabato del Villaggio dove l'antico palazzo Leopardi, con il museo e la splendida biblioteca, rappresenta una meta obbligata. Bisogna invece spostarsi all'estremità opposta del centro per trovare la cattedrale di S. Flaviano, inserita in un rione più antico, nel quale si trovano altri importanti musei cittadini: quello diocesano d'Arte sacra e Villa Colloredo Mels, con la sezione archeologica e la pinacoteca. Degna conclusione sarà la passeggiata nel verde lungo i sentieri che tagliano il Monte Tabor e che portano al celeberrimo Colle dell'Infinito.

AREE DI SOSTA

Loreto dispone di un'area attrezzata a pagamento provvista di numerosi servizi dietro la basilica della S. Casa, con sosta massima di 48 ore (via Maccari, tel. 071 7501738, areacamper@prolocoloreto.com). Dal canto suo, **Recanati** ospita i veicoli ricreazionali in un'area attrezzata a pagamento in via Campo Boario, gestita dal Camping Club Recanati. Vari camping stagionali si trovano sulla costa, a pochi chilometri.

La piazzola del Sabato del Villaggio a Recanati

Recanati vista dal Colle dell'Infinito

UMBRIA
Anima verde

I celebrati borghi medievali dell'Umbria e il morbido profilo delle sue colline fanno parte da secoli dell'immaginario collettivo (basti pensare a quante citazioni di questi luoghi si ritrovano nella pittura rinascimentale). Non è tuttavia un caso che il soprannome di questa regione sia "cuore verde d'Italia": le atmosfere antiche dei graziosi paesini e l'opulenza dei coltivi sono spesso avvolti in rigogliosi ambienti naturali, boschi solcati da vivaci corsi d'acqua, mentre i contrafforti montani hanno un aspetto più tormentato, complesso scenario paesaggistico impregnato di risvolti culturali. La gestione turistica ha saputo investire, evidenziando questa varietà e ispirando lo sviluppo di un'imprenditoria dedicata: l'attenzione ai veicoli ricreazionali viene mostrata anche in questo campo, pur se resta in larga misura appannaggio delle amministrazioni locali. L'atteggiamento resta in ogni caso improntato all'ospitalità, con situazioni che rendono il camperista un visitatore gradito anche laddove manchino servizi specifici.

Quando andare

Le quote complessivamente modeste fanno sì che l'Umbria sia una meta sempre visitabile dal punto di vista climatico, e il ricchissimo calendario di appuntamenti della cultura, mostre e sagre costituisce uno spunto ulteriore: meglio ancora se si avrà l'accortezza di scegliere, oltre alle mete più famose e frequentate, anche i centri minori in cui poter apprezzare maggiormente il contatto con i residenti.

Gli itinerari

Il periplo del Lago Trasimeno, che si vive al meglio coniugando il veicolo ricreazionale alla bicicletta e a un piccolo natante, è il tema del primo itinerario. Qualche digressione sui vicini colli raggiunge alcune località panoramiche e di grande interesse storico e artistico, fra cui alcuni luoghi di culto dalle origini antiche. Si tratta di un'esperienza ideale per la primavera, l'autunno e l'inverno, con buone opportunità anche per gli amanti del birdwatching.

Più sportivo il secondo percorso, che dopo la visita di Terni e Narni si addentra in Valnerina, uno dei comprensori naturalistici più interessanti dell'Italia centrale. La valle si presta a essere frequentata anche in estate grazie all'importante richiamo delle

La biblioteca comunale di Terni

attività fluviali, praticabili per la presenza di centri specializzati nel canoismo e nel rafting. Non mancano inoltre valide opportunità di escursioni nel verde, in un contesto boschivo che riserva angoli ancora selvaggi.

Il terzo itinerario abbina la visita di Foligno a quella della non lontana area protetta di Colfiorito, dove si trova un raro esempio di zona umida montana; ma c'è spazio anche per la gastronomia, con prodotti dell'agricoltura divenuti vere e proprie specialità.

IL LAGO TRASIMENO

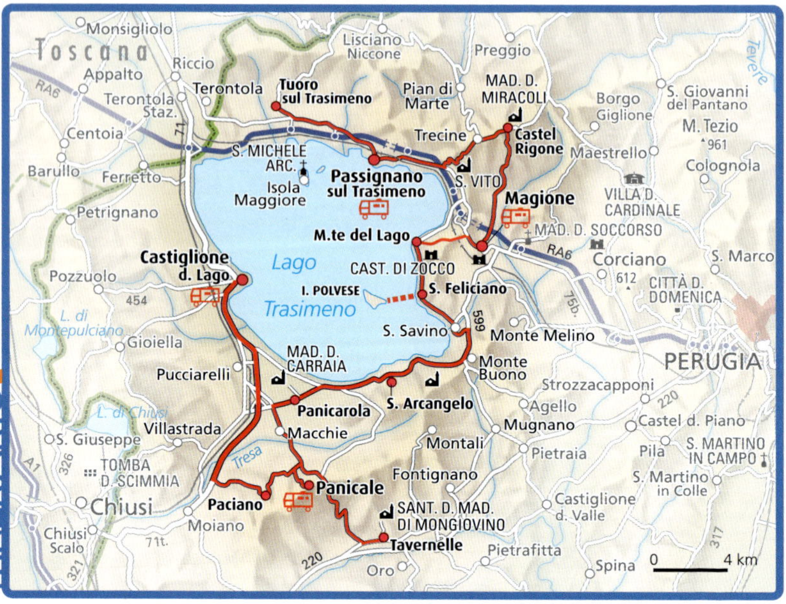

Al centro di un territorio prodigo di natura, arte e sapori, il Trasimeno è il bacino più esteso dell'Italia peninsulare. Nonostante la forma tondeggiante, non ha origine vulcanica come i vicini laghi del Lazio: nasce invece in una depressione tettonica e la sua scarsa profondità (massimo sei metri) è soggetta a frequenti variazioni legate al regime delle piogge e alla mancanza di emissari e immissari naturali, oltre che allo sfruttamento idrico per l'agricoltura. Il paesaggio è di grande fascino e suggestione sia nelle belle giornate dei mesi freddi, quando la luce accende di riflessi dorati le isole e i paesi affacciati sulle sponde, sia nei mesi caldi, approfittando delle sue acque per gite in canoa o per la balneazione, usufruendo dei servizi turistici che in primavera e in estate sono più completi e organizzati. Si rivela ideale anche la scelta di utilizzare la bici sia per brevi spostamenti, sia per effettuare il periplo del lago: la circonferenza è di appena 55 chilometri, con modesti dislivelli, e per lunghi tratti una pista ciclabile costeggia le rive rendendo l'esperienza adatta a tutti, specialmente con qualche piacevole pausa lungo il percorso.

Sulla sponda settentrionale, a ridosso della comoda superstrada che collega la A1 a Perugia, **Tuoro sul Trasimeno** è un ottimo punto di partenza. La storia ricorda questi luoghi almeno dal 217 a.C., quando i romani vi subirono la celebre disfatta a opera dei cartaginesi guidati da Annibale: nel periodo estivo la battaglia è rievocata da una manifestazione in costume. A poca distanza, nell'area verde di Punta Navaccia, si trova l'attracco del traghetto che conduce in pochi minuti all'antistante **Isola Maggiore** (corse abbastanza frequenti anche in bassa stagione). Una volta sbarcati, si passeggia e ci si sofferma tra gli edifici del XIV e XV secolo, davanti

alla chiesa romanica, presso il museo dei Merletti e altre piccole attività. Particolarmente interessanti sono alcune cappelle e una statua a ricordo del passaggio di san Francesco che, nel 1211, approdò su questi lidi per trascorrere in solitudine la Quaresima.
Rientrati a Tuoro, si riprende la marcia verso **Passignano sul Trasimeno**. Poco fuori dall'abitato, sul colle del cimitero, la chiesa di S. Cristoforo fu l'antica pieve di Passignano: vi si conservano numerosi affreschi dal XIII secolo in avanti, un Crocifisso ligneo del '500 e una statua di san Cristoforo, anch'essa in legno. Arrivati in paese, la passeggiata lungolago offre una splendida vista dell'Isola Maggiore e di nuovo la possibilità di imbarcarsi per raggiungerla.
Proseguendo sulla superstrada, un bivio a sinistra ci allontana dalle sponde salendo al borgo medievale di **Castel Rigone**, dove si gode di un ampio panorama sul lago. Qui si trova la chiesa di S. Maria dei Miracoli, risalente alla fine del '400 e considerata uno dei capolavori del rinascimento umbro. Uscendo dal paese sulla SP143, ci si dirige alla volta di **Magione**, borgo natale di Fra Giovanni da Pian di Carpine – antico nome del paese – che fu autore della famosa *Historia Mongalorum*, fondamentale resoconto degli usi e costumi del popolo asiatico e preziosa fonte di informazioni per i successivi esploratori dell'Oriente, tra cui lo stesso Marco Polo. Sulla via principale si trova S. Maria delle Grazie: edificata nel XIV secolo nell'ambito di un complesso mona-

PERCORSO DI AVVICINAMENTO

La posizione centrale del Lago Trasimeno fa sì che lo si possa facilmente raggiungere dai principali assi stradali dell'Umbria. Chi arriva dalla A1 può uscire al casello di Valdichiana per portarsi a Tuoro, Passignano e Castiglione del Lago; quest'ultima località e la sponda meridionale si raggiungono direttamente anche dall'uscita di Chiusi-Chianciano Terme. La statale 3 Flaminia, che collega Roma a Fano, sulla costa marchigiana, è invece il principale accesso dal versante adriatico e da Perugia: la si può lasciare a Umbertide per far rotta verso la sponda settentrionale, oppure a Collestrada, aggirando a sud il capoluogo umbro e proseguendo sulla superstrada per Magione e la sponda orientale.

Veduta dell'Isola Maggiore

Un olivo secolare nelle campagne intorno al lago

stico-ospedaliero, cessò la sua attività agli inizi del '900, quando fu in parte demolita a favore dell'attuale strada. La chiesa, il cui campanile in cotto fu eretto nel 1720, conserva un pregevole dipinto trecentesco della *Madonna del Latte*. In una manciata di chilometri si torna sul Trasimeno a **Monte del Lago**. In un paesaggio agricolo di campi coltivati e olivi secolari spicca l'ottocentesca Villa Palombaro, fatta ristrutturare dallo statista perugino Guido Pompilj, che negli anni a cavallo tra '800 e '900 salvò il lago dal prosciugamento e ne promosse lo sviluppo turistico dando incarico ai fratelli Alinari di realizzarne una serie di vedute fotografiche.

Passignano sul Trasimeno

Poco più a sud, **San Feliciano** è l'unico vero paesino di pescatori del Trasimeno: nel museo della Pesca, fra attrezzi e imbarcazioni tipiche, si osserva il *giacchio*, la rete usata in queste zone fino agli anni '50 dello scorso secolo. L'antistante **Isola Polvese**, la più grande delle tre, non sempre è raggiungibile in traghetto poiché il servizio è attivo solo da aprile a metà settembre. Se però si ha a disposizione una canoa, vi si arriva in pochi minuti di pagaiata ed è una piacevole esperienza effettuarne il periplo, oppure avventurarsi nei dintorni della vicina **oasi La Valle**. Quest'ultima, visitabile anche via terra, è una vasta area protetta di ambiente palustre facente parte del Parco regionale del Trasimeno: tutela una zona di fitto canneto che si estende nei pressi dell'emissario artificiale (in località San Savino) ed è popolata da una ricca avifauna. Nelle immediate vicinanze dell'oasi, un piccolo laboratorio consente di vedere e acquistare prodotti artigianali realizzati con vimini e canne palustri.

Seguendo la SS599 per **Sant'Arcangelo** si giunge sulla sponda meridionale. Poco prima del paese, sede del Centro Ittiogenico per la riproduzione delle specie ittiche destinate al ripopolamento del lago, si incontra la chiesa di S. Maria d'Ancaelle, dove si conservano opere pittoriche databili al XIII secolo. Oltre l'abitato, una deviazione di 500 metri raggiunge la cinquecentesca stazione di posta, da cui si gode di una magnifica visuale. Qualche chilometro più avanti, dopo la località **Panicarola**, un'altra deviazione indicata in località Scopetino porta al santuario otto-no-

AREE DI SOSTA

A Tuoro, Passignano, sulle sponde a valle di Magione e a Castiglione del Lago sono addirittura una quindicina i campeggi, quasi tutti però ad apertura stagionale dalla primavera all'inizio dell'autunno. A questa consistente ricettività organizzata si affiancano alcune aree attrezzate a pagamento.

Castiglione del Lago: via Divisione Partigiani Garibaldi, nei pressi del porticciolo turistico, tel. 075 8379112 (annuale). **Passignano**: L'Airone, lungolago Lelio Giappesi, tel. 347 6613387, aperta da marzo a ottobre. **Magione**: borgo di San Feliciano, lungolago A. Alicata, nei pressi della banchina d'imbarco per Isola Polvese, tel. 075 5726801.com (annuale). Ottimo riferimento sui colli a sud del bacino è invece l'area attrezzata di **Panicale**, in via della Repubblica, all'interno del parco Regina Margherita, con modesta quota di soggiorno e numerosi servizi.

vecentesco della Madonna del Busso, dove l'ultima domenica di settembre si tiene la festa della patrona che, a tarda notte, si conclude con i fuochi d'artificio. Il non lontano borgo collinare di **Panicale**, sulla SP306, è una delle Bandiere arancioni del Touring Club Italiano dell'Umbria e vanta una delle più belle terrazze panoramiche della regione. Qui si trova un'altra area attrezzata per i camper, che facilita la scoperta delle numerose eccellenze artistiche del luogo, tra cui la collegiata di S. Michele Arcangelo (che conserva un'*Adorazione dei pastori* di Giovan Battista Caporali), la piccola chiesa di S. Sebastiano (con il celebre *Martirio di San Sebastiano* del Perugino) e la chiesa della Madonna della Sbarra, eretta nel 1618 poco fuori le mura, che custodisce una *Sacra Famiglia* attribuita a El Greco e una Via Crucis di fine '700 (il museo del piano

La chiesetta della Madonna del Busso a Panicarola

di sopra, visitabile solo con guida, propone invece un'interessante raccolta di oggetti e paramenti sacri).

La fascia dell'immediato entroterra è particolarmente ricca di chiese che valgono una sosta, come a **Tavernelle**, dove sorge il santuario della Madonna di Mongiovino, autentica perla rinascimentale: su progetto iniziale del 1513 di Donato Bramante, fu completata qualche anno più tardi e interamente affrescata nel 1709. Gli splendidi portali sono opera di Bernardino da Siena, mentre all'interno sono esposti dipinti di alcuni fra i maggiori artisti del '500. Poco distante, ben indicato e dotato di parcheggio, aree picnic e ristoro, il santuario della Madonna delle Grondici sorge in splendida posizione su un'altura circondata da boschi e deve il nome all'antica usanza di seppellire i bambini morti senza battesimo sotto le gronde dei tetti (*sub grunda*) in appositi luoghi sacri.

Dalla parte opposta di Panicale si raggiunge con la SP310 il borgo di **Paciano**, arroccato su uno sperone del Monte Petravella. Un santuario dedicato alla Madonna della Stella rievoca la remota leggenda di un pellegrino che vide per tre sere consecutive un astro che illuminava un'edicola dedicata alla Vergine. Il miracoloso evento è rappresentato negli affreschi della sagrestia, mentre sull'altare maggiore è conservata una quattrocentesca *Madonna col Bambino*.

L'ultima tappa è **Castiglione del Lago**, che riporta sulle rive ed è forse il centro storico più bello di tutto il bacino: un borgo cinto da mura, nato su un promontorio calcareo che in origine era forse un'altra isola. Alla sommità dell'abitato s'innalza il cinquecentesco palazzo della Corgna, collegato da un camminamento coperto alla possente Rocca del Leone (1247). Il lungolago alberato è ideale per rilassanti passeggiate e offre un'altra opportunità di imbarco per l'Isola Maggiore. I dintorni offrono altre interessanti possibilità agli estimatori dell'arte, come la cappella seicentesca della Madonna del Soccorso, poco distante dal paese verso Pozzuolo, la chiesa della Madonna del Vitellino in direzione di Gioiella e la millenaria chiesetta dei Ss. Vito e Modesto a Laviano. Da non dimenticare infine che a Castiglione del Lago si svolge in primavera la manifestazione "Coloriamo i Cieli", tradizionale raduno di mongolfiere e aquiloni che vede partecipare, sia fra i concorrenti sia fra il pubblico, centinaia di equipaggi in camper accolti nei vasti spazi dell'aeroporto Eleuteri: un'occasione da non mancare per vivere il lago e le sue bellezze in una chiave insolita e di sicura spettacolarità.

ITINERARI DEL GUSTO

Se il pesce di lago – in special modo la carpa – è la principale attrattiva per i gourmet nelle località rivierasche del Trasimeno, questo territorio condivide molti altri sapori con la tradizione gastronomica dell'Umbria. Facile dunque trovare salumi e formaggi, specialità della campagna come la *fagiolina* (un saporito legume di dimensioni più piccole rispetto al fagiolo) e, naturalmente, l'olio extravergine d'oliva e il vino. Alla produzione dei nettari locali è dedicata una strada tematica con decine di aderenti fra cui cantine, aziende agricole, enoteche e ristoranti: cinque i percorsi individuati che dal lago si addentrano verso i colli circostanti toccando località di grande interesse anche sotto il profilo storico e culturale (associazione Strada del Vino Colli del Trasimeno, piazza Trento e Trieste 6, Passignano, www.stradadelvinotrasimeno.it).

Panorama sui tetti di Castiglione del Lago e sulla sponda occidentale dalla rocca

TERNI E LA VALNERINA

La provincia di Terni è spesso identificata con il suo capoluogo, di cui si evidenzia il ruolo di centro industriale che dalla fine dell'800 pilotò lo sviluppo economico dell'intera zona. Basta invece ricordare attrazioni come la cascata delle Marmore per trasmettere il senso di bellezza di una vacanza nella parte meridionale dell'Umbria, dove il rapporto fra il turismo in camper e l'ambiente naturale è tra i migliori.

Gli accessi più diretti avvengono dalla A1 e dalla E45. In entrambi i casi, prima di far rotta su Terni conviene effettuare la breve deviazione per **Narni**, provvista di spazi per la sosta dei camper: si potranno così visitare i molti monumenti, tra cui il duomo di S. Giovenale con l'ottagonale fontana bronzea del '300, il palazzo dei Priori con la loggia dell'Arengo e il palazzo del Podestà, in cui è conservata un'*Incoronazione della Vergine* del Ghirlandaio. Da vedere la casa di Erasmo da Narni, il condottiero noto come Gattamelata, e la Rocca Albornoz del 1370, oggi sede di convegni e mostre. Una piacevole passeggiata porta al convento di S. Domenico; gli adiacenti giardini di S. Bernardo offrono un'ampia visuale sulla Valle del Nera e sull'abbazia di S. Cassiano.

Fin dalla strada il capoluogo si presenta nella veste di moderno polo produttivo, ma **Terni** è anche una città d'arte di inatteso valore, con interessi che si concentrano nel nucleo storico tra palazzi nobiliari, eleganti negozi e antiche chiese, come quelle del Sole e di S. Francesco, sino al duomo di S. Maria Assunta. Un ampio porticato ne distingue la facciata, impreziosita da statue del Vigni, autore anche della fontana antistante che simboleggia l'incontro dei fiumi Velino e Nera. Al

La cascata delle Marmore

patrono san Valentino (che ha valso a Terni il titolo di città degli innamorati) è invece dedicata la basilica che sorge in posizione defilata su viale Turati.
Fuori dal nucleo antico, merita attenzione la storia industriale ternana. Una pressa da 1.200 tonnellate e la *Lancia di Luce* di Arnaldo Pomodoro sono installate nell'area della stazione centrale, dove si trova anche un centro di documentazione che cura un itinerario tematico guidato. Il percorso include lo stabilimento di **Papigno**, scenografia di alcuni film di Roberto Benigni, oggi divenuto il Paese dei Balocchi, un complesso espositivo aperto nei mesi estivi.

È il momento di immergersi nei paesaggi naturali della Valnerina, solcata dalle acque del Nera che scendono dai Monti Sibillini. È però un altro fiume, il Velino, a formare la **cascata delle Marmore**, che si getta nel Nera da un salto di ben 165 metri (uno dei più alti d'Europa). Il contesto di rocce e verde non lascia intuire la sua origine artificiale, dovuta ai tentativi di bonificare la piana di Rieti mediante la costruzione di un canale avvenuta nel 271 a.C. sotto il console romano Curio Dentato. Un tempo lo sfruttamento idroelettrico della cascata ne condizionava fortemente la visibilità, ma oggi questo limite è stato superato con aperture quotidiane ben programmate (indimenticabile la vista delle acque che, lasciate libere di scorrere, si precipitano fragorosamente lungo la scarpata). Ampi parcheggi fruibili anche dai camper sono stati ricavati nelle vicinanze, e un bel sentiero permette di accedere al belvedere superiore.
Gli appassionati di sport fluviali trovano un'opportunità ad **Arrone** in un centro attrezzato: il Nera si presta infatti perfettamente al canoismo e al rafting, attività gestite in tutta sicurezza da

AREE DI SOSTA

Oltre ai parcheggi dei centri sportivi sul Nera e ai campeggi delle Marmore e di Scheggino, i principali riferimenti per la sosta sono distribuiti soprattutto nella parte meridionale dell'itinerario.

ARRONE • **Area attrezzata** comunale presso il Centro Sportivo Canoa Kayak, via delle Palombare, tel. 0744 287686, Comune tel. 0744 388521.

NARNI • **Area attrezzata** comunale gratuita nel parcheggio del Suffragio, sull'omonima via, con ascensore per il centro (altre opportunità di sosta senza servizi in località Testaccio e La Valletta).

TERNI • **Area attrezzata** in via Radice, presso il cimitero e lo svincolo del raccordo Terni-Orte, tel. 328 6885357, actichiocciola@libero.it.
• **Area attrezzata** a pagamento in loc. Marmore, p.le Felice Fatati, a 200 m dall'ingresso alle cascate.

PERCORSO DI AVVICINAMENTO

Terni, Narni e la Valnerina si raggiungono dalla A1 uscendo al casello di Orte. Dalla costa adriatica settentrionale si può seguire la E45 Roma-Cesena. Numerosi i percorsi dalle Marche lungo le direttrici Ancona-Fabriano-Foligno, Civitanova Marche-Macerata-Colfiorito-Foligno (con la variante Muccia-Visso-Triponzo, che scende direttamente in Valnerina) oppure San Benedetto del Tronto-Ascoli Piceno-Rieti. Dall'Adriatico centromeridionale seguire la A24 Giulianova-Teramo-L'Aquila, deviando poi per Antrodoco, Cittaducale e Rieti, oppure la A25 da Pescara fino all'incrocio con la A24, che si prende in direzione L'Aquila uscendo a Borgorose e continuando per Fiamignano e Rieti.

alcuni operatori turistici professionali. Nel panoramico borgo di **Ferentillo**, un richiamo d'altro genere è il cimitero delle mummie: qui la presenza di un fungo ha impedito la decomposizione delle salme, alcune delle quali sono esposte in teche di vetro. Sei chilometri a monte sorge l'**abbazia di S. Pietro in Valle**, splendido esempio di architettura altomedievale.

Il complesso abbaziale di S. Pietro in Valle

Scheggino è uno dei centri più vivaci della Valnerina, con il borgo ben ristrutturato posto all'imbocco del vallone che si addentra fra le cime del Coscerno (1.685 m) e del Civitella (1.565 m). Lungo la strada che sale verso la montagna si trovano un bel parcheggio, un parco pubblico con vasche per l'itticoltura, un'area picnic e un camping, ottime basi per la pratica degli sport fluviali e delle escursioni nei dintorni. Analoghe opportunità offrono **Castel San Felice**, con un'area verde sul fiume, e **Vallo di Nera**, premiato dalla Bandiera arancione del Touring Club Italiano: entrambi i paesi si visitano a piedi lungo le suggestive stradine lastricate, inaccessibili però ai camper, che dovranno cercare parcheggio ai piedi dell'abitato. Da qui si può continuare lungo il fiume sino a sconfinare nelle Marche oppure tornare sui propri passi. In alternativa si può imboccare il tunnel che da Sant'Anatolia di Narco attraversa la montagna uscendo in prossimità di Spoleto, e da qui proseguire alla scoperta dell'Umbria.

ITINERARI DEL GUSTO

Da una terra che per lunghi secoli ha contato su un'economia quasi esclusivamente agricola e pastorale scaturisce una gastronomia di solida genuinità, fortemente legata alle risorse locali: la cucina del Ternano comprende piatti campagnoli a base di verdure e ortaggi coltivati o selvatici, carni soprattutto ovine, salumi e formaggi di lavorazione tradizionale, ma anche pesci d'acqua dolce (in particolare la trota, assai comune in Valnerina). Fra i prodotti del bosco si annoverano funghi e tartufi di eccellente qualità, spesso proposti in abbinamento con le classiche fettuccine o con i rustici *strangozzi*; giustamente famose anche le pizze al formaggio, tipiche del periodo pasquale.

FOLIGNO E LA PALUDE DI COLFIORITO

Pochi sanno che a **Foligno** venne realizzata, nel 1472, la prima edizione a stampa della *Divina Commedia*. Ma la terza città dell'Umbria per dimensioni può vantare molti altri motivi d'interesse culturale, che non si colgono a prima vista osservando la moderna fascia periferica. È preferibile sistemarsi in una delle due aree attrezzate per dedicarsi con tutta calma alla scoperta. Utile la bicicletta, mezzo di trasporto piuttosto comune anche fra i residenti.

Il miglior punto d'ingresso al nucleo storico è Porta Romana, segno di come l'Urbe avesse qui fondato la sua *Fulginium* sui resti della Fulginia italica, risalente forse al X secolo a.C. Dal varco inizia corso Cavour, la cui pavimentazione in pietra è animata dal passeggio: vi si incontrano il cinquecentesco palazzo delle Logge e l'ex teatro dedicato a Giuseppe Piermarini, architetto nativo di Foligno e allievo del Vanvitelli. A lui si deve la risistemazione ottocentesca dell'interno di S. Feliciano, il duomo al quale si arriva proseguendo lungo il corso: l'esterno della chiesa, invece, si presenta ancora nella veste realizzata a cavallo tra XII e XIII secolo.

L'ingresso laterale del duomo di Foligno

Un passaggio ad arco unisce il duomo a palazzo Trinci, la cui facciata neoclassica non lascia intuire lo spettacolare ciclo di affreschi del '400 ivi conservati, in parte attribuiti a Gentile da Fabriano. L'edificio ospita inoltre una pinacoteca dedicata ai pittori di scuola umbra, il museo archeologico e il particolare museo dei Tornei e Giochi Cavallereschi. Da qui si imbocca via Gramsci, affiancata da palazzi nobiliari del '500 e del '600, tra i quali si colgono alcune testimonianze di altre epoche, come una torre medievale e alcuni resti romani. Si entra così in piazza S. Domenico, sulla quale si affacciano la chiesa romanica di S. Maria Infraportas e l'auditorium ricavato dalla trasformazione di una chiesa duecentesca. Tornando sui propri passi fino a corso Cavour e svoltando in via Garibaldi si raggiunge la piazza omonima, con la facciata a fasce bianche e rosse dell'ex abbazia benedettina di S. Salvatore. Si visita infine il rione delle Conce, cresciuto sulle rive del fiume Topino e così chiamato perché vi avevano sede laboratori e concerie. Lungo il corso d'acqua si può passeggiare o godere un po' di meritato relax.

Usciti da Foligno sulla SS77 in direzione di Serravalle del Chienti, Muccia e Tolentino, in meno di 30 chilometri si sale al valico di Colfiorito, nelle cui vicinanze

AREE DI SOSTA

A **Foligno** sono due le aree attrezzate per i camper: nel piazzale antistante il palazzetto dello sport (via XVI Giugno, zona San Pietro) e nel parcheggio Plateatico in via Fratelli Bandiera.
A **Colfiorito** un punto sosta si trova in località Casermette (per l'accesso rivolgersi al bar Barchetta, tel. 0742 681104).

si trova un habitat fra i più interessanti nel suo genere: la **Palude di Colfiorito**, raro esempio di zona umida montana che occupa una conca di antica origine lacustre, ultima testimonianza di analoghe formazioni prosciugatesi nel corso dei secoli a causa della siccità o per mano dell'uomo. Raggiunto il paese di Colfiorito, si svolta per Forcatura e si raggiunge il parco regionale in cui è inserita questa particolarità naturalistica. La visita e l'osservazione della flora e della fauna sono agevolate dalla presenza di sentieri appositamente realizzati, che corrono lungo i confini raggiungendo alcuni osservatori accessibili anche alle persone con disabilità. Il più elusivo abitatore della palude è una specie di ardeide oggi a rischio, il tarabuso, anche se è difficile scorgerlo perché ama mimetizzarsi fra le canne che qui crescono in abbondanza. Più facile invece l'osservazione delle folaghe e di altri uccelli, specialmente in autunno.

E proprio l'autunno è la stagione migliore per apprezzare un'altra valenza del luogo, quella gastronomica. Su questi altipiani segnati da fenomeni carsici si produce da vari decenni la patata rossa di Colfiorito, premiata dall'Indicazione Geografica Protetta: si tratta in effetti di una varietà di provenienza olandese, che si è acclimatata alla perfezione in questi suoli.

Altre specialità della campagna sono le lenticchie, affiancate da una qualificata produzione casearia: pecorino, mozzarella e ricotta a marchio Colfiorito si trovano anche nei negozi di alimentari e nei supermercati ma, trovandosi in zona, si potranno fare ottimi acquisti direttamente presso le aziende produttrici.

Stradina di campagna a Colfiorito

PERCORSO DI AVVICINAMENTO

Foligno è lambita dalla SS3 Flaminia che collega Roma a Fano, sulla costa marchigiana: vi si arriva dunque con facilità seguendo questo asse (da nord per Fossombrone, Cagli e Nocera Umbra, da sud preferibilmente per la A1, uscendo a Orte e proseguendo per Terni, dove si riprende la Flaminia e si supera Spoleto fino a destinazione). Un'alternativa per chi proviene dalla A14 è la SS77 della Val di Chienti lungo la direttrice Civitanova Marche-Macerata-Tolentino-Muccia, entrando in Umbria dal valico di Colfiorito, dov'è ambientata la seconda parte del nostro itinerario. Se infine si arriva da nord lungo la A1, si deve uscire a Valdichiana e proseguire sul raccordo per Perugia, che si immette sulla superstrada per Foligno.

LAZIO
Tuscia, Ciociaria e Circeo

Il Lazio è una regione in cui il viaggiatore in camper può trovare interessi numerosi e vari, che spesso si concentrano nel raggio di pochi chilometri: centri d'arte, borghi, mare e montagna, colline e campagne, laghi, fiumi e una ricettività all'aria aperta sempre più sviluppata. La città di Roma costituisce un motivo di attrazione tale da mettere in secondo piano altre aree come quelle appenniniche (oggi al centro di importanti progetti di valorizzazione naturalistica e con alcuni luoghi di culto tra i più significativi dell'Italia centrale), le zone etrusche e perfino le coste, che richiamano una presenza quasi esclusivamente stagionale e residenziale a discapito delle molteplici valenze territoriali.
Nell'organizzare la visita è dunque preferibile una modalità spiccatamente itinerante, spostandosi con brevi tappe da un luogo all'altro per cogliere i diversi aspetti senza perdere di vista il quadro d'insieme. È questo anche un modo per contribuire al radicamento di un approccio meno consumistico, approfittando delle molte e ben organizzate opportunità di sosta o, laddove esse siano più carenti, avvalendosi della spontanea ospitalità dei centri minori.

Quando andare

La varietà degli ambienti e le distanze contenute, con il lungo tratto laziale dell'autostrada del Sole a raccordare le diverse zone, invogliano alla visita in ogni periodo dell'anno, scegliendo preferibilmente le stagioni intermedie per fruire nel modo migliore dei luoghi e delle suggestioni naturalistiche e paesaggistiche. Nell'area appenni-

nica, dove le strade secondarie sono più tortuose, è bene considerare che nei mesi invernali la neve può cadere anche a quote medio-basse.

Gli itinerari

I tre laghi della Tuscia viterbese e romana, al centro della prima proposta, sono i punti focali di un territorio storicamente segnato dalla presenza del popolo etrusco, che ha lasciato testimonianze archeologiche di interesse mondiale; ma anche il medioevo e il Rinascimento hanno contribuito a disegnare questo paesaggio, con borghi di pregio in cui sorgono castelli e palazzi delle casate nobiliari che ne dettarono lo sviluppo artistico e architettonico.

Il secondo itinerario, che segue il filo di alcuni dei più importanti monasteri e luoghi di culto dell'Appennino, si dipana tra la Ciociaria e i Monti Simbruini dall'area di pianura e collina intorno a Frosinone alle selvagge distese boschive dell'alta Valle dell'Aniene.

Vista sul mare dai sentieri del Monte Circeo

La terza proposta è un invito a visitare il parco nazionale del Circeo che, alle suggestioni di un ambiente costiero peculiare e quasi intatto, unisce le numerose opportunità di scoperta della natura attraverso l'escursionismo e il turismo outdoor, abbinando l'uso del veicolo ricreazionale alla bicicletta e alla canoa.

I LAGHI DI BOLSENA, VICO E BRACCIANO

Scendendo lungo l'Autosole in direzione Roma, l'uscita di Orvieto è per molti turisti itineranti un richiamo sicuro, grazie alla presenza di un'area attrezzata per i camper. Ci si trova ancora in territorio umbro, ma per entrare nel Lazio basta percorrere una ventina di chilometri, avendo come meta i bacini della parte settentrionale della regione. Di questi il più spettacolare è senz'altro il **Lago di Bolsena**, che è anche il più grande di origine vulcanica in Europa e l'unico che annovera due isole, la Martana e la Bisentina.

Prima tappa (e prima Bandiera arancione dell'itinerario) è il paese che dà il nome al lago, **Bolsena**. I principali monumenti sono la rocca Monaldeschi della Cervara, con un museo sulla storia e le tradizioni locali, e la millenaria basilica di S. Cristina, in cui si conservano reliquie del miracolo eucaristico accaduto nel 1263 e a seguito del quale fu istituita la festività del Corpus Domini.
A ridosso dell'abitato e nei dintorni si trovano strutture attrezzate per i camper, ma altre sono distribuite lungo l'intero perimetro del bacino e ne consentono un'esplorazione facile e completa. Prima di visitare il lago, ci si allontana dalle sponde salendo verso i colli, deviando qualche chilometro a monte di Bolsena in direzione di **Bagnoregio**, patria di san Bonaventura. Dal belvedere si apprezza la vista di **Civita di Bagnoregio**, arroccata su un friabile sperone tufaceo e collegata alla base dell'enorme roccia da un ponte pedonale presso il quale fanno capolinea i bus navetta per Bagnoregio. Risalito il camminamento ed entrati nel borgo da Porta S. Maria, si passeggia lungo la strada principale affiancata da palazzi in tufo, con botteghe e locali che si inseriscono gradevolmente nell'antico tessuto urbano.
Si prende quindi per **Montefiascone**, dove i camper sono accolti presso la cantina sociale. La mole severa della Rocca dei Papi e la grande cupola della cattedrale di S. Maria sono gli elementi distintivi della città medievale e rinascimentale, ma non si può rinunciare

PERCORSO DI AVVICINAMENTO

Oltre alla via Cassia, che collega Roma a Siena, l'asse stradale di riferimento per raggiungere i tre laghi è la A1. Uscendo a Orvieto, ci si porta sulla sponda settentrionale del Lago di Bolsena, mentre dai caselli di Attigliano e di Orte si raggiungono la sponda meridionale, la città di Viterbo e il Lago di Vico. Per il Lago di Bracciano si può seguire la viabilità secondaria da Viterbo, come indicato nell'itinerario, oppure lasciare l'autostrada a Magliano Sabina e proseguire per Civita Castellana, Nepi e Monterosi, dove ci si immette sulla via Cassia in direzione di Roma fino al bivio di Settevene. Da sud, sempre lungo la A1, si può risalire fino alle uscite citate oppure seguire il percorso a ritroso: dallo svincolo Roma Sud ci si immette sul Grande Raccordo Anulare in direzione di Firenze e della via Salaria fino all'uscita per la via Cassia, arrivando sulla sponda meridionale del Lago di Bracciano.
Anche chi arriva dalla costa tirrenica lungo la via Aurelia e la A12 Roma-Civitavecchia ha numerose possibilità di avvicinamento. Il Lago di Bolsena si raggiunge da Albinia (subito a nord dell'Argentario) proseguendo per Manciano, Pitigliano e Gradoli, da Montalto di Castro per Canino e Valentano oppure da Tarquinia per Tuscania e Marta. Sempre da Tarquinia si raggiungono Viterbo e il Lago di Vico passando per Monte Romano e Vetralla. Da Cerveteri e Ladispoli, servite dallo stesso casello della A12, si arriva invece a Bracciano.
Dal versante adriatico settentrionale i percorsi principali sono la E45 Roma-Cesena per Perugia, Todi e Orvieto oppure le statali 76 da Ancona e 77 da Civitanova Marche per Foligno, da cui si prosegue verso Perugia, Todi e Orvieto per il Lago di Bolsena oppure verso Spoleto, Terni e Orte per Viterbo. Da San Benedetto del Tronto-Ascoli Piceno si segue invece la via Salaria in direzione della capitale, così come dalla A25 Roma-Pescara e dalla A24 Roma-L'Aquila-Teramo: in entrambi i casi conviene immettersi sul Grande Raccordo Anulare proseguendo per il Lago di Bracciano come già indicato. Nella bella stagione le località dei Laghi di Bolsena e Bracciano sono collegate da servizi di navigazione che permettono di effettuare gite giornaliere (info presso gli uffici turistici e sui siti Internet www.navigazionealtolazio.it e www.navigaresullago.it).

La chiesa di S. Pietro a Tuscania

alla visita della basilica romanico-gotica di S. Flaviano, sia per le particolarità architettoniche sia perché vi è conservata una lapide in memoria di Johannes Defuk, prelato tedesco del XII secolo al quale si devono il nome e la fama del vino Est! Est!! Est!!!
Dopo aver colto dall'alto i panorami sul lago, si torna lungo le sponde a **Marta**, borgo di pescatori dominato dalla torre dell'Orologio, che è quanto resta di un castello medievale.
Anche qui si trova un approdo all'aria aperta, come nella vicinissima **Capodimonte**, con il paese coronato dal massiccio profilo di palazzo Farnese e l'adiacente collegiata dell'Assunta. Bisogna invece spostarsi di nuovo nell'entroterra seguendo il corso del fiume Marta, emissario del lago, per raggiungere **Tuscania** (il tragitto, di circa 15 chilometri, è adatto alla bicicletta e richiede un modesto impegno fisico). Si tratta forse della città più rappresentativa della Tuscia (altra Bandiera arancione), un caratteristico labirinto di stradine scandite da residenze aristocratiche, torri e chiese. Il panorama migliore è quello da piazza Italia, con la fontana delle Sette Cannelle e il Palazzo Baronale in cima al colle. Sono invece al di fuori dell'abitato due autentici gioielli monumentali: la chiesa di S. Pietro, edificata nell'VIII secolo e ricca di preziosi dettagli architettonici e artistici, e la medievale basilica di S. Maria Maggiore. Intorno alla cittadina si trovano alcune delle necropoli etrusche fra le più importanti d'Italia, inserite in una riserva naturale regionale che è possibile esplorare anche in compagnia di guide specializzate.
Oltre Capodimonte la strada torna ad allontanarsi dal bacino con tratti panoramici. Superati Valentano e Latera, si procede verso **Gradoli** dove un'altra residenza dei Farnese è sede di un museo con testimonianze sulla storia della nobile famiglia rinascimentale e sulle usanze di contadini e artigiani del luogo. A pochi chilometri, scendendo verso il lago o riprendendo la strada a monte, si trova **Grotte di Castro**, con l'abitato sulla cima di un contrafforte tufaceo (come Civita di Bagnoregio e altre località della zona). Nelle cavità al di sotto della seicentesca basilica di Maria Santissima del Suffragio e S. Giovanni

Battista è stato allestito l'interessante museo diocesano, aperto su richiesta, mentre il museo archeologico espone reperti etruschi provenienti dalla non lontana necropoli delle Pianezze.
Sempre in collina, ormai quasi al termine del giro, si giunge a **San Lorenzo Nuovo**, che presenta una singolare e armoniosa piazza centrale a forma di ottagono, esempio di un impianto urbanistico differente da quello delle località vicine: il paese, infatti, venne fondato nel 1772 dagli abitanti di un più antico insediamento rivierasco abbandonato a causa della malaria. Da qui si scende di nuovo verso il lago lungo la via Cassia costeggiandone la sponda fino a Bolsena, dove si chiude l'anello.

La via più diretta per raggiungere il Lago di Vico passa per **Viterbo**, che si visita comodamente grazie alle valide opportunità di sosta. L'originario insediamento etrusco, rivelato dalla necropoli rupestre della vicina Castel d'Asso, finì sotto il dominio di Roma e ne conserva notevoli resti, come quelli degli edifici di età imperiale sfiorati dalla via Cassia.
La prima cinta muraria a difesa dalle invasioni dei popoli nordici venne eretta nell'VIII secolo, ma solo nel 1170 la città, alleatasi con Federico I Barbarossa, entrò in un lungo periodo di prosperità ricordato da alcuni dei principali monumenti. Nel centro storico, vivace e assai frequentato, sono da vedere il palazzo dei Priori, quello dei Papi e la rocca Albornoz, emblemi della Viterbo medievale, ma anche numerose chiese tra le quali S. Sisto, S. Maria Nuova e S. Maria della Verità. Quest'ultima ospita il museo civico, mentre la rocca è sede del museo archeologico; per visitare il museo dedicato agli ex voto, con reperti dal XV al XVII secolo, bisogna invece raggiungere il santuario di S. Maria della Quercia.
Appuntamento tradizionale che richiama migliaia di visitatori e riunisce tutta la popolazione intorno alla patrona è il trasporto della Macchina di santa Rosa: il 3 settembre di ogni anno, circa cento facchini portano a spalla attraverso il centro storico una gigantesca torre lignea appositamente realizzata, che misura circa 30 metri d'altezza e ha un peso di cinque tonnellate.

Il palazzo dei Papi a Viterbo

ITINERARI DEL GUSTO

Sui tre laghi e nelle località del circondario, protagonista in tavola è il pesce d'acqua dolce (fra cui la tinca, il coregone e l'anguilla), che entra anche nella preparazione di primi asciutti e minestre: sono numerosi i ristoranti e le trattorie in cui è possibile gustarlo in tipiche ricette, talora in abbinamento con legumi e ortaggi come fagioli, broccoli e cime di rapa. La preparazione della carne risente invece dell'influenza della gastronomia maremmana e di quella romana, con ampia diffusione dell'agnello e della coratella, interiora ovine spesso servite con contorno di carciofi o semplicemente soffritte con cipolla. Ad accompagnare il pasto sono i vini Doc bianchi, rossi e rosati di questi territori, in particolare il Cerveteri, il Colli Etruschi Viterbesi, il Tarquinia, il Vignanello e naturalmente l'Est! Est!! Est!!! di Montefiascone. A Gradoli si produce un Aleatico anche in versione liquorosa.

Dalla città si possono seguire due percorsi di avvicinamento al **Lago di Vico**: il più tortuoso segue la via Cimina mentre il più agevole (ma meno panoramico) esce dall'abitato sulla Cassia e raggiunge le sponde passando per Vetralla. In entrambi i casi la meta è **Ronciglione**, dove si trova il camping Natura, l'unica base lacustre attrezzata per i veicoli ricreazionali, nel contesto della riserva regionale che tutela il bacino. Da qui si possono effettuare varie escursioni in bici, specie nel quadrante sudoccidentale, dove la strada corre lungo le rive. La stessa Ronciglione, che sorge in collina a qualche chilometro dal lago, è dotata di un'area di sosta e vale una visita per la rocca medievale, la piazza del Comune con la Fontana Grande e alcune chiese di pregio.

A **Caprarola**, che si trova a monte della sponda orientale, il parcheggio non è facile e conviene pertanto raggiungerla in pullman da Ronciglione (le corse utili, in media una decina al giorno, impiegano da 10 a 20 minuti). La principale attrazione è il sontuoso palazzo Farnese, tra i migliori esempi di architettura umanistica in Italia: questa residenza fortificata, eretta a più riprese tra il XVI e il XVII secolo su progetto del Vignola, è costituita da cinque ali che formano un pentagono al centro del quale si trova l'ampio cortile circolare. Caprarola è la terza località del percorso insignita della Bandiera arancione dal Touring Club Italiano, e la successiva si trova poco lontano; **Sutri** si raggiunge infatti da Ronciglione proseguendo brevemente in direzione di Roma e Monterosi sulla via Cimina e quindi deviando a destra per portarsi sulla Cassia. Nel parco naturale regionale dell'Antichissima Città di Sutri – il più piccolo del Lazio, con una superficie di appena sette ettari – si concentrano testimonianze archeologiche e storiche di assoluta rilevanza, che includono una necropoli etrusca, un mitreo scavato nel tufo, un anfiteatro romano capace di 9.000 persone, la settecentesca villa Savorelli con i giardini e la piccola chiesa rinascimentale di S. Maria del Tempio, oggi sede del centro servizi del parco.

Proseguendo lungo la Cassia in direzione Roma, poco dopo Sutri si svolta a destra su una secondaria che in una decina di chilometri raggiunge il **Lago di Bracciano** (qualche tortuosità e un tornante nell'ultimo tratto).

Il terzo dei bacini vulcanici a nord di Roma e secondo del Lazio per superficie è assai frequentato dai residenti della capitale ed è servito da numerosi campeggi e alcune aree attrezzate. Qui il territorio pianeggiante invoglia all'uso delle due ruote, anche se il traffico automobilistico è maggiore rispetto alle tappe precedenti: negli ultimi anni, infatti, molti abitanti capitolini hanno lasciato la città in favore delle amene località della sponda meridionale del lago, preferendo spostarsi quotidianamente per raggiungere la sede di lavoro a Roma. Questo fenomeno ha provocato anche la crescita della moderna edilizia abitativa, che tuttavia non ha snaturato la composizione urbanistica dei borghi rivieraschi: se ne ha conferma giungendo a **Trevignano Romano**, Bandiera arancione del Touring Club Italiano. Dominato dalla rocca Orsini e panoramicamente adagiato al centro della sponda settentrionale, presenta il centro antico articolato intorno a piazza Vittorio Emanuele III, su cui affacciano il Palazzo Comunale e la torre dell'Orologio. La sede municipale ospita il museo civico archeologico, ricco di reperti etruschi e romani. Da via Umberto I si svolta in via della Parrocchia e si sale verso la chiesa dell'Assunta: un breve sentiero che parte dal sagrato conduce alla sommità della rupe su cui sorge la rocca, e dalla quale si godono vedute di grande suggestione.

Il Lago di Bracciano e la fascia circostante sono protetti da un parco regionale tra i più fruibili del Lazio, grazie a iniziative che facilitano l'approccio ai luoghi e all'ambiente naturale attraverso numerose escursioni tematiche proposte dal parco stesso. Un'altra visita da non perdere, soprattutto se si viaggia con bambini e ragazzi, è quella al Centro Volo Rapaci "I falchi di Rocca Romana", poco distante dal campo sportivo di Trevignano: oltre al controllo dell'avifauna, la struttura offre esibizioni e corsi di falconeria, *pet therapy* e soggiorni estivi per i più giovani.

Superato il piccolo borgo rurale di Vicarello, la strada costeggia il bacino per poi deviare in salita verso **Bracciano**, dove si immette nel cuore del centro storico. Furono anche qui gli Orsini a far costruire nella seconda metà del '400 il turrito castello, che si presenta in ottimo stato di conservazione ed è oggi utilizzato anche per appuntamenti culturali e mondani: ulteriormente abbellito negli arredi e nelle decorazioni pittoriche e architettoniche sotto gli Odescalchi, offre una sontuosa collezione di oggetti d'arte e un'ampia vista

L'anfiteatro romano di Sutri

AREE DI SOSTA

La vicinanza a Roma dei laghi di Bracciano, Vico e Bolsena ha reso il territorio molto frequentato nei finesettimana e in estate. Una fitta rete di strutture ricettive offre un buon numero di aree attrezzate.

Lago di Bolsena e Viterbo

BAGNOREGIO • **Punto sosta** a pagamento in p.le dei Bersaglieri, a 5 minuti a piedi dal centro.

BOLSENA • **Area attrezzata** presso l'agriturismo La Piantata, SP113 Arlenese, Arlena di Castro, tel. 335 6049630 o 333 3710828, www.lapiantata.it (annuale). • **Area attrezzata** Il Guadetto, Via della Chiusa 42/1, Bolsena, tel. 0761 798972 o 328 2790397, www.areacamperilguadetto.it (annuale) • **Punto sosta** sulla SP35 km 1, di fronte agli scavi archeologici.

CAPODIMONTE • **Area attrezzata** Da Enzo, località Pajeto, 2 km dopo l'abitato provenendo da Viterbo (annuale, servizi aprile-settembre). • **Area attrezzata** presso agricampeggio Lagovillage, via S. Antonio 221, tel. 340 2268646 (aprile-ottobre).

GRADOLI • **Area attrezzata** San Magno, SP114 km 6+137, tel. 349 0936431, www.bolsenacamper.it (aperta dalla settimana prima di Pasqua al 30 settembre).

LUBRIANO • **Area attrezzata** nel parco Paime, a 300 m dal centro, tel. 0761 780459, www.comune.lubriano.vt.it.

MARTA • **Area attrezzata** Kornos, sul lungolago fra Marta e Montefiascone, tel. 320 0762580 o 328 5712561 (aperta dal 1° aprile al 30 settembre).

MONTEFIASCONE • **Area attrezzata** gratuita presso la cantina sociale, a 500 m dal centro storico, tel. 0761 826148, info@cantinamontefiascone.it (annuale, servizio bus). • **Area attrezzata** presso l'agricampeggio Monterotondo, lungolago di Montefiascone, tel. 324 9574436, www.bolsenacampeggio.it (aperto da aprile a ottobre). • **Area attrezzata** presso l'agriturismo Bella Cima, via Mosse 369/a, tel. 339 3214712 o 0761 826591, www.bellacima.it (annuale).

SAN LORENZO NUOVO • **Agricampeggio** presso agriturismo La Palombara, località La Palombara 19, tel. 0763 727588 o 340 5215150 o 333 8540678, www.agriturismolapalombara.com (aperto dal 1° luglio al 31 agosto).

VITERBO • **Punto sosta** presso l'agriturismo Monteparadiso, località Monterazzano, tel. 0761 360839 o 335 7822608, www.monteparadiso.it. • **Area attrezzata** presso agriturismo Casali degli Iatti, str. Tuscanese 68, tel. 0761 360802 o 348 7427399, www.casadegliiatti.it. • **Agricampeggio** Paliano, str. Pian di Tortora, tel. 393 9996039 o 393 9610555, www.agricampeggio paliano.it.

sul lago dall'alto del cammino di ronda. Poco distante è la parrocchiale di S. Stefano, dalla quale si può proseguire nella passeggiata lungo vicoli e stradine orlati da case e palazzi rinascimentali.
Ridiscesi sulla strada circumlacuale, dove si trovano un'area attrezzata e alcuni campeggi (che forniscono le uniche basi adatte ai veicoli ricreazionali nel quadrante sudoccidentale del lago), si continua fino ad **Anguillara Sabazia**. Il paese dista circa 10 chilometri, percorribili anche in bici poiché questo tratto del lungolago è meno frequentato (più trafficata e più lunga di cinque chilometri la strada a monte che collega le due località passando per Vigna di Valle). A metà percorso si incontra il museo storico dell'Aeronautica Militare, che in quattro grandi hangar espone una collezione di velivoli storici e di prototipi databili dall'epoca della Grande Guerra fino ai giorni nostri, oltre ad alcuni cimeli delle spedizioni polari di Umberto Nobile.
Giunti ad Anguillara, con bel colpo d'occhio sul nucleo storico che si protende nel lago dall'alto di un piccolo pro-

VITORCHIANO • **Area attrezzata** gratuita in via della Teverina, direzione Grotte Santo Stefano, www.comune.vitorchiano.vt.it.

Lago di Vico

RONCIGLIONE • **Punto sosta** nel parcheggio sulla circonvallazione, in prossimità del centro storico (chiuso il lunedì mattina).

Laghi di Bracciano e di Martignano

ANGUILLARA SABAZIA • **Agricampeggio** per tende e piccoli camper presso l'agriturismo Il Castoro, via di Polline 343, Lago di Martignano, tel. 339 4952416 o 335 336789, www.agriturismoil castoro.it (aperto dal 15 giugno a inizio settembre).

BRACCIANO • **Area attrezzata** a pagamento Le Mimose, via del Lago 25, tel. 329 9663795, www.futuralagoparking.eu (annuale).

ORIOLO ROMANO • **Area attrezzata** gratuita in via degli Artigiani, a 100 m dalla stazione ferroviaria Roma-Viterbo. • **Area attrezzata** presso l'area di servizio Cancellieri, via Braccianese-Claudia km 34+955, tel. 346 1218044 (annuale).

TREVIGNANO ROMANO • **Area attrezzata** Blue Lake Camper, via della Rena 90, tel. 348 5311726, www.bluelakecamper.it (aperta tutto l'anno, prenotazione richiesta). • **Area attrezzata** presso il camping Smeraldo Trevignano, via dell'Acquarella 13, tel. 06 9985180 o 393 9655711, www.campingsmeraldo.com (annuale).

montorio, se ne visitano la collegiata dell'Assunta, il castello Orsini e la piazza del Comune con la fontana delle Anguille (non è però a esse che si deve il nome della località, bensì alla probabile esistenza di una dimora romana detta *angularia* per la sua posizione). Anche qui un labirinto di vicoli e piccoli slarghi offre piacevoli opportunità di passeggiate, magari facendo tappa in uno dei ristoranti tipici; nella bella stagione è però preferibile non avvicinarsi in camper o in auto all'area del molo nelle sere di venerdì e sabato, quando il turismo pendolare si fa intenso e la ricerca di parcheggio diviene impossibile.
Spostandosi sulla via Anguillarese verso i quartieri nuovi, in un piazzale subito prima del passaggio a livello della ferrovia Roma-Viterbo si trova il centro visite del Sistema Intercomunale Cerite-Tolfetano-Braccianese, ove sono esposti reperti archeologici provenienti da un villaggio neolitico del VI millennio a.C. Il sito, oggi sommerso dalle acque, si trova in località La Marmotta in direzione di Trevignano. Questa stessa strada, che conclude il periplo del lago, si ricollega alla viabilità principale e ai percorsi di rientro dal bivio di Settevene o dalla stessa Trevignano.

Veduta del Lago di Bracciano

DALLA CIOCIARIA AI MONTI SIMBRUINI

La vasta area che si estende a est di Roma fino ad entrare nella provincia di Frosinone riserva al turismo numerosi spunti originali, alcuni poco conosciuti. Nel contempo, però, le destinazioni di maggior rilievo sono percepite dal visitatore di passaggio come singole località e non come possibili tappe di un percorso: a creare questo effetto è anche la possibilità di raggiungerle in breve dalle autostrade, facendo dunque preferire al viaggiatore gli spostamenti veloci anziché i tortuosi andirivieni lungo le vie secondarie. Se però si fondono questi due criteri di esplorazione del territorio, ci si rende conto che è possibile tracciare un itinerario articolato fra il versante settentrionale della A1 e il versante meridionale della A24, potendo così dare inizio al viaggio da più punti di accesso.

Si tratta di un territorio in cui la ricettività per i veicoli ricreazionali è ancora poco sviluppata, ma non mancano le soste libere adatte alle brevi visite di paesi e complessi monumentali. Tra essi vi sono abbazie fra le più importanti dell'Italia centrale e di assoluta rilevanza nell'offerta culturale della regione, anche dal punto di vista della tradizione erboristica, storicamente legata alle attività monastiche.

PERCORSO DI AVVICINAMENTO

L'itinerario descritto si raggiunge dalla A1 uscendo al casello di Frosinone o a quello di Anagni-Fiuggi se ci si vuole portare subito nella parte centrale del percorso. Dal versante adriatico è preferibile seguire il tragitto in senso inverso, iniziando cioè da Subiaco, a cui si accede dai caselli di Vicovaro-Mandela e di Carsoli-Oricola della A24 Roma-L'Aquila-Teramo.

Proprio da un grande luogo di culto inizia il viaggio, lasciando l'Autosole allo svincolo di Frosinone e prendendo la statale per Sora che, dopo qualche chilometro, si trasforma in superstrada. Si procede fino all'**abbazia di Casamari**, sorta sulle rovine del *municipium* romano di *Cereate Marianae*. Il complesso è uno dei pochi ancora integri del gotico cistercense, con pianta simile a quella dei monasteri francesi e la facciata della chiesa che presenta un singolare portico a tre archi. All'interno si visitano, oltre all'edificio, la ricca biblioteca (aperta dal lunedì al venerdì ore 8.30-18.30, sabato 8.30-13.00, chiusa la domenica) e un museo che

Scorcio dell'abbazia di Casamari

custodisce reperti archeologici e dipinti di pregio. La farmacia e la liquoreria, dove è possibile acquistare elisir e prodotti per la cura della persona, concludono piacevolmente il giro.

Ripresa la superstrada verso Frosinone, si devia al bivio per **Alatri**, dove si cercherà parcheggio nei quartieri più esterni o sulla circonvallazione delle Fosse Ardeatine, che costeggia a nord e a ovest il centro antico della città. L'italica *Alatrium*, fondata dagli Ernici, conserva di quell'epoca un'acropoli circondata da mura megalitiche e scandita da due porte, la Maggiore e la Minore. Tutt'intorno si stende il nucleo storico, nel quale spicca per imponente eleganza la collegiata di S. Maria Maggiore, costruita nel V secolo sui resti di un tempio consacrato alla dea Venere e ricostruita in stile romanico-gotico nel XIII secolo: la classica facciata a capanna, affiancata dal campanile, è impreziosita al centro da un enorme rosone che illumina l'interno a tre navate. È invece di fine '700 il prospetto della concattedrale di S. Paolo, precedente al Mille ma più volte rimaneggiata. Da vedere anche le chiese di S. Silvestro e S. Francesco e, in tema di architetture civili, le numerose fontane ottocentesche e alcuni interessanti palazzi come il Conti-Gentili, decorato da una meridiana, e il Gottifredo, in cui ha sede il museo civico.
Tornati sulla strada principale, si prosegue in direzione di Fiuggi deviando per **Collepardo**, Bandiera arancione del Touring Club Italiano. Anche in questo caso si dovrà cercare un parcheggio estemporaneo nella parte nuova, piccola fatica ripagata dalla piacevole passeggiata nel minuscolo borgo medievale, inaccessibile in camper. In paese e nei dintorni la tradizione erboristica si ritrova nel giar-

dino botanico Flora Ernica, nello storico museo delle Erbe e nella **certosa di Trisulti**, che dista sei chilometri su una strada stretta e tortuosa ma alla portata di conducenti mediamente esperti. Scenograficamente immerso in uno dei paesaggi boschivi più caratteristici della Ciociaria, il complesso venne fondato nell'XI secolo dai Benedettini e nel XIII secolo passò ai Certosini che lo ressero per oltre 750 anni, fino al subentro dei Cistercensi nel 1945. Nell'antica farmacia è possibile acquistare specialità medicinali a base di erbe e liquori aromatizzati.

Ridiscesi fino al bivio, si prosegue rapidamente per **Fiuggi**, che offre una delle poche strutture ricettive per i veicoli ricreazionali in questa zona. La celebre acqua curativa, le cui proprietà erano menzionate già da Plinio il Vecchio, alimenta gli impianti termali costruiti a più riprese dall'inizio del '900, epoca della quale si conserva il portale liberty dello stabilimento. Il borgo antico, che fino al 1911 era denominato Anticoli di Campagna, presenta interessanti chiese e palazzetti nobiliari. Si scende ora in direzione di **Anagni** (raggiungibile anche dall'omonimo casello della A1, in comune con Fiuggi). Una vasta area per camper si trova in prossimità del cimitero, a modesta distanza dal centro medievale, che presenta strade strette e in pendenza rese ancora più particolari dall'altezza degli edifici. Alla sommità

La cattedrale di S. Maria ad Anagni

La certosa di Trisulti e i giardini con l'Appennino laziale sullo sfondo

ITINERARI DEL GUSTO

Oltre alle specialità alimentari che si possono acquistare presso i monasteri, in tutta l'area interessata dall'itinerario si assapora una gastronomia verace, semplice e sostanziosa al tempo stesso, basata sui prodotti dell'agricoltura montana. L'ampia varietà di paste fatte a mano comprende fettuccine, maccheroncini, sagne e i *paternostri*, lavorati con uno speciale utensile metallico: il condimento tipico è rappresentato dal sugo di pomodoro insaporito con carne, salsicce, frattaglie e una grattugiata del rinomato pecorino di produzione locale, a cui si affiancano ricotta e altri formaggi di latte ovino freschi e stagionati. L'agnello, il capretto e le spuntature di maiale sono i secondi piatti più diffusi, da accompagnare con verdure come cime di rapa, verza e cicoria. Quanto ai vini, sono senz'altro da assaggiare il rosso Cesanese del Piglio Docg affiancato dalle varietà di Affile e di Olevano Romano, il bianco Passerina del Frusinate Igt e il Genazzano, solo per citare alcuni dei vitigni tipici di queste zone.

dell'acropoli di *Anagnia*, che fu capitale degli Ernici, si erge la cattedrale romanico-gotica di S. Maria, nella cui cripta si conserva un prezioso ciclo di affreschi del XII e XIII secolo a soggetto biblico ed evangelico. In questa chiesa il pontefice Alessandro III scomunicò il Barbarossa e, più tardi, vi venne eletto papa Innocenzo IV; ma lo stretto connubio della città con la storia del papato ha il suo monumento più significativo nel palazzo in cui Bonifacio VIII, durante un incontro con il messo del sovrano francese Filippo il Bello, ricevette l'umiliazione nota come "schiaffo di Anagni". Da vedere anche il palazzo della Ragione, antica sede comunale dalle forme rigorose, e casa Barnekow, dal cognome del pittore svedese che fece ristrutturare a metà dell'800 questo palazzetto già noto come casa Gigli.

L'ultima tappa dell'itinerario è Subiaco, uno dei più celebri luoghi benedettini del mondo. Per arrivarvi si attraversano gli **altipiani di Arcinazzo**, con due varianti stradali: da Anagni si riprende per Fiuggi e si segue una provinciale tortuosa ma panoramica, oppure si svolta per Acuto sulla via Prenestina e si continua per Piglio. Entrambi i percorsi convergono su questa conca verdeggiante (frequentata per lo sci durante l'inverno) che, nonostante l'altitudine al di sotto dei 1.000 metri, presenta scenari quasi alpini dovuti alla presenza di fitte abetaie, frutto di un impianto recente che ha inserito le conifere sull'originaria copertura a bosco e a macchia. Strutture sportive e percorsi attrezzati ne fanno un luogo di richiamo in cui soffermarsi prima di riprendere la marcia.

La via Sublacense, che offre vedute sui Simbruini, sfiora i paesi di Arcinazzo Romano e Affile per poi dirigersi a **Subiaco**, sul confine sudoccidentale del parco naturale regionale Monti Simbruini. Il borgo medievale si condensa intorno a una rupe scoscesa, che domina la valle del fiume Aniene proprio nel punto in cui esce dalla stretta gola lungo la quale si trovano il **Sacro Speco** e il **monastero di S. Scolastica**. Il bivio per raggiungerli si trova poco prima dell'abitato arrivando da sud: la strada lambisce i resti di una villa appartenuta all'imperatore Nerone (composta da vari nuclei abitativi e di servizio sparsi sulle sponde dell'Aniene) per poi risalire fino al primo sito, dedicato alla sorella di san Benedetto. Annunciato dall'elegante campanile romanico edificato a metà dell'XI secolo, l'unico monastero rimasto dei dodici voluti dal santo di Norcia in questa valle si articola intorno a tre chiostri: quello rinascimentale, del XVI secolo, quello gotico, di due secoli

più antico, e quello cosmatesco, del XIII secolo. Adiacente a quest'ultimo è il refettorio, con volta a botte rinnovata agli inizi del '600; dal lato settentrionale del chiostro gotico si accede alla biblioteca, nella quale operò fin dal 1465 la prima tipografia italiana. Quanto alla sapienza erboristica, sono numerosi i prodotti in vendita nel negozio del monastero, sia per il consumo alimentare sia per la salute e la cura della persona.
L'ultimo emozionante incontro è con il Sacro Speco, la grotta del Monte Taleo nella quale Benedetto si ritirò in eremitaggio tra l'anno 497 e il 500 circa. Attorno a essa, nei secoli successivi, il complesso monastico crebbe nelle forme odierne, aggrappato alla parete rocciosa che scende a strapiombo verso la forra dell'Aniene. La chiesa inferiore e quella superiore, le cappelle della Madonna e di S. Gregorio, la Scala Santa, la grotta dei Pastori e il cortile dei Corvi sono gli ambienti principali, resi particolarmente affascinanti dalla galleria di affreschi dipinti fra il XIII e il XV secolo. Fra i soggetti più interessanti vanno menzionati il ciclo delle *Storie di San Benedetto*, la *Madonna col Bambino* del Magister Consolus e un'effigie di san Francesco realizzata in occasione di una sua visita nel 1223.
L'ambiente selvaggio e boscoso inviterebbe a continuare per Jenne, in cui ha sede il parco regionale, ma la strada è estremamente tortuosa e in alcuni punti molto angusta, sconsigliabile ai veicoli di grandi dimensioni. Si ridiscende quindi a Subiaco e da qui, per la statale 411, si raggiungono in breve Agosta e l'autostrada Roma-L'Aquila.

Il Sacro Speco di san Benedetto presso Subiaco

AREE DI SOSTA

Nella fascia appenninica del Lazio la ricettività non è molto sviluppata, nonostante le potenzialità del territorio per il turismo all'aria aperta: sono poche le aree attrezzate e i campeggi (lungo il percorso descritto se ne trova solo uno a Fiuggi, mentre un altro impianto è a circa 15 km da Subiaco, sul Monte Livata). Alcune guide riportano un camping a Collepardo, ma la struttura è stata chiusa dal Comune e non se ne conosce la data di riapertura. Non mancano tuttavia le possibilità di sosta libera nei centri abitati e durante l'attraversamento delle aree montane. Nel parcheggio del Sacro Speco è consentito sostare, ma prima dell'arrivo è bene accertarsi della disponibilità di spazio rivolgendosi al monastero (tel. 0774 85039).

ANAGNI • **Area attrezzata** gratuita a ridosso del centro, nei pressi del cimitero.

FIUGGI • **Area attrezzata** a pagamento in via delle Felci, gestita dall'adiacente campeggio Eurocamping 2000, tel. 0775 514420, sosta massima 48 ore.

TECCHIENA • **Punto sosta** gratuito su terra battuta presso il ristorante pizzeria La Favola, via Allegra 29, tel. 0775 442656 o 338 3315857.

VICO NEL LAZIO • **Area attrezzata** presso la Locanda dei Monti Ernici, via Gorgonzano, tel. 338 4431412 (annuale).

IL CIRCEO

Protetto da un parco nazionale tra i più conosciuti d'Italia e assai frequentato durante l'estate, il promontorio del Circeo rappresenta per il turista itinerante una meta da scoprire nelle altre stagioni, quando la folla è assente e il clima mediterraneo favorisce escursioni e attività nella natura, con l'ausilio della bicicletta e della canoa.

Con un'altezza massima di 541 metri, il massiccio calcareo dall'inconfondibile sagoma che costituisce l'estremità meridionale dell'area è legato al celebre mito omerico della maga Circe. Ai suoi piedi sorge **San Felice Circeo**, antico villaggio marinaro oggi divenuto una delle più vivaci località turistiche del Tirreno. Oltre la montagna, solcata da panoramici sentieri, si estende la **foresta della Cerasella**, che dà rifugio a numerose specie animali e comprende un recinto faunistico; ma il richiamo più forte è esercitato dalla magnifica duna litoranea, che inizia subito a nord della montagna e prosegue quasi senza interruzione per circa 25 chilometri. L'alto cordone sabbioso digradante verso le ampie spiagge divide dal mare ben quattro laghi: il primo di essi, partendo da San Felice, è chiamato di Paola o di **Sabaudia**, dal nome della cittadina fondata nel 1934, che offre un compiuto e singolare esempio di architettura urbana razionalista.

Proseguendo lungo la costa si incontrano i laghi di Caprolace, dei Monaci e di Fogliano, con ottime possibilità per il birdwatching. La zona offre anche importanti interessi paleontologici e archeologici dalla preistoria all'età imperiale: nel solo territorio del parco si trovano ben sedici luoghi notevoli.

Vegetazione dunale nel parco del Circeo

PERCORSO DI AVVICINAMENTO

Il parco nazionale del Circeo si distende lungo la costa meridionale del Lazio, a ridosso della Pianura Pontina, e si raggiunge dalla A1 uscendo a Frosinone e proseguendo sulla SR156 per Terracina, San Felice Circeo e Sabaudia. Da Roma si segue la SS148 Pontina, da Napoli la SS7 Appia per Formia e Gaeta, poi la via Flacca per Sperlonga e Terracina. L'area protetta comprende l'isola di Zannone, che si visita solo con escursioni organizzate periodicamente dal parco e dagli enti turistici locali.

AREE DI SOSTA

Oltre ai numerosi camping stagionali del litorale, a **San Felice Circeo** sono disponibili le aree attrezzate Rosa dei Venti (viale Europa 9, tel. 338 2229085 o 345 5117808, prenotazione consigliata), Circeocamper (viale Europa 1, tel. 338 5951858, www.circeocamper.it) e CirceMed (via della Molella 2/a, tel. 0773 597731 o 334 9365970, www.circemed.com, info@circemed.com). A **Sabaudia** sono presenti le aree attrezzate Il Cantiere (via Sacramento 1889, a 700 m dal mare e vicino al lago di Caprolace, tel. 345 0362424, https://sites.google.com/site/areasostacampersabaudia) e Gli Oleandri, via Principe di Piemonte 60, a 500 m dal mare, tel. 338 2378154 o 340 2495050).

ABRUZZO

Dall'Adriatico al Gran Sasso

L'Abruzzo è la regione italiana che vanta la più alta percentuale di territorio protetto e, proprio per questa ragione, è molto frequentato da un turismo attento all'ambiente e alla fruizione a basso impatto. I paesaggi e l'organizzazione del territorio offrono motivi di richiamo capaci di rispondere a tutte le esigenze e di suscitare interessi e abbinamenti sempre nuovi: grazie alle distanze ridotte fra i diversi ambienti naturali (basta percorrere meno di 100 chilometri per spostarsi dalle sponde dell'Adriatico alle falde del Gran Sasso), è facile alternare il soggiorno marino alle escursioni d'alta quota o alla visita di tranquilli borghi di poche centinaia di abitanti. Il forte senso di ospitalità della popolazione sopperisce alla scarsità di strutture attrezzate per i camper, che si concentrano perlopiù lungo la fascia costiera. Si tratta di un contesto tra i più indicati per i neofiti della vacanza all'aria aperta, che qui trovano una vera e propria palestra in cui sperimentare a tutto tondo le doti del veicolo ricreazionale; ma anche i viaggiatori più esperti otterranno grandi soddisfazioni e sorprese inaspettate. Da non trascurare l'enogastronomia, che ha mantenuto un'impronta genuina ed è ricca di specialità tradizionali sia nella cucina di mare sia in quella di montagna.

Quando andare

L'estate per il mare e l'inverno per lo sci sono le stagioni canoniche del turismo in Abruzzo e, proprio per questo, anche le più affollate. Per il viaggiatore itinerante saranno dunque preferibili le mezze stagioni, in particolare i mesi

Opera sacra in ceramica a Castelli

da maggio a luglio e da settembre a novembre, quando le coste sono poco frequentate e la natura montana si presenta nella rigogliosa veste primaverile o nei caldi colori dell'autunno. Per le visite brevi, invece, è bene farsi ispirare dal calendario festivo popolare, che in ogni periodo dell'anno offre appuntamenti di grande interesse per gli estimatori del folklore.

Cavalli al pascolo sul Gran Sasso

Gli itinerari

La costa meridionale, scandita dalle famose macchine da pesca dette *trabocchi*, è l'asse della prima proposta, che include un ampio anello nell'entroterra per visitare i luoghi di produzione del Montepulciano e di altri rinomati vini abruzzesi.

Il secondo itinerario si sviluppa lungo la Valle del Vomano attraverso il parco nazionale del Gran Sasso e dei Monti della Laga, con numerose opportunità di escursioni sui sentieri del massiccio e tappe in borghi storici di rilievo, tra cui Castelli.

La terza proposta offre un'insolita chiave di lettura del territorio visitando la piana di Navelli, dove si produce da secoli una pregiata varietà di zafferano, con la possibilità di assistere alla raccolta nei mesi autunnali.

DA PESCARA A VASTO

La costa meridionale dell'Abruzzo ha una morfologia assai differente da quella settentrionale, caratterizzata da un litorale basso e sabbioso che si estende senza interruzione per 150 chilometri a partire dal promontorio marchigiano del Conero. A sud di Pescara, invece, il profilo costiero presenta tratti rocciosi che si protendono verso il mare, arricchiti dalla quinta verdeggiante dei colli che si innalzano nel vicino entroterra.

Questi aspetti del territorio (conosciuti anche grazie alle liriche di Gabriele d'Annunzio, che soggiornava spesso nella sua regione natale) hanno indirizzato lo sviluppo dell'economia tradizionale, che oggi alimenta un turismo alternativo alle classiche vacanze balneari. L'agricoltura ha infatti la sua espressione più significativa in una fiorente produzione vinicola di riconosciuto pregio, mentre la storia delle attività marinare è rappresentata dai *trabocchi*, tipiche palafitte in legno che punteggiano la costa e sono tuttora utilizzate per la pesca con la rete.

Pescara, pur mancando di aree attrezzate per i veicoli ricreazionali, offre numerosi campeggi litoranei nelle località dei dintorni e dispone di parcheggi utilizzabili per una breve visita. Attraversata dall'ultimo tratto dell'Aterno, che forma un ampio porto-canale prima di sfociare nell'Adriatico presso lo scalo marittimo, la città conserva alcune delle principali testimonianze dannunziane, a cominciare dalla casa natale del poeta in corso Manthonè. Le sale espositive allestite nell'edificio consentono di ripercorrere i momenti più significativi della vicenda familiare del Vate, con arredi d'epoca e oggetti commemorativi. Poco lontano sorgono la cattedrale neoromanica di S. Cetteo, costruita negli anni '30 dello scorso secolo con fondi in parte messi a disposizione dallo stesso d'Annunzio, e l'imperdibile museo delle Genti d'Abruzzo, ospitato nell'ex carcere borbonico, in cui si osserva una vasta collezione di reperti archeologici ed etnografici. Sulla sponda opposta del canale, raggiungibile con una breve passeggiata, si trova il novecentesco palazzo del Governo con la sala della Giunta ornata dal celebre dipinto di Francesco Paolo Michetti *La figlia di Jorio*, che ispirò l'omonima opera teatrale dannunziana.

All'uscita meridionale della città si distende la pineta di **Francavilla al Mare**, già in provincia di Chieti; qui il quattrocentesco convento di S. Maria del Gesù ospitò un cenacolo artistico promosso dal Michetti alla fine dell'800: oltre a d'Annunzio, vi parteciparono Matilde Serao, Eduardo Scarfoglio e il compositore Francesco Paolo Tosti.

Si intravvede già la scogliera che precede Ortona, ma, prima di continuare lungo la costa, vale la pena di dedicare un'ampia digressione ai borghi collinari dell'interno che, oltre agli interessi storici e artistici, sono il fulcro di una tradizione enologica di assoluto rilievo.

PERCORSO DI AVVICINAMENTO

La A14 Adriatica e la parallela SS16 percorrono da nord a sud la costa abruzzese, toccando tutte le località marine dell'itinerario e consentendo di raggiungere facilmente l'entroterra lungo strade secondarie.

Dal versante tirrenico centrosettentrionale un efficiente collegamento è garantito dalla A24 per L'Aquila, che incrocia la A1 all'altezza di Roma Est e dallo svincolo di Torano prosegue nella A25 per Pescara.

Dal versante tirrenico meridionale si possono seguire due direttrici di marcia, entrambe con uscita dalla A1 a Caianello. Volendo accedere all'itinerario da nord si prosegue per Isernia, Roccaraso, Sulmona e Pratola Peligna, continuando fino a Pescara sulla statale o sulla A25; se invece si vuole compiere il percorso nel senso inverso a quello descritto, da Isernia si percorre la SS650 del Trigno per San Salvo e Vasto.

Imboccata la SP649, la prima tappa è **Ripa Teatina**, il cui centro storico è caratterizzato dalle torri di guardia fatte co-

Un trabocco sulla costa abruzzese

struire alla fine del XV secolo da Alfonso II d'Aragona insieme a una cinta muraria poi smantellata. È invece dell'anno 1010 il campanile della chiesa di S. Stefano, una delle più antiche del paese. **Villamagna**, a qualche chilometro di distanza, fu presidio del popolo italico dei marrucini, posto a difesa di Chieti: nel borgo medievale sorge la chiesa barocca di S. Maria Maggiore, con stucchi rococò e tele di scuola napoletana.

Salendo verso i primi contrafforti appenninici, **Vacri** è un altro esempio di architettura medievale, anche se i reperti archeologici rinvenuti nel circondario fanno risalire il primo insediamento al III secolo a.C. Dall'abitato si apprezza un ampio panorama sul massiccio della Maiella, al quale ci si avvicina portandosi nell'arroccato nucleo longobardo di **Fara Filiorum Petri**. La notorietà del paese (che dispone di un'area attrezzata vicino al campo sportivo) è dovuta a una delle manifestazioni più significative del folklore abruzzese: la Processione delle Farchie, torce di canne alte fino a 9 metri portate in processione durante la festa di sant'Antonio Abate, il 16 gennaio. Di tutt'altro genere, a **San Martino sulla Marrucina**, è l'antica tradizione dei polverieri, che fin dal XVI secolo producevano e commercializzavano una polvere pirica di grande efficacia, utilizzata soprattutto nell'agricoltura per liberare i terreni da massi e tronchi.

Tutti i paesi finora visitati sono luoghi di produzione del Montepulciano e di

ITINERARI DEL GUSTO

I piatti della cucina marinara e contadina dell'Abruzzo, dal famoso brodetto di pesce alle pietanze a base di agnello, si accompagnano alla perfezione con i pregiati vini locali, oggi noti e diffusi anche all'estero. Oltre il 90% della produzione è costituito da Montepulciano e Trebbiano, ma molti altri sono i vitigni coltivati, tra cui i classici Chardonnay, Cabernet Sauvignon e Merlot e gli autoctoni Pecorino, Cococciola, Passerina e Montonico. Per degustazioni e acquisti si possono visitare le innumerevoli aziende sul territorio: da non perdere la Masciarelli a San Martino sulla Marrucina (tel. 0871 85241, www.masciarelli.it) e la cantina Tollo nell'omonima località (tel. 0871 96251, www.cantinatollo.it). Altre aziende d'interesse sono la cantina di Miglianico, la tenuta Valletta a Ripa Teatina, la fattoria Licia a Villamagna, la cantina Buccicantino a Vacri, l'azienda Santoleri a Guardiagrele, la cantina Feuduccio di Orsogna e la Progresso Agricolo a Crecchio.

I vigneti dei colli del Chietino, rinomata zona di produzione enologica

Il Castello Aragonese di Ortona, con due delle quattro torri ancora intatte

altri vini Doc. La più occidentale delle località di questo itinerario enologico è **Guardiagrele**, ormai a ridosso della Maiella, che d'Annunzio definì "la terrazza d'Abruzzo" per la posizione splendidamente panoramica. Da qui si ridiscende verso il mare con una tappa a **Orsogna**: citata per la prima volta in un documento del 1151, è con tutta probabilità il borgo raffigurato dal Michetti nella tela della *Figlia di Jorio*. Oltre alla torre del Bene, edificio rurale fortificato del XIII secolo, merita una sosta il parco dell'Annunziata, un'area verde a ridosso dell'abitato con interessanti presenze floro-faunistiche. Una ricorrenza molto sentita è la Sagra dei Talami, quadri viventi a soggetto biblico che sfilano in corteo nei giorni del lunedì in Albis e di Ferragosto.

Dalla strada provinciale per Ortona una breve deviazione conduce a **Crecchio**, dove il castello ducale dei De Riseis ospita il museo dell'Abruzzo Bizantino e Altomedioevale, la cui collezione comprende ceramiche di produzione locale e un raro elmo ostrogoto. Passando per **Canosa Sannita**, con il vicino bosco di Moggio in cui si trova una pieve dedicata alla Madonna Addolorata, si giunge a **Tollo**, piccola capitale dell'enologia abruzzese. Il legame con la cultura della vite è talmente profondo da aver ispirato un progetto di ristrutturazione del centro storico, scenario di una grande festa in costume nella prima domenica di agosto per ricordare la vittoria del 1566 contro i mori. L'ultima tappa collinare è a **Miglianico**, dove la chiesa di S. Michele Arcangelo conserva un affresco mariano del '500 che ispirò d'Annunzio per una delle *Novelle della Pescara*.

Raggiunta nuovamente la costa al margine meridionale dell'abitato di Francavilla, si riprende la discesa portandosi rapidamente a **Ortona**. L'antica *Epineion*, menzionata nel I secolo a.C. dal geografo greco Strabone, conserva un centro storico ricco di monumenti, tra i quali la cattedrale di S. Tommaso, il nucleo medievale della Terravecchia e le abitazioni cinque-seicentesche di via Larga, il palazzo Farnese progettato da Giacomo Della Porta per la duchessa Margherita d'Austria e il Castello Aragonese, che affaccia sul mare con una singolare pianta trapezoidale e quattro torri angolari, di cui due ancora visibili.

AREE DI SOSTA

La costa abruzzese offre numerosi campeggi e alcune opportunità di sosta libera, specialmente al di fuori della stagione estiva, mentre scarseggiano le aree attrezzate: il breve sviluppo dell'itinerario consente però di sfruttare al meglio quelle esistenti, collocate in posizione strategica rispetto alle tappe. Altri utili approdi si trovano nell'interno.

FARA FILIORUM PETRI • **Area attrezzata** gratuita in prossimità del campo sportivo.

FOSSACESIA MARINA • **Area attrezzata** Il Chioschetto, via Lungomare 168, tel. 0872 608451 o 338 1713535, buccgio@libero.it, http://fossacesia.gov.it/area-camper (apertura annuale).

LANCIANO • **Area attrezzata** nel parcheggio lungo via per Frisa.

ORSOGNA • **Agricampeggio** presso l'agriturismo Le Mignole,contrada Arenale 8, tel. 0871 869190, www.lemignole.com (annuale).

RAPINO • **Area attrezzata** in via Ferragine con impianto Camper WC Wash.

SAN SALVO MARINA • **Area attrezzata** in via Magellano (sosta limitata a 48 ore). • **Area attrezzata** a pagamento presso l'Autoparking on the Beach, lungomare Vespucci, tel. 333 6863786 o 348 3035596 (apertura stagionale). • **Area attrezzata** a pagamento presso Poseidon Beach, SS16 n. 160, tel. 087 3802231, 347 3560033, www.poseidonresort.it.

TORINO DI SANGRO • **Area attrezzata** Camping Le Morge a Lido Le Morge, tel. 0873 911378, www.campinglemorge.it (apertura stagionale).

VASTO • **Area attrezzata** presso il camping Oasi Punta Aderci, nella riserva naturale, via Torre Sinello 31, tel. 347 6838873, www.oasipuntaderci.it (apertura stagionale).

Qui si trovava l'estremità orientale della Linea Gustav, costruita dai tedeschi nel 1943 per contrastare l'avanzata degli Alleati: il lungo assedio a cui venne sottoposta la città le ha valso il soprannome di "Piccola Stalingrado" e la medaglia d'oro al valor civile.
Ortona è considerata il punto d'inizio della Costa dei Trabocchi: per trovare le prime macchine da pesca si viaggia verso **San Vito Chietino**, una delle residenze di d'Annunzio, con il borgo affacciato sull'Adriatico dalla sommità di un tavolato roccioso. In posizione ancora più elevata tra mare e collina, a poco più di 10 chilometri nell'interno, **Lanciano** è una delle mete d'arte e di cultura più importanti d'Abruzzo: già capitale del regno italico dei frentani, fu il centro principale della regione durante il medioevo e conserva monumenti, chiese e palazzi di grande valore, che si alternano a porte, fontane e torri. Il famoso ponte di Diocleziano, risalente al III secolo, sovrasta la basilica della Madonna del Ponte, costruita sul finire dell'XI secolo e largamente rimaneggiata nei successivi. È invece la basilica di S. Francesco a conservare le preziose reliquie del miracolo eucaristico, che si sarebbe verificato nell'VIII secolo: durante una funzione religiosa il celebrante dubitò della reale presenza di Cristo nell'eucarestia e, in quel momento, l'ostia si trasformò in carne e il vino in sangue.

Lanciano dispone di un'area attrezzata che può accogliere l'equipaggio per la notte prima di ridiscendere sul mare; in alternativa, fuori stagione si può sostare liberamente nei pressi della spiaggia di Rocca San Giovanni, in località La Foce. A **Fossacesia Marina** il trabocco di Punta Cavalluccio domina il profilo della costa ma, volgendo lo sguardo alla collina, è la splendida **abbazia di S. Giovanni**

in Venere a imporsi all'attenzione. Lasciato il camper nel posteggio adiacente (spesso affollato nei giorni festivi), si visita il maestoso edificio in pietra e mattoni di stile romanico-gotico, la cui costruzione ebbe inizio nel 1165 sulle fondamenta di una chiesa più antica, sorta a sua volta sui resti di un tempio romano dedicato a Venere. Da quest'ultimo provengono le colonne che sorreggono la cripta, mentre sono del XIII secolo le raffinate decorazioni scultoree del Portale della Luna. Una passeggiata lungo il perimetro esterno del complesso consente infine di ammirare l'architettura dell'abside, rivolta verso il mare alla sommità di un grande oliveto.
Presso la foce del fiume Sangro, dove un ampio parcheggio panoramico offre l'occasione per una sosta libera, si trovano le indicazioni per la **riserva naturale regionale Lecceta di Torino di Sangro**, che include il trabocco delle Morge ed è percorsa da facili sentieri. Una seconda area protetta, la **riserva naturale regionale Punta Aderci**, è situata poco più a sud e si raggiunge dal faro di Punta Penna (secondo per altezza in Italia dopo la Lanterna di Genova) prendendo la strada per Porto di Vasto. Sul litorale nidifica il fratino, che depone le uova in piccoli avvallamenti nella sabbia; per evitare di danneggiarle durante le escursioni sono state predisposte alcune passerelle.
Il segreto del saporito brodetto è custodito e messo in tavola dai ristoranti di **Vasto**, abitata nell'antichità da popoli dalmati e frentani, le cui testimonianze sono esposte nell'interessante museo archeologico di palazzo d'Avalos. Altri monumenti di spicco del centro storico sono il Castello Caldoresco, della prima metà del '400, e il duomo di S. Giuseppe, con portale e rosone che ne ricordano l'origine medievale. Piccola curiosità della sottostante Marina di Vasto è invece il monumento bronzeo alla *Bagnante*, realizzato alla fine degli anni '70 del Novecento dallo scultore abruzzese Aldo D'Adamo.
Gli ultimi trabocchi della costa abruzzese sono in prossimità di **San Salvo Marina**, dove una pista ciclabile si snoda lungo le dune. Per il rientro occorre invertire la rotta o, se si è diretti al versante tirrenico meridionale, imboccare la strada di fondovalle del Trigno verso Isernia e la A1.

Scorcio della spiaggia di San Vito Chietino

LA VALLE DEL VOMANO

ITINERARIO2

Il Vomano, uno dei fiumi principali dell'Abruzzo, scorre per circa 80 chilometri dal versante occidentale del Gran Sasso fino allo sbocco nell'Adriatico, presso Roseto. Le acque sgorgano dalle pendici del Monte San Franco, poco lontano dall'Aquila, e con vivace andamento formano l'alto corso, che supera il Passo delle Capannelle e sfiora il Lago di Campotosto prima di entrare nella provincia di Teramo, dove si sviluppano il medio e basso corso.
Le strade di fondovalle, comode e panoramiche, sono un invito alla scoperta reso ancora più accattivante dal fatto che, in breve tempo, si passa dai maestosi paesaggi d'alta quota, di aspetto quasi alpino, alla fascia collinare preappenninica, belvedere naturale sulla vicina costa. A questa varietà di ambienti corrispondono occasioni di fruizione altrettanto diversificate, abbinando l'impiego del veicolo ricreazionale alle escursioni sull'articolato sistema di sentieri del parco nazionale del Gran Sasso e dei Monti della Laga.

Usciti dalla A24 a L'Aquila Ovest si imbocca la statale 80, che negli ultimi anni è divenuta il filo conduttore di un ampio progetto di riqualificazione per il turismo a basso impatto, denominato Strada Maestra. Il contesto montano accresce la sorpresa della prima tappa, l'area archeologica di **Amiternum**. Quest'antica città (che deve il nome alla vicinanza di un altro fiume, l'Aterno) venne fondata dai sabini sul colle di S. Vittorino e, conquistata in seguito dai romani, spostata a valle nel sito in cui oggi si ammirano i cospicui resti del suo florido sviluppo. I due principali monumenti di quella che fu la patria dello storico Sallustio sono il teatro, di età augustea, e l'anfiteatro, costruito qualche decennio più tardi; l'accesso gratuito e

la possibilità di parcheggiare il camper poco lontano dall'ingresso rendono la visita ancora più piacevole.
La strada prosegue per **Arischia**, oggi frazione dell'Aquila, che ospita l'interessante museo del Legno presso il centro visite del parco nazionale. L'ambiente boschivo fa da cornice all'itinerario e offre opportunità di sosta in parcheggi attrezzati con tavoli da picnic. Superati i 1.300 metri di quota del Passo delle Capannelle, si lascia a destra il bivio per Assergi (che conduce anche al sentiero per le sorgenti del Vomano) e si continua fino alla deviazione per il **Lago di Campotosto**, il più grande bacino artificiale d'Abruzzo, nelle cui acque si specchiano le cime della Laga. Lungo le sponde, molto frequentate durante l'estate anche dai camperisti, si possono compiere facili passeggiate a piedi e in bicicletta.
Ridiscesi sulla statale 80, all'altezza del chilometro 29+300 si parcheggia a lato strada per la breve ma interessante visita dei resti della **via Caecilia**: oltrepassati un cancello e un piccolo ponte di legno su un torrente, si nota il selciato di questa strada romana ormai scomparsa. Ripresa la marcia e superato il piccolo lago artificiale della Provvidenza e il paese di Ortolano si incontrano le gole del Vomano; a **Paladini**, dopo una serie di gallerie, si trova un altro centro visite del parco dotato di un ampio parcheggio a ridosso del fiume, base di partenza per molte escursioni.

Il tragitto diventa più tortuoso nell'avvicinarsi al bivio per **Fano Adriano**, sovrastato dal Corno Grande, la cima più elevata del Gran Sasso con 2.912 metri di altezza. Il borgo offre alcune possibilità di parcheggio lungo le vie esterne e in prossimità dell'eremo rurale dell'Annunziata, che si raggiunge guidando con cautela su una stretta stradina e offre spettacolari panorami sul massiccio. Qualche chilometro più a monte sorge **Pietracamela**, con le antiche case in pietra affacciate lungo i vicoli (d'obbligo lasciare il camper in uno degli slarghi che si aprono fra i due nuclei dell'abitato, proseguendo a piedi nella visita).

PERCORSO DI AVVICINAMENTO

Alla valle del Vomano si accede da varie uscite della A24 Roma-L'Aquila-Teramo. Per l'alto corso si può partire da L'Aquila Ovest, dove inizia la SS80, oppure da Assergi, continuando per il Passo delle Capannelle e il Lago di Campotosto. Dal casello di Colledara-San Gabriele si raggiungono invece Montorio al Vomano, Isola del Gran Sasso e Castelli. Da Villa Vomano, infine, si imbocca il tratto terminale della valle in direzione di Roseto degli Abruzzi e della A14 Adriatica.
Per chi arriva dal versante tirrenico meridionale, il percorso più breve inizia dall'uscita di Caianello sulla A1 e prosegue lungo la statale 17 attraversando il parco nazionale d'Abruzzo, Lazio e Molise via Isernia, Roccaraso, Sulmona, Popoli (dove si incrocia la A25 Torano-Pescara) e L'Aquila.

Uno scorcio di Pietracamela

La strada, sempre più tortuosa e con tratti in pendenza – ma comunque percorribile anche da veicoli di una certa stazza – termina sul pianoro sommitale dei **Prati di Tivo**, meta frequentata sia d'estate sia d'inverno. Per la visita è opportuno scegliere i giorni in cui l'affluenza è più contenuta, evitando così di imbattersi nei divieti di sosta che vengono periodicamente apposti dalle autorità quando il numero dei camper diventa eccessivo. Numerose sono le passeggiate che si possono compiere nei dintorni: molto facile quella che conduce al Piano del Laghetto attraversando una bellissima faggeta (un'ora circa, praticabile da maggio a novembre). Altre escursioni di modesto impegno sono quelle che conducono al rifugio Franchetti, con un primo tratto in seggiovia fino all'Arapietra (due ore circa, praticabile da luglio a settembre), e al Corno Grande, anch'esso raggiungibile dall'Arapietra oppure, quando l'impianto di risalita è chiuso, dal Piano del Laghetto (tre ore circa, fattibile da luglio a settembre). Dai Prati di Tivo si ridiscende alla Strada Maestra per avvicinarsi al lato settentrionale del massiccio. **Montorio al Vomano** è il centro principale della valle: all'abitato, che si distende su entrambi i lati della statale, conviene accedere svoltando a sinistra poche centinaia di metri dopo il bivio per Isola del Gran Sasso, attraversando il fiume e imboccando via Italia, che conduce ad alcuni parcheggi. Il nucleo storico a pochi passi, conserva alcune interessanti chiese come quella degli Zoccolanti, ciò che resta di un antico convento.

Prati di Tivo, alle pendici del Gran Sasso

ITINERARI DEL GUSTO

L'istituzione del parco del Gran Sasso e Monti della Laga nel 1991 ha avuto effetti positivi sullo sviluppo economico del territorio, promuovendone anche i numerosi prodotti tipici. Dall'agricoltura e dall'allevamento sui pascoli montani nascono formaggi e ricotte di latte vaccino e ovino, salumi, insaccati, conserve e olio extravergine d'oliva, ma anche un'ampia varietà di ortaggi, legumi e cereali, come le gustose patate Turchese e Fiocco di Neve, le rare cicerchie e la saragolla, pregiata varietà di frumento prodotta in piccoli quantitativi per un consumo di nicchia. Ristoranti e trattorie della zona offrono maccheroni alla chitarra e altre paste fatte a mano, sostanziose zuppe dell'orto, specialità a base di agnello (tra cui i prelibati arrosticini) e saporiti contorni di verdura. Per spuntini o merende, forni e panifici propongono torte rustiche, *fiadoni* al formaggio, biscotti alle mandorle e dolci ripieni come i *bocconotti* con cacao e marmellata o i *caggiunitte* con ceci, mandorle, canditi e mosto cotto.

Tornati al bivio già incontrato lungo la statale, si scalano le pendici del Gran Sasso in direzione di Castelli: si tratta di una panoramica digressione di circa 50 chilometri che permette di visitare alcuni centri di questo versante. Il primo è **Tossicia**, dove nella chiesa di S. Antonio Abate si ammira un elegante portale gotico, mentre la parrocchiale di S. Maria Sinforosa si presenta con un'inconsueta architettura di impronta civile.

Lungo curve e tornanti immersi nel verde si raggiunge il **santuario di S. Gabriele dell'Addolorata**, dove convergono ogni anno migliaia di fedeli: i corpi di fabbrica della basilica moderna celano gli edifici più antichi, costruiti e rimaneggiati fra il XIII e il XVI secolo, nei quali si visitano una raccolta di memorie del santo e un museo degli ex voto. Il complesso si trova quasi alle porte di **Isola del Gran Sasso d'Italia**, con il palazzo baronale ornato da una loggia a due livelli che affaccia a strapiombo sul fiume Mavone. Nei dintorni vi sono numerosi luoghi di culto e testimonianze storiche di pregio cui si arriva con facili escursioni, come nel caso dei resti del castello di Pagliara e del convento di S. Giovanni ad Insulam.
Il borgo di **Castelli**, in una conca alle falde dei monti Prena e Camicia, è uno dei simboli della tradizione italiana della ceramica. La lavorazione dell'argilla in questa zona risale agli inizi dell'XI secolo, forse ad opera dei monaci benedettini e, fin dal '400, la produzione degli artigiani locali divenne assai nota nel circondario.
La fortuna delle ceramiche di Castelli aumentò nei secoli successivi grazie all'adozione di un peculiare stile decorativo, ancora oggi interpretato dagli artisti castellani, molti dei quali formatisi presso l'Istituto Statale d'Arte intitolato a Francesco Antonio Grue (esponente di una delle famiglie che diedero maggior lustro all'attività tra il '500 e il '700). Di assoluto interesse è il museo delle Ceramiche ospitato nell'ex convento francescano, la cui visita si completa con una passeggiata nel borgo alla ricerca di altre testimonianze: tra queste la splendida pala d'altare maiolicata nella parrocchiale di S. Giovanni Battista e il soffitto della chiesa di S. Donato (che lo scrittore Carlo Levi definì "la Sistina della maiolica italiana"). Per gli acquisti ci si può indirizzare alle botteghe o curiosare sui banchi della mostra-mercato che si tiene ogni anno in agosto, con un'offerta che spazia dalle stoviglie di stampo tradizionale alle raffinate creazioni moderne destinate ad abbellire l'ambiente domestico.

Veduta del Gran Sasso da Castelli

Tornati indietro al bivio per Isola del Gran Sasso, si continua sulla provinciale in direzione di Teramo fino a riprendere la statale 80 (in alternativa, si può entrare sulla A24 a Colledara-San Gabriele per uscirne al casello successivo di Villa Vomano). Il fiume rallenta la sua corsa, entrando nella fascia collinare che digrada verso il mare, seguito a una certa distanza dalla statale 150 lungo la quale si incontrano le ultime due tappe dell'itinerario, entrambe all'insegna dell'arte e della fede. La prima è l'**abbazia di S. Clemente al Vomano**, caratterizzata dalle linee romaniche del 1108 e al cui interno si conserva un ciborio della metà del XII secolo, a copertura dell'altare maggiore. La seconda tappa, qualche chilometro più avanti, è la **chiesa di S. Maria di Propezzano**, anch'essa di

AREE DI SOSTA

Nel parco del Gran Sasso-Laga le strutture ricettive per i veicoli ricreazionali sono piuttosto scarse: nell'area aquilana i campeggi si trovano solo a sud del capoluogo, verso il parco d'Abruzzo, mentre in provincia di Teramo sono concentrati sulla fascia costiera. Le opportunità di sosta libera sono invece piuttosto numerose, specialmente lungo la SS80, come segnalato anche nella descrizione dell'itinerario. Non mancano inoltre alcune aree attrezzate che rendono più agevole la visita di alcune località della media e bassa valle.

ISOLA DEL GRAN SASSO • **Punto sosta** a pagamento presso il Centro di Educazione Ambientale Scuola Verde, frazione San Pietro, tel. 335 1048318/20, www.scuolaverde.com (sosta riservata a un massimo di quattro veicoli, preavvertire con almeno sette giorni di anticipo).

L'AQUILA • **Area attrezzata** in via Strinella, in prossimità del castello, informazioni turistiche www.comune.laquila.it. • **Area attrezzata** presso il ristorante L'Aquila Reale, via delle Tre Vasche 27/a, tel. 345 3104509 o 0862 404349 (gratuita per i clienti del ristorante). • **Area attrezzata** comunale (gratuita) in via XXIV Maggio, vicino al centro. • **Punto sosta** con elettricità e acqua presso il ristorante Antica Roma, via dei Medici snc, nei pressi della A24, tel. 0862 311438 o 345 4215630, www.anticaroma-aq.it, aperto da aprile a settembre (sosta gratuita per i clienti del ristorante).

NOTARESCO • **Area attrezzata** per dieci veicoli nei pressi del campo da tennis, segnalazioni in loco, elettricità a pagamento.

ROSETO DEGLI ABRUZZI • **Punto sosta** nella zona sud del lungomare Trieste (sosta massima consentita 72 ore, ritirare il contrassegno presso la Polizia Municipale in via Mezzopreti, nei giorni feriali ore 8-10 e 15-17).

chiara impronta romanica ma in forme molto più elaborate della precedente. La composita facciata mostra i segni dei rifacimenti subiti nel corso dei secoli, con nartece a tre archi e doppio rosone sul corpo centrale, mentre la Porta Santa con un'elegante lunetta orna uno dei corpi laterali. L'edificio era parte di un complesso abbaziale, il cui chiostro a due ordini di archi presenta lunette affrescate nel XVII secolo. Da qui si raggiunge il vicino ingresso della A14 che immette rapidamente sulle direttrici per il rientro.

La chiesa di S. Maria di Propezzano

LA PIANA DI NAVELLI

Lo zafferano che si coltiva da secoli nell'Aquilano è una specialità fra le più pregiate non solo dell'Abruzzo, ma dell'intero Appennino. La zona di produzione riconosciuta si trova lungo la statale 17 fra il borgo di **Navelli** e la frazione di **Civitaretenga**, nell'area della Comunità Montana Campo Imperatore e Piana di Navelli: l'ambiente e il clima sono propizi alla crescita del *Crocus sativus*, forse portato dalla Spagna in terra abruzzese intorno al 1230 ad opera di un frate domenicano. Nel giro di qualche decennio la qualità del prodotto raggiunse livelli tali da favorirne l'uso, il commercio e l'esportazione verso le principali città europee e i grandi porti, tra cui Venezia, Marsiglia, Vienna e gli scali marittimi della Lega Anseatica. Grazie alla sua versatilità, lo zafferano veniva impiegato non solo come spezia in cucina ma anche nella fabbricazione di profumi e cosmetici, tinture per le stoffe, medicamenti e colori per la pittura. L'attività rimase assai florida e redditizia anche nei secoli successivi, prima sotto la dominazione angioina, poi sotto quella aragonese e infine durante il regno dei Borboni, mentre nel corso del '900 finì con lo scomparire quasi completamente a causa delle tassazioni eccessive, delle guerre e dell'industrializzazione agricola.

Solo alla fine degli anni '70 è rinata questa antica tradizione, grazie all'impegno di alcuni coltivatori: un'opportunità per scoprire le valenze culturali e naturalistiche del territorio grazie alle proposte didattiche e di soggiorno predisposte dalle aziende stesse per continuare a diffondere la conoscenza e l'apprezzamento dello zafferano di Navelli.

PERCORSO DI AVVICINAMENTO

Navelli si trova lungo la statale 17, nel tratto che collega la A24 Roma-L'Aquila-Teramo (uscita L'Aquila Est) alla A25 Torano-Pescara (uscita Popoli). Le due autostrade collegano la capitale e la A1 alla A14 Adriatica. Chi arriva dal versante tirrenico meridionale deve invece lasciare la A1 a Caianello e proseguire sulla stessa statale 17 per Isernia, Roccaraso, Popoli e L'Aquila. È bene ricordare che la piana di Navelli funge da cerniera tra il parco nazionale del Gran Sasso e il parco regionale Sirente-Velino, con facile accesso alle località di entrambi i versanti.

AREE DI SOSTA

La piana di Navelli non dispone di strutture attrezzate per i veicoli ricreazionali ma, previo accordo, è possibile sostare presso alcune delle aziende produttrici nel periodo della raccolta, che dura circa venti giorni a cavallo fra ottobre e novembre (per informazioni rivolgersi alla Cooperativa Produttori Altopiano di Navelli di Civitaretenga, tel. 0862 959163, oppure alla Cooperativa Peruli Agricoop di Fagnano Alto, tel. 0862 86307). Per saperne di più sullo zafferano abruzzese si può visitare il sito www.zafferanodop.it.

Zafferano di Navelli

MOLISE

Tra l'Appennino e la costa

La genuinità ambientale e paesaggistica del Molise è il primo e più sorprendente aspetto di questa regione, dovuto in gran parte al fatto di non essere attraversata, ma solo lambita, dalle grandi arterie autostradali. Negli ultimi anni sono nate grandi attività commerciali a ridosso dei pochissimi centri di una certa rilevanza, ma basta spostarsi di qualche chilometro per ritrovarsi in un territorio che ancora conserva un sapore d'altri tempi, ovunque intessuto di stradine secondarie lungo le quali si apre una lunga successione di piacevoli vedute. Questo contesto accresce la sorpresa di fronte alle eccellenze storiche e artistiche, il cui numero non può competere con quello di altre regioni ben più ricche sotto questo profilo, ma che sono di estremo fascino e indiscusso pregio. La scarsità di strutture ricettive, se si eccettuano le località di più evidente interesse turistico e il breve tratto di costa adriatica intorno a Termoli, rende il veicolo ricreazionale lo strumento migliore per la visita, anche a garanzia di tutela della qualità dei luoghi. Un approccio garbato permetterà inoltre di scoprire il saldo spirito di accoglienza della popolazione, ancora poco abituata alla presenza turistica e, proprio per questo, generalmente ben disposta nei confronti dell'ospite.

Quando andare

La primavera, le prime settimane d'estate e la prima metà dell'autunno sono stagioni ideali per l'intero territorio. D'inverno le occasioni di praticare gli sport della neve nelle località appenniniche si possono alternare alle passeggiate nei

paesi – ancora più suggestivi se innevati – scoprendo una dimensione umana schiva e generosa al tempo stesso. L'estate, oltre ai soggiorni balneari sulle lunghe spiagge lambite da un mare ancora pulito, è il periodo migliore per trovare frescura e opportunità escursionistiche alle alte quote.

Gli itinerari

L'Appennino Molisano conserva i principali motivi di interesse paesaggistico e ambientale nella parte settentrionale della provincia di Isernia, il cosiddetto Alto Molise, al quale è dedicato il primo degli itinerari proposti. Oltre ad alcuni centri storici, si tratta di un ambito privilegiato per l'escursionismo, in un contesto di rocce e di verde che comprende significativi esempi di natura protetta regionale.

Il secondo itinerario si sviluppa invece nel Basso Molise, con le due città principali alle sue estremità: in meno di 70 chilometri si passa dalle quote montane di Campobasso all'estesa fascia collinare che digrada verso Larino, per poi accedere alla pianura che si stende verso la costa di Termoli: il ritratto di un mondo agricolo e marinaro oggi avviato verso la modernizzazione ma senza rinunciare alla tradizione.

La terza proposta, breve fuorirotta che può fungere da cerniera tra i primi due itinerari, è un concentrato di archeologia, natura e prodotti tipici, ottima sintesi della quantità offerta dal territorio molisano.

I ruderi di Sepino

L'ALTO MOLISE

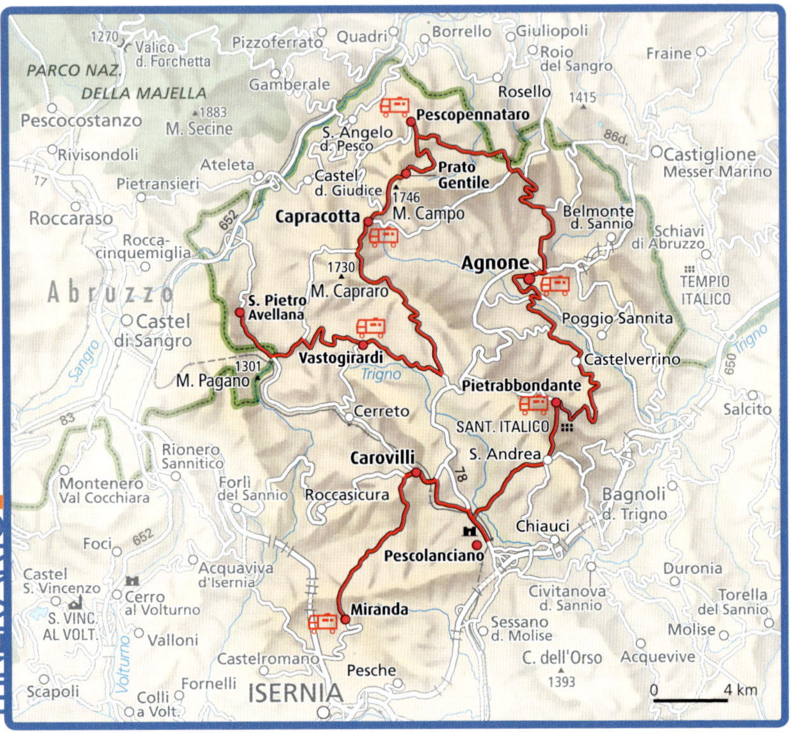

La dicitura Alto Molise indica una dozzina di piccoli centri posti a nord di Isernia verso il confine abruzzese (dove si trova il settore molisano del parco nazionale d'Abruzzo, Lazio e Molise). Da qui il percorso si amplia verso sud e può collegarsi all'itinerario successivo, anche grazie alle modeste distanze che lo scarso traffico rende ancora più agevoli. Si tratta di strade montane, con curve e pendenze mai troppo impegnative e che tuttavia impongono un'andatura tranquilla, facendo apprezzare le caratteristiche del paesaggio.

Da **Pescolanciano** inizia la salita verso Agnone lungo la SS86, con digressioni che offrono motivi di interesse. La prima è la **riserva statale Collemeluccio**, una delle abetaie che punteggiano questa parte del Molise, affidata al Corpo Forestale dello Stato (oggi confluito nell'Arma dei Carabinieri) e dotata di sentieri che d'inverno possono essere percorsi con racchette da neve.

Un bivio poco a monte conduce a **Carovilli**, grazioso paese immerso tra il verde e le rocce. Uscendo dall'abitato in direzione di Castiglione si può parcheggiare negli spazi adiacenti al campo sportivo: qui è la bicicletta a sostituirsi al veicolo a motore, riattraversando il paese e prendendo per **Miranda** sulla SP21. Questa secondaria in falsopiano praticamente priva di traffico (non sempre aperta al transito nei mesi invernali) raggiunge il paese in una dozzina di chilometri e offre splendide vedute del parco nazionale.

Ripreso il camper e tornati alla statale 86, si sale fino al Bivio Staffoli, superato il quale si imbocca la deviazione che, in circa otto chilometri, conduce a uno dei simboli del patrimonio storico regionale. L'area archeologica di **Pietrabbondante** è infatti una delle più scenografiche del Centro-Sud, con i resti del teatro e del santuario la cui costruzione iniziò nel II secolo a.C. a opera dei sanniti, e la particolarità di trovarsi a quasi 1.000 metri di quota. Nel vasto parcheggio adiacente si sosta e si pernotta.

Per raggiungere **Agnone** (Bandiera arancione del Touring Club Italiano) è opportuno ridiscendere sulla statale 86 e continuare fino alla cittadina, famosa come "il paese delle campane" per la tradizione plurisecolare di cui la Pontificia Fonderia Marinelli è l'esempio più noto, con un museo dedicato. Agnone è il centro principale della zona, sede di attività economiche e commerciali ma anche meta per acquisti di prodotti tipici di riconosciuta bontà, in particolare un ottimo caciocavallo. Per la sosta ci si può servire di alcuni posteggi periferici come quello in prossimità del campo sportivo, dal quale il nucleo antico si raggiunge con una passeggiata di un paio di chilometri. Da non perdere in dicembre la *'Ndocciata*, processione serale di grandi torce disposte su un'intelaiatura a raggiera portata a spalla.

Pescopennataro, distante poco più di 15 chilometri, costituisce l'estremità settentrionale dell'itinerario e offre un centro storico ricco di facciate in pietra a vista, con raffinate decorazioni realizzate dagli scalpellini locali. Di interesse naturalistico e sportivo sono il Bosco degli Abeti Soprani, i sentieri per le sorgenti del Rio Verde e alcuni percorsi di arrampicata. In questa zona dell'Appennino il termine *pesco* o *peschio*, che ricorre in numerosi toponimi, indica gli alti speroni rocciosi che caratterizzano il paesaggio: qui se ne trova uno di proporzioni spettacolari, con il paese addossato alle sue pendici e, sulla sommità, le rovine di un'antica rocca con splendide viste sulla Majella e sul Monte Campo, che domina **Prato Gentile**. Quest'ultimo è spesso innevato fino a primavera inoltrata e la strada che vi sale da Pescopennataro non viene liberata, per consentire il mantenimento dei percorsi per lo sci di fondo. Un anello turistico si trova a monte di **Capracotta**, in direzione dell'eremo di S. Luca (nella bella

Campane della Pontificia Fonderia Marinelli ad Agnone

PERCORSO DI AVVICINAMENTO

La direttrice stradale più importante della zona è la statale di fondovalle del Trigno, che collega San Salvo e la A14 a Isernia. Chi invece arriva dalla A1 la può lasciare a San Vittore o a Caianello, continuando per Venafro, Isernia e San Salvo fino a incontrare il bivio per Pescolanciano. Lungo questo tratto c'è anche la deviazione per il fondovalle del Verrino, che conduce direttamente ad Agnone.

Un altro possibile accesso è la statale di fondovalle del Sangro, che si addentra dalla costa a Fossacesia Marina e poco più avanti incrocia la A14 al casello Val di Sangro: percorrendola in direzione di Isernia e Roccaraso, si incontrano le deviazioni per Pescopennataro, Capracotta e San Pietro Avellana.

stagione meta di escursioni anche da Pescopennataro), mentre due percorsi agonistici si sviluppano a ridosso del paese, che sorge a 1.421 metri di quota. In questo comprensorio le soste vanno pianificate in base alla stagione e alle attività che si desidera praticare: l'area attrezzata di Capracotta d'inverno non è sempre fruibile a causa della neve. In alternativa ci si può servire di alcuni parcheggi a Prato Gentile, all'inizio della discesa su Capracotta. Nel tornare verso il Bivio Staffoli e la statale 86 si incontra la deviazione per **Vastogirardi**, sorta intorno a un castello fortificato. In Contrada Sant'Angelo sono stati rinvenuti i ruderi di un piccolo tempio sannitico e di un altro edificio, risalenti al II secolo a.C.: il sito è suggestivo e offre ampi spazi di sosta lungo la strada d'accesso, in prossimità di un campo sportivo. Dirigendosi verso **San Pietro Avellana**, si può invece visitare un'altra delle piccole ma preziose aree protette regionali, la **riserva naturale orientata di Montedimezzo**, nel cui parcheggio è possibile la sosta. Anche qui la gestione è affidata al Corpo Forestale, che cura i sentieri tracciati nel cuore del fitto bosco; a disposizione un percorso didattico per non vedenti e alcuni ausili per chi ha disabilità motorie. Da qui si può scegliere se rientrare per la via dell'andata o se scendere sulla vicina statale di fondovalle del Sangro per riportarsi verso Isernia e la A1 oppure sulla costa adriatica.

AREE DI SOSTA

La distribuzione degli approdi per i veicoli ricreazionali è più che buona rispetto all'estensione dell'itinerario, così come le soste libere segnalate nel testo (per le quali vale la regola di chiedere un cenno di gradimento alle autorità locali). Le tortuose strade montane rendono preferibili gli spostamenti diurni, per potersi sistemare quando c'è ancora luce.

AGNONE • **Area attrezzata** comunale, zona parcheggio stadio-ospedale. • **Area attrezzata** per due veicoli presso l'agriturismo Santo Stefano dei Cavalli, strada Castelnuovo 158, località Santo Stefano, tel. 330 738199, www.santostefanodeicavalli.com, (annuale). • **Punto sosta** per tre veicoli presso Staffoli Horses, SP Montesangrina km 1, tel. 0865 77177, www.staffoli.it (annuale).

CAPRACOTTA • **Area attrezzata** alle spalle della palestra scolastica, adiacente all'hotel Capracotta.

MIRANDA • **Area attrezzata** nei pressi del centro sportivo, www.mirandaisernia.it.

PESCOPENNATARO • **Area attrezzata** a pagamento L'Abete Bianco, via Turistica, tel. 0865 941180 o 340 3657885, www.parcoabetebianco.com (apertura weekend e festivi).

PIETRABBONDANTE • **Punto sosta** in contrada Macere, vicino all'area archeologica. • **Area attrezzata** comunale in via Roma, all'ingresso del paese (gratuita).

VASTOGIRARDI • **Area attrezzata** in prossimità del camping Cerritelli. • **Area attrezzata** nel parcheggio della riserva naturale MAB di Montedimezzo, tel. 0865 940134.

ITINERARI DEL GUSTO

La Comunità Montana Alto Molise è una zona ad alta vocazione tartufigena: per qualità, passando dal bianco al nero delle varietà più pregiate, e anche per quantità, dal momento che quasi tutto il territorio è favorevole alla raccolta. Dunque l'opportunità è ghiotta – è proprio il caso di dirlo –, anche perché i prezzi sono ragionevoli sia per il prodotto fresco sia per le specialità gastronomiche. Un caciocavallo o una salsiccia tartufati sono la minima tentazione cui si possa cedere; meglio ancora affidarsi a un ristoratore per un piatto di pasta casalinga o un arrosticino d'agnello nobilitati dall'odoroso tubero.

DA CAMPOBASSO A TERMOLI

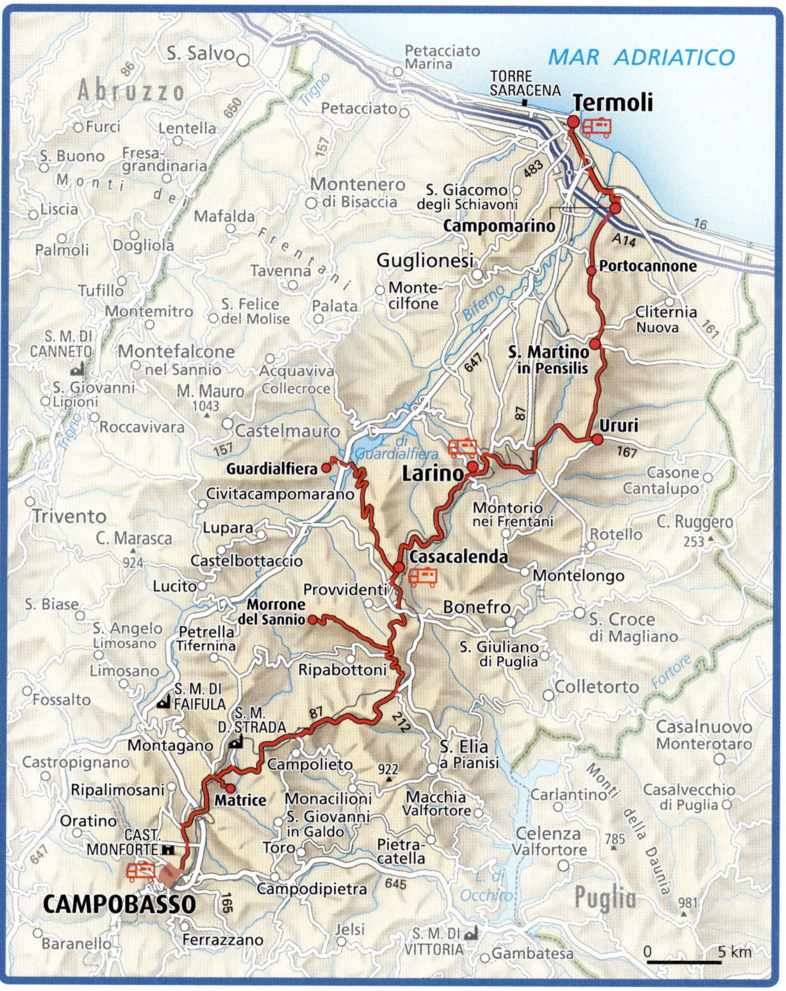

Se l'Alto Molise offre panorami perlopiù montani, la fascia collinare che si sviluppa dal capoluogo di regione alla pianura e al mare si presenta con paesaggi differenti, ma sempre caratterizzata dalla scarsa antropizzazione. Asse dell'itinerario è la SS87, che collega Campobasso a Termoli servendo numerosi paesi: il tracciato è complessivamente tortuoso ma abbastanza agevole.

Campobasso a torto non gode di particolare fama turistica: l'impianto urbano è molto articolato, con un animato centro otto-novecentesco e il bellissimo intreccio di vicoli, stradine e piazzette del nucleo medievale, sovrastato dal Castello Monforte. Alcuni buoni ristoranti (e un'area attrezzata a meno di un chilometro) completano il quadro di una piacevole serata in città. In una re-

gione assai ricca di manifestazioni della fede popolare, di grande interesse è la processione dei Misteri del Corpus Domini, che vede sfilare quadri viventi con bambini in veste di angeli sospesi alla struttura come se volassero.
Usciti dalla città in direzione di Termoli, dopo pochi chilometri si svolta sulla statale 87. Ancora un breve tratto ed ecco apparire, nell'agro di **Matrice**, un edificio di bellezza tanto rigorosa quanto stupefacente: la **chiesa di S. Maria della Strada** – monumento nazionale –, che risale al XII secolo ed è una pregevole testimonianza di stile romanico. Le mura di pietra calcarea, decorate da bassorilievi e curiosamente segnate dalla presenza di alcuni fossili, formano una pianta a croce greca scandita da tre navate.
Tra bei paesaggi agricoli, dopo una ventina di chilometri percorsi attraversando un ambiente rurale s'incontra il bivio per **Morrone del Sannio**, riconoscibile a buona distanza per la sagoma distesa sulla sommità di un alto tavolato. La veduta sul circondario e sulla sottostante Valle del Biferno è meravigliosa; le forme scoscese del colle obbligano però a cercare parcheggio fra i pochi spazi lungo la strada perimetrale, evitando di addentrarsi con il camper tra le viuzze del centro. Una carrabile secondaria in pendenza un po' dissestata porta a **Santa Maria in Casalpiano**, altra eccellenza monumentale del Molise: il complesso è formato da un'abbazia romanica costruita fra il XIII e il XIV secolo, dai resti di una chiesa di poco precedente e dagli scavi di una villa romana d'età imperiale.
Ridiscesi alla SS87, la seguiamo fino a **Casacalenda**, dove l'area attrezzata comunale, ricavata presso la stazione ferroviaria, si trova a pochi minuti di passeggiata dal borghetto medievale di Terravecchia, ormai quasi disabitato, e dalla chiesa dell'Addolorata, il cui semplice esterno non lascia sospettare la dovizia degli arredi barocchi. Poco fuori dal paese in direzione di Bonefro, l'**oasi LIPU di Bosco Casale** è meta ideale per chi ama il birdwatching ma anche le farfalle, numerose a fine primavera.
Da Casacalenda ci si dirige verso Campobasso sulla provinciale Bifernina, che scende all'omonima statale di fondovalle. I percorsi, in realtà, sono due: la vecchia strada, 13 chilometri di panoramiche curve che iniziano a poche decine di metri dal Municipio, e la nuova, ampia e scorrevole, che però presenta in alcuni tratti pendenze del 10 per cento. In entrambi i casi si arriva al lunghissimo viadotto che corre sul **Lago di Guardialfiera**, un bacino artificiale le cui acque lasciano emergere, nei periodi di secca, i resti di un antico ponte e altre costruzioni. A ridosso si distende il paese di

PERCORSO DI AVVICINAMENTO

Come per il percorso precedente, il punto d'inizio dell'itinerario si raggiunge dalla A1 uscendo a San Vittore o a Caianello e continuando per Venafro, Isernia (riferimento per chi arriva dall'Alto Molise) e Campobasso. Dal versante tirrenico meridionale e dal tratto campano della A16 Napoli-Bari si può invece giungere nel capoluogo molisano via Benevento. Chi arriva dall'Adriatico ha due opzioni, che si possono sfruttare l'una per l'andata e l'altra per il ritorno: da Termoli e dal casello della A14 Termoli Molise si imbocca la SS87 per Campobasso e Larino, lasciandola poco più avanti per quella di fondovalle del Biferno in direzione Isernia e Benevento (prestare molta attenzione al bivio, segnalato solo in corrispondenza dello stesso e poco visibile nelle ore di buio); in alternativa si continua sulla 87 per Larino, Casacalenda e Campobasso, percorrendo cioè a ritroso l'itinerario descritto nel testo. Arrivando da Foggia e dal suo entroterra, infine, conviene portarsi a Campobasso via Lucera con le statali 17 e 645.

Guardialfiera con la parte più antica, Piedicastello, arroccata intorno alla cattedrale del XII secolo: un perfetto scenario per il presepe vivente che qui si svolge durante le feste dicembrine.
Si prosegue ora in direzione di Termoli fino al secondo bivio per **Larino** (il primo conduce su una strada più breve, ma con cinque tornanti impegnativi). Il paesaggio cambia repentinamente affacciandosi sulla pianura, che si stende fino all'Adriatico e costituisce l'estrema propaggine settentrionale del Tavoliere delle Puglie. Quanto alla cittadina, il centro storico medievale riserva autentiche bellezze come la cattedrale trecentesca introdotta da un meraviglioso portale, la coeva chiesa di S. Francesco, rimaneggiata in epoche successive e il Palazzo Ducale di fondazione normanna. Nel quartiere a monte, Piano San Leonardo, si trova invece l'anfiteatro romano del I secolo (con l'incombente presenza di edifici moderni). Appuntamento da non perdere a fine maggio è la Festa di S. Pardo, durante la quale sfilano carri trainati da buoi e ornati da migliaia di fiori di carta fatti a mano; analoghe manifestazioni si svolgono in varie località dei dintorni.

Riprendiamo la statale 87 che corre verso il mare con lunghi rettilinei: la prima occasione di sosta si trova dove inizia la pianura a **Ururi**, uno dei paesi molisani che ospitano ancora oggi una folta comunità di origine albanese. Si tratta dei discendenti di quanti giunsero dall'altra sponda dell'Adriatico nel XV secolo al seguito del condottiero Giorgio Castriota Skanderbeg, alleato di Ferdinando II d'Aragona contro gli Angioini. La tappa successiva, **San Martino in Pensilis**, conserva il lindo centro antico di Mezzaterra oltre ad alcuni monumenti di spicco tra cui le chiese di S. Martino

Carri decorati per la Festa di S. Pardo a Larino

e S. Pietro (quest'ultima con cupola finemente affrescata). Ritroviamo le origini slave a **Portocannone**, ripopolato dagli albanesi dopo che un terremoto distrusse il paese fondato nell'XI secolo: oltre al centro storico, introdotto da una porta addossata alla torre dell'Orologio e vivacizzato da alcuni murales, è da

ITINERARI DEL GUSTO

Ovunque nei paesi di questo percorso si possono trovare botteghe di alimentari in cui acquistare specialità locali, ma valgono una specifica segnalazione due punti vendita di Casacalenda, situati nello stesso edificio: l'azienda casearia La Fonte Nuova, con prodotti pluripremiati in Italia e all'estero (via Scipione Di Blasio 57, tel. 0874 844112, www.lafontenuova.it, lafontenuova@tiscalinet.it), e la cooperativa Biosapori, che propone un'ampia scelta di conserve, sottoli e sottaceti (via Scipione Di Blasio 55, tel. 0874 841002, www.biosapori.net). A Campobasso, il Gran Caffè Lupacchioli (piazza Gabriele Pepe 27, tel. 0874 438890, http://caffelupacchioli.it) è oggi un locale dagli arredi moderni, ma vale una visita per assaggiare squisitezze come il *pannocchio*, un panettone a base di farina di mais. Da non perdere i vini Doc e Igt locali come il Tintilia, che nasce da un vitigno autoctono, e l'ottimo olio extravergine d'oliva, di cui si fa vanto l'agricoltura di molte località.

vedere il Palazzo Baronale, dalla singolare architettura semifortificata. Ci si trova in piena vista del mare e alle porte di Termoli, ma è possibile compiere un'ultima digressione alla volta di **Campomarino**, altra località albanese nota come stazione balneare. La parte antica dista un paio di chilometri dalla costa e conserva la chiesa di S. Maria a Mare, con cuspidi romanico-gotiche e cripta affrescata, oltre ad alcuni murales che raccontano la storia e la vita degli *arbëreshë*.

Non resta a questo punto che raggiungere **Termoli**, secondo centro della regione per numero di abitanti, dove è bene cercare subito una sistemazione in campeggio o, fuori stagione, in uno dei parcheggi urbani. Si potrà così dedicare il tempo necessario alla visita del borgo marinaro, proteso sull'Adriatico e solcato da un labirinto di stradine che convergono verso il duomo: dedicato al patrono san Basso, venne costruito fra il XII e il XIII secolo e mostra un'elegante facciata di stile romanico pugliese. All'estremità del borgo sorge il Castello Svevo, che ospita, soprattutto d'estate, eventi culturali. Un'ultima menzione per le belle spiagge attrezzate e per le acque insignite più volte della Bandiera Blu. Da qui – non prima di aver assaggiato la tradizionale gastronomia termolese – si riprenderanno facilmente le direttrici stradali per il rientro.

Un trabocco da pesca lungo la costa molisana

AREE DI SOSTA

Gli unici camping al servizio dell'itinerario sono quelli collocati lungo la costa, in tutto una quindicina. Da queste strutture si potrebbero compiere brevi incursioni nell'entroterra, magari servendosi del trasporto pubblico su gomma o su rotaia, ma la disponibilità di aree attrezzate e soste rurali nell'interno è ottimale rispetto al percorso e rende preferibile spostarsi con il proprio veicolo.

CAMPOBASSO • **Area attrezzata** a pagamento in contrada Macchie angolo via Facchinetti 37, a 800 metri dal centro, gestita dal Club Campeggio Molise, tel. 335 7696651 (preavviso telefonico consigliato).

CASACALENDA • **Area attrezzata** comunale presso la stazione ferroviaria (per informazioni rivolgersi al Comune, tel. 0874 841456).

LARINO • **Area attrezzata** in contrada Cappuccini, tel. 0874 823298 o 349 7812212, sosta gratuita per 30 mezzi. • **Area attrezzata** presso l'agriturismo I Dolci Grappoli, contrada Ricupo 13, Monte Altino, tel. 0874 822320 o 338 3498632, www.idolcigrappoli.it, info@idolcigrappoli.it (annuale).

TERMOLI • **Area attrezzata** solo diurna presso il centro commerciale Sannicola, SS87 km 216+256, tel. 346 6600424, gestita dal gruppo Amici Camperisti Liberi, info@amicicamperistiliberi.it. • **Area attrezzata** a pagamento Rio Vivo Camper Park, via Rio Mare 54, tel. 349 4704097 (annuale). • **Area attrezzata** a pagamento Valcost, via Rio dell'Oca Selvatica, tel. 327 8673933 (apertura estiva). • **Area attrezzata** a pagamento Parking Baffo Nero, via Rio Vivo 278, tel. 340 1214792 (annuale).

SEPINO, GUARDIAREGIA E BOJANO

Nella parte sudorientale del Molise, al confine con la Campania, non si può mancare la visita al principale sito archeologico della regione, il complesso di **Saepinum,** scenograficamente disteso ai piedi del Matese e ancora frequentato da contadini e pastori le cui greggi brucano fra le rovine, accrescendone il fascino senza tempo. L'area, immediatamente adiacente alla statale 87, dispone di un parcheggio che però non risulta sempre accessibile, costringendo in questo caso a trovare una sistemazione nei dintorni.

La città romana è ancora perfettamente leggibile, con il colonnato della basilica, le vie basolate, le terme, una fontana, un mausoleo, le porte fortificate e un anfiteatro attorno al quale è cresciuto il borghetto di Altilia.

Ripresa la strada verso Isernia, dopo una decina di chilometri si incontra il bivio per Guardiaregia e per l'**oasi WWF di Guardiaregia-Campochiaro**: la strada sale verso le creste del Matese costeggiando l'area protetta, che si distende sul fianco della montagna. L'ingresso è ben segnalato e munito di un ampio parcheggio, vicino al quale si trova un punto di ristoro; la visita è libera, e il sentiero, ben attrezzato e tenuto, si snoda per circa un chilometro e mezzo attorno alla gola del torrente Quirino.

Tornati a valle, la SS87 si raccorda alla SS17 (il collegamento più diretto tra L'Aquila e Foggia) sfiorando **Bojano**: non hanno bisogno di presentazione le sue ottime mozzarelle, acquistabili in numerosi punti vendita di prodotti tipici. L'attrattiva principale – con la raccomandazione di chiedere dettagliate indicazioni per non ritrovarsi imbottigliati in un vicolo cieco – sono i resti delle mura megalitiche di **Civita Superiore**, grazioso borgo quasi disabitato che dista poco meno di tre chilometri dalla città bassa e offre ampi panorami sul circondario.

Il campanile di S. Bartolomeo a Bojano

PERCORSO DI AVVICINAMENTO

Sepino e Bojano si trovano lungo il tratto della SS87 che collega il fondovalle del Biferno a Benevento. Per l'accesso si seguono le stesse direttrici stradali dell'itinerario precedente.

AREE DI SOSTA

L'unico sicuro riferimento per pernottare in camper nella zona è il punto sosta allestito presso il centro rurale La Piana dei Mulini, nel territorio di **Colle d'Anchise**: per raggiungere il complesso si percorre la statale in direzione di Isernia e si svolta per Termoli sulla Bifernina, percorrendo 7 chilometri fino alle segnalazioni della struttura, ben visibile già dalla strada (tel. 0874 787330, www.lapianadeimulini.it, info@lapianadeimulini.it, annuale).

CAMPANIA

L'Irpinia e il Cilento

Se si eccettuano alcune destinazioni d'eccellenza come Napoli e i grandi complessi archeologici, le enormi risorse turistiche del territorio campano sono ancora sottoutilizzate, anche se negli ultimi anni si è sviluppata una migliore organizzazione, specialmente per quanto concerne gli itinerari culturali. Le località costiere, che la mitezza del clima rende frequentabili per molti mesi all'anno, vedono la maggior concentrazione di presenze in estate, mentre l'interno è spesso scenario di brevi soggiorni articolati intorno a un solo luogo o monumento, trascurando così le valenze naturalistiche, paesaggistiche, della tradizione popolare e dell'enogastronomia che caratterizzano molti piccoli centri.

Per una fruizione adeguata delle realtà locali si dovrebbe perciò puntare alla

Un castagneto nel parco del Partenio

destagionalizzazione, favorendo una più equilibrata distribuzione dei flussi turistici nell'arco dell'anno, e alla promozione delle località minori, stimolandone la scoperta anche nell'ambito di percorsi tematici che valorizzino le peculiarità del territorio. In questa prospettiva, il camper assume un ruolo particolarmente efficace, come hanno compreso molte amministrazioni, sempre più orientate verso un'accoglienza sistematica dei turisti itineranti. Le strutture ricettive dedicate hanno numeri ancora modesti, ma è prima di tutto lo spontaneo senso di ospitalità ad alimentare la fantasia del viaggiatore.

Quando andare

L'entroterra della Campania è una meta per tutto l'anno, tenendo però conto che già in alta collina è possi-

bile trovare neve durante l'inverno. La primavera è il periodo migliore per apprezzare il rigoglio della vegetazione, ma altrettanto suggestivi sono i colori del paesaggio autunnale (stagione in cui sono frequenti le sagre dedicate ai prodotti tipici del bosco). La costa si apprezza in special modo all'inizio e alla fine dell'estate, quando l'affluenza è contenuta ed è più facile dedicarsi a qualche breve puntata verso l'interno.

Gli itinerari

Dalle limpide acque di Palinuro e Marina di Camerota ai rilievi punteggiati da borghi di antica origine, con siti archeologici e luoghi di culto a fungere da intermezzo: il primo percorso, adatto sia alla classica vacanza estiva sia ai brevi soggiorni in altri periodi, si snoda fra il mare e la montagna nel parco del Cilento, inesauribile fonte di opportunità per il turismo all'aria aperta.

Il secondo itinerario è ambientato in Irpinia, partendo da Avellino ed esplorando un ampio territorio a nord e a est della città, con località dai molteplici interessi dove nascono alcuni dei nettari più pregiati della Campania.

La terza proposta riguarda una meta di storia e arte fra le più importanti d'Italia: la reggia di Caserta, *summa* dell'architettura vanvitelliana.

LA COSTA DI PALINURO E IL PARCO DEL CILENTO

Con una superficie di oltre 181.000 ettari, il parco del Cilento è per estensione il secondo in Italia dopo il Pollino e uno dei più articolati sotto il profilo paesaggistico: tutela infatti una varietà di ambienti che spaziano dalla costa, regno della macchia mediterranea e dell'olivo, a colline e montagne con boschi di cerro, acero e castagno, che alle quote più elevate lasciano il posto a faggi, betulle e abeti bianchi. Se lo storico isolamento dovuto alla disagevole orografia ha contribuito a preservare l'integrità degli habitat naturali, la moderna viabilità ha reso più agevoli gli spostamenti; a ciò si aggiungono l'abbondanza di campeggi e la sensibilità degli enti locali nei confronti dei camperisti, facendo di questa parte della provincia di Salerno una delle più indicate per l'approccio itinerante nell'ottica di un turismo naturalistico, sportivo e culturale.

L'accesso diretto alla costa, arrivando da nord, è l'uscita di Battipaglia della A2 Autostrada del Mediterraneo (ex A3 Salerno-Reggio Calabria). La statale 18,

che taglia la Piana del Sele e sfiora l'area archeologica di **Paestum**, conduce in una trentina di chilometri ad Agropoli, dove la statale 267 si porta sul versante settentrionale di **Punta Licosa**. Il promontorio, affacciato sulle acque della prima riserva marina istituita in Italia e servito da un camping e da un'area attrezzata alla Marina di Ogliastro, è lo scenario di una panoramica escursione della durata di circa quattro ore, con partenza da Punta d'Ogliastro: da un cancello adiacente a un casale si lascia l'ampio viale alberato e si imbocca sulla sinistra un piccolo sentiero, che segue la scogliera caratterizzata da calette e formazioni rocciose alle quali si aggrappano maestosi esemplari di pino d'Aleppo. Arrivati a Punta Licosa, di fronte alla quale si trova la selvaggia isoletta omonima, si può far ritorno lungo la stessa strada o deviare verso l'interno su una sterrata che in tre chilometri riconduce al punto di partenza.
Una decina di chilometri più a sud, superati il bivio per il grazioso borgo collinare di Montecorice e la frazione di Agnone (dove si trova un centro visite del parco solitamente aperto di mattina), **Acciaroli** è una piccola località balneare al centro di un episodio poco conosciuto della spedizione dei Mille: qui infatti approdò la goletta del romanziere Alexandre Dumas con l'intento di dare supporto alle truppe garibaldine. Un'altra curiosità letteraria è legata alla figura di Ernest Hemingway, che vi soggiornò più volte negli anni '50 e forse venne ispirato da un anziano pescatore del luogo per la figura di *Il vecchio e il mare*.
La litoranea prosegue a picco sulla falesia raggiungendo **Pioppi**, dove si visita l'interessante museo Vivo del Mare allestito nel seicentesco palazzo Vinciprova. Oltrepassata la più densa concentrazione abitativa della frazione

Gita in barca alle grotte marine della costa cilentana

costiera di **Casalvelino**, con bella spiaggia e un piccolo ridosso nautico, si raggiunge **Castellammare di Velia**, dove si trova una delle aree archeologiche più importanti della regione. La visita di *Elea*, distesa su un promontorio digradante verso il mare, richiede almeno mezza giornata (in estate è

PERCORSO DI AVVICINAMENTO

Arrivando da nord si lascia la A2 Autostrada del Mediterraneo (ex A3 Salerno-Reggio Calabria) a Battipaglia e si prosegue sulla SS18 in direzione di Agropoli, dove inizia la panoramica statale litoranea per Palinuro e Marina di Camerota. Entrambe le località possono essere raggiunte più rapidamente proseguendo sulla 18 per Vallo della Lucania fino a Poderia (tragitto che coincide con la seconda parte dell'itinerario descritto).
Arrivando da sud si esce dalla A2 a Lagonegro Nord-Maratea, prendendo la SS104 in direzione di Sapri e poi la 18 Futani-Centola sino a Poderia. Circa a metà strada fra Sapri e Poderia, all'altezza di Policastro Bussentino, una deviazione sulla strada regionale 562 per San Giovanni a Piro conduce direttamente a Marina di Camerota.
La terza possibilità di accesso è l'uscita di Padula-Buonabitacolo, dalla quale si raggiunge la costa con la statale 517 per Policastro Bussentino.

In viaggio lungo la litoranea del Cilento

bene evitare le ore centrali poiché il sito è quasi del tutto privo di ombra): l'antica città, fondata dal popolo dei focei nel VI secolo a.C. e famosa per aver ospitato la scuola filosofica di Parmenide e Zenone, assunse dal I secolo a.C. il nome romano di Velia ed è stata dichiarata Patrimonio dell'Umanità dall'Unesco. L'abitato si componeva di due rioni dominati dall'acropoli, in cui le rovine del tempio ionico erano sormontate dalla torre del castello normanno, dai resti di un piccolo teatro del IV secolo a.C. e dalla Cappella Palatina, costruita nel XII secolo e oggi adibita a museo.

Una breve deviazione conduce al frequentato arenile della frazione costiera di **Ascea** (dove si trovano altri campeggi e un'area attrezzata per i camper), mentre la strada principale si sviluppa a monte con andamento tortuoso attraversando il borgo medievale e proseguendo fino al caratteristico centro di **Pisciotta**, incastonato nelle colline affacciate sul mare e centro di produzione di una varietà di olive molto apprezzata non solo per la produzione di olio ma anche per il consumo.

L'itinerario è ormai giunto in vista di **Capo Palinuro**, da cui inizia uno dei tratti più spettacolari della costa tirrenica: da qui alla Punta degli Infreschi si alternano spiagge di sabbia, insenature e pareti rocciose affacciate su un mare di eccezionale trasparenza, più volte premiato con la Bandiera blu. La mitezza del clima rende tutta la zona un'ottima meta in ogni periodo dell'anno, ma l'estate – particolarmente a inizio e fine stagione – è il momento migliore per alternare il soggiorno balneare alla scoperta delle bellezze dei dintorni: tra queste l'incantevole Baia dell'Arco Naturale, quella del Buon Dormire, Cala Fetente (dal forte odore di zolfo emanato da

La spiaggia e l'attracco alla foce del Mingardo, presso Capo Palinuro

alcune sorgenti sottomarine) e la roccia forata dell'Architiello. Da vedere è anche la celebre Grotta Azzurra, così chiamata per i riflessi delle acque dovuti a giochi di luce provenienti da un'apertura sommersa.

AREE DI SOSTA

Alla storica presenza dei campeggi, ben distribuiti lungo la costa da Agropoli al golfo di Policastro, si sono affiancate negli ultimi anni aree attrezzate perlopiù a gestione privata. Sul percorso di avvicinamento da Battipaglia sono inoltre disponibili numerose soluzioni di sosta nei dintorni di Paestum. Spostandosi nella fascia più interna del parco del Cilento lungo la statale 18, prevalgono gli approdi comunali e le occasioni di sosta libera, da fruire con le accortezze necessarie per non alterare l'ambiente.

BATTIPAGLIA • **Area attrezzata** presso l'agriturismo Terra delle Rose, via Provinciale 312/2, tel. 0828 344202 o 333 4385856, www.terradellerose.com (annuale). • **Area attrezzata** Camperstop Lagomare, via Andrea Doria 1, loc. Lago, tel. 0828 1733170 o 392 1531563, www.camperstoplagomare.it

CAPACCIO PAESTUM • **Area attrezzata** a pagamento presso il camping Torino, via Litoranea, www.villaggiotorino.com. • **Area attrezzata** presso Intercamping Apollo, via Poseidone 397, Capaccio, tel. 0828 720018, www.campeggioapollo.com (aperta da aprile a settembre). • **Area attrezzata** presso il camping La Foce dei Tramonti, via Foce del Sele 1, tel. 0828 861220, www.lafocedeitramonti.com. • **Area attrezzata** a pagamento Camper Park Mandetta, via Torre di Mare 2, tel. 0828 811118 o 334 5979002, www.mandetta.it (annuale). • **Area attrezzata** a pagamento Lido in Tela Camper Village Maremirtilli, via Linora, a 1 km da Paestum sulla litoranea per Agropoli, tel. 0828 722328 o 333 3652324 (servizio autobus per l'area archeologica). • **Area attrezzata** presso l'azienda agricola La Fattoria del Casaro, via Licinella 5, tel. 0828 722704 o 333 3828061 (annuale). • **Area attrezzata** a pagamento Gli Eucalipti, via Linora 76, tel. 333 6309230, www.eucalipti.it

CASALVELINO SCALO • **Punto sosta** presso l'agriturismo I due Gelsi, contrada Coppola 18, tel. 0974 63893, www.iduegelsi.com (annuale).

MARINA DI ASCEA • **Area attrezzata** comunale a pagamento tra viale Kennedy e via Berlinguer, sul Lungomare di Levante.

MARINA DI CAMEROTA • **Area attrezzata** a pagamento Porticello Village, località Porticello; tel. 0974 932945 o 348 2263143, www.porticellovillage.com (aperta dal 13 aprile al 30 settembre).

MONTECORICE • **Area attrezzata** presso Camper Club Il Brigantino, località Casa del Conte, via Baia Arena, tel. 331 4330433, https://areasosta-cilento-il-brigantino.jimdosite.com

OGLIASTRO MARINA • **Area attrezzata** a pagamento nel parco del Cilento e Vallo di Diano. • **Area attrezzata** Lo Scoglio, via Arena 42, tel. 0974 963138 o 333 2969532, www.ristorantepizzerialoscoglio.it (annuale).

PALINURO • **Area attrezzata** presso il camping Marbella Club, loc. Arco Naturale, tel. 0974 931003, www.marbellaclub.it (stagionale). • **Area attrezzata** presso l'affittacamere Il Moro della Molpa, loc. Piè di Molpa, tel. 324 7839278, invernale 0974 933142, estivo 0974 931755, www.ilmorodellamolpa.it (stagionale). • **Area attrezzata** Campeggio Sosta Camper Palorcio, loc. Palorcio, tel. 349 8168319 o 327 6729138, www.sostacamperpalinuro.it (stagionale).

SAN MAURO LA BRUCA • **Agricampeggio** presso l'agriturismo Il Forno Antico, contrada Forno, tel. 0974 974203 o 329 1847999, www.ilfornoantico.it.

Palinuro è una piacevole località turistica dove si passeggia lungo la strada principale tra botteghe e locali; nel piccolo antiquarium sono esposti i corredi funerari provenienti da alcune necropoli del circondario. A 220 metri di altezza svetta la sagoma del faro, il più elevato d'Italia rispetto al mare e secondo per distanza d'illuminazione solo a quello di Genova: dal paese vi si giunge a piedi salendo verso la stazione meteorologica e imboccando, di fronte a un ristorante, una stradina priva di indicazioni che conduce alla sommità del promontorio, dal quale si apprezza una vista di eccezionale bellezza.

Una dozzina di chilometri più a sud, **Marina di Camerota** è un altro piccolo gioiello della riviera cilentana, anch'essa base per escursioni marine verso le grotte e le insenature (tra cui Cala Fortuna, Cala dei Monti di Luna e Cala Bianca) che segnano la costa sino al Golfo degli Infreschi. Nel vicino borgo medievale di **Camerota**, labirinto di stradine e vicoli che salgono verso i ruderi del castello normanno, da vedere il museo civico dell'Artigianato e Attrezzi Contadini e le chiese di S. Maria delle Grazie, S. Nicola di Bari (che conserva un presepe napoletano del '700) e S. Daniele, costruita su una preesistente struttura di origine greca.

Da Marina di Camerota si continua verso l'interno per accedere alla seconda parte del percorso, che offre interessi storici e paesaggistici di assoluto rilievo. La strada regionale 562 sale in direzione di **San Giovanni a Piro**, con le case raggruppate intorno alla chiesa matrice. Si tratta di una delle località dell'entroterra che, pur non avendo potuto allestire una struttura attrezzata, guardano con interesse ai camperisti per la crescita di un turismo in grado di cogliere i diversi spunti di visita nelle quattro stagioni.

Qualche chilometro a monte, la provinciale 17 incrocia la 430, da imboccare in direzione di Poderia e Vallo della Lucania. Prima di proseguire si può dedicare una breve digressione al borgo di **Roccagloriosa**, che vanta origini antichissime (numerosi i ritrovamenti archeologici nel circondario) ed è ricco di chiese e palazzi nobiliari. Il centro si articola lungo le pendici di un'altura, sulla quale venne edificata, intorno al IV secolo a.C., un'acropoli cinta da mura

Veduta da un sentiero a valle di San Giovanni a Piro

il cui impianto è leggibile ancora oggi. La 430, variante della statale 18, scorre veloce in un paesaggio dominato dalle quinte boscose dell'Appennino, oltrepassando Poderia e Futani. Prima di una galleria si scorge l'abitato di **Cuccaro Vetere**, che offre testimonianze dell'epoca medievale, tra cui i resti del castello e del convento di S. Francesco, la millenaria chiesa matrice di S. Pietro e la cappella della Madonna del Carmelo; quest'ultima è il fulcro del suggestivo museo itinerante della Civiltà Contadina, un'originale raccolta distribuita in più sedi e dedicata alla vita quotidiana nel mondo rurale.

Tornati alla strada principale, il crocevia successivo offre altre due occasioni di visita. Svoltando a sinistra si giunge a **Ceraso**, che sorge all'estremità di un vallone lungo una delle antiche strade utilizzate per il trasporto del sale. La parte più antica è il rione detto *'mpieri Ceraso*, con la chiesa di S. Nicola e le case addossate l'una all'altra, mentre il vicino laghetto artificiale di Fabbrica, circondato dal verde, è attrezzato per lo sport e il relax all'aria aperta. Se invece si svolta a destra ci si immette sulla vecchia provinciale, che si snoda con panoramiche curve fino a **Novi Velia**. La chiesa di S. Maria dei Longobardi, la torre angioina, il castello e il Palazzo Vescovile sono i monumenti principali di questo borgo affacciato sulla Valle dell'Alento, che dispone di ampi spazi di sosta presso il campo sportivo. Sulla vetta del **Monte Gelbison** (o Monte Sacro), che sovrasta l'abitato offrendo numerose opportunità al turismo naturalistico ed escursionistico, si trova un celebre santuario mariano fondato nel X secolo dai monaci basiliani. Dall'ampio parcheggio (che nei giorni festivi è affollato dai pullman dei tour organizzati) si raggiunge il sito con una breve passeggiata, godendo di un'ampia vista sui boscosi rilievi del Cilento. Da qui si ridiscende a Vallo della Lucania – dove ha sede il parco – e si riprende la statale che in una quarantina di chilometri riconduce ad Agropoli.

Il santuario sulla vetta del Monte Gelbison

ITINERARI DEL GUSTO

Alla varietà di ambienti del parco del Cilento corrisponde una gastronomia diversificata e di qualità, fortemente legata all'economia agropastorale del territorio. In primo piano i prodotti caseari come il caciocavallo podolico, il cacioricotta, il pecorino e la mozzarella *co' a murtedda*, aromatizzata con mirto e altre essenze mediterranee. Dalle campagne provengono ortaggi e legumi come il carciofo tondo di Paestum Igp, i ceci di Cicerale, i piccoli e saporiti fagioli di Controne; ben consolidata anche la tradizione olearia, con le Dop Colline Salernitane e Cilento. Storicamente assai sviluppata anche la produzione di castagne, diffusa già nel medioevo ad opera dei monaci. Nelle località costiere la cucina di mare propone i piatti tipici della cultura alimentare mediterranea: specialità sempre più rare sono le alici di *menaica* (dal nome della rete utilizzata per la cattura), che vengono pulite e conservate sotto sale immediatamente dopo la pesca.

AVELLINO E L'IRPINIA

Nei caratteri ambientali e orografici l'Irpinia funge da cerniera tra l'area appenninica della Campania e l'adiacente pianura pugliese, garantendo un'integrità paesaggistica quasi immutata nonostante l'espansione edilizia successiva al terremoto del 1980. Boschi e pascoli si alternano a vigne e coltivi, che sottolineano la vocazione a un'economia agricola orientata alle produzioni di qualità.

Obelisco nel centro storico di Avellino

Distesa in una conca dominata dai rilievi del Partenio e dei monti Picentini, **Avellino** è sfiorata dalla A16 Napoli-Bari. L'odierno capoluogo di provincia, fondato dagli irpini, venne conquistato alla fine del III secolo a.C. dai romani, che avevano ben compreso la posizione strategica del sito (i resti del foro, delle terme, di una villa e di un acquedotto sono visibili nel parco archeologico della vicina Atripalda). Furono in seguito i longobardi, nel IX secolo, a edificare un castello sulla collina ancora oggi occupata dal nucleo più antico, sviluppatosi con alterne vicende dall'età feudale a quella borbonica.

Parcheggiato il camper, si raggiunge a piedi la piazza su cui sorge il duomo dell'Assunta, costruito in stile romanico nel XII secolo (alla stessa epoca risale la cripta dell'Addolorata) e più volte riedificato e rimaneggiato sino all'odierno aspetto barocco. Alle spalle della cattedrale, i ruderi del castello longobardo nascosero fino al 1980 i cunicoli che collegavano il maniero al duomo, attualmente impiegati come spazio espositivo. Da piazza Giovanni Amendola, dove sorgono l'obelisco a Carlo II d'Asburgo e la torre dell'Orologio, si prosegue verso piazza della Libertà con il palazzo del Governo e il palazzo Caracciolo, che si affacciano sui giochi d'acqua delle fontane. Percorrendo corso Vittorio Emanuele, con edifici del primo '900, una breve deviazione in via Dalmazia porta all'imponente complesso dell'ex carcere borbonico, scenario di eventi culturali, mostre e spettacoli. Si trova invece nella parte opposta, in corso Umberto I, la seicentesca fontana del Bellerofonte o dei Tre Cannuoli, isolata nel contesto architettonico moderno del dopo terremoto.

Usciti dalla città ci si porta in breve a Mercogliano, dove s'imbocca la provinciale 374 seguendo le indicazioni per il **santuario di Montevergine**: la strada si arrampica con ripidi tornanti, ma rimane agevole anche per i veicoli di grandi dimensioni. Salendo tra i castagneti si scorge la candida mole del complesso, arroccato a 1.270 metri di quota: il nucleo originario, fondato nel XII secolo dal patrono dell'Irpinia, san Guglielmo da Vercelli (qui sepolto), presenta una struttura piuttosto articolata, arricchitasi con architetture e opere di varie epoche. Nel percorso di visita, unica nel suo genere è la mostra permanente del presepio nel mondo, con i realistici allestimenti del maestro napoletano Giuseppe Ferrigno. Dal piazzale antistante il santuario la vista spazia sul

PERCORSO DI AVVICINAMENTO

Chi proviene da nord lungo la A1 lascerà l'autostrada a Caserta imboccando la A30 per Nola, e qui la A16 in direzione di Bari fino al casello di Avellino Ovest. La stessa A16 è il collegamento diretto da Napoli o da Bari (uscendo nel secondo caso ad Avellino Est). Arrivando da sud lungo la A2 (ex A3), a Salerno si imbocca il raccordo autostradale E841 per Avellino. Dalla costa adriatica centrosettentrionale si può lasciare la A14 a San Salvo, seguendo la SS650 Trignina fino a Isernia; qui si prosegue sulla SS17 per Bojano, poi sulla SS88 per Benevento e infine sul raccordo RA9 fino alla A16, da percorrere in direzione Napoli fino ad Avellino Est.

Il santuario di Montevergine

parco regionale del Partenio, che tutela circa 15.000 ettari di questo ambiente e delle valli circostanti.

Tornati sulla 374 e superato il centro di Ospedaletto d'Alpinolo, si arriva a **Summonte**, sede del parco, dove vale uno sguardo la ben conservata torre angioina. Continuando sulla provinciale 88, dove la cornice boschiva lascia intravedere scorci sulle valli ai piedi del Partenio, si giunge al bivio con Grottolella e si continua per **Prata di Principato Ultra**, annunciata da estesi noccioleti e vigneti. Seguendo le indicazioni si raggiunge, a poco più di un chilometro dal paese, la basilica dell'Annunziata: probabilmente fondata tra il VII e il X secolo, conserva affreschi millenari dai colori ancora vividi e un sistema di catacombe paleocristiane rinvenute negli anni '50 (accesso su prenotazione).

Ancora pochi chilometri e si approda in uno dei centri vinicoli più rinomati della regione: lunghi filari si distendono intorno al borgo di **Tufo**, che prende il nome dalla pietra con cui sono costruite le case. Affacciato sulla valle del fiume Sabato, il paese fu dapprima longobardo, come testimoniano i resti del castello, e poi aragonese, ma deve la sua fortuna allo sfruttamento commerciale delle due grandi ricchezze del territorio: il vino e lo zolfo, estratto per oltre un secolo fino agli anni '70. Interessante la visita alle storiche cantine di Marzo, ospitate nei sotterranei. Poco a valle di Tufo si devia per **Montefusco** dove le mura del castello aragonese, odierna sede comunale, celano le ex carceri borboniche sulle cui pareti sono incisi nomi e messaggi di coloro che vi erano rinchiusi. La struttura, utilizzata per mostre ed eventi culturali, è solo una delle tappe in questo borgo d'alta collina, capoluogo dell'Irpinia fino al 1806, con un magnifico affaccio sulla Valle del Calore. Il centro storico è impreziosito dalla chiesa di S. Giovanni del Vaglio e dal monastero di S. Caterina da Siena: alla loro imponenza si contrappone la fitta trama dei vicoli, che richiama le elaborate creazioni con tombolo e uncinetto di cui è ricca la tradizione locale.

All'uscita dell'abitato, la provinciale 42 scende con ripidi tornanti e un lungo rettilineo verso il fondovalle del Calore, in un susseguirsi di scorci sulle campa-

Rocca San Felice

gne, fino a incrociare la A16 che corre in galleria al di sotto dell'abitato di **Montemiletto**. La mole squadrata del suggestivo castello della Leonessa, che dal XII secolo sorveglia il paese, corona il nucleo storico nel quale si ammirano la chiesa della SS. Annunziata e gli interni settecenteschi di S. Anna.

Ai piedi del borgo, la statale 7 Appia si dirige verso Foggia superando la deviazione per Taurasi (centro di eccellenza della produzione vinicola irpina) e raggiunge il bivio per **Mirabella Eclano**, dove il terzo sabato di settembre si svolge la Tirata del Carro: tutto il paese è coinvolto nei festeggiamenti che ruotano intorno al trasporto di una torre alta 25 metri, completamente realizzata con steli di grano intrecciati. Il museo del Carro, allestito presso il Municipio nel convento di S. Francesco, custodisce le parti originali che formano questo magistrale esempio di artigianato rituale. Assai sviluppata è anche la lavorazione della cartapesta, che trova una delle sue migliori espressioni nelle ottocentesche sculture della Passione di Cristo conservate nel museo dei Misteri, all'interno delle vecchie scuderie del complesso francescano. Poco fuori l'abitato si trova il **parco archeologico di Aeclanum**. I resti della città romana, sorta sull'insediamento strappato agli Irpini, emergono suggestivi dal contesto agreste: oltre ad alcune abitazioni, gli scavi hanno riportato alla luce le mura delle terme, del mercato, di una basilica paleocristiana e di monumenti funerari, a riprova del ruolo di primo piano che questo centro ricopriva nell'antichità.

Il parco archeologico di Aeclanum

AREE DI SOSTA

Nel territorio irpino, totalmente privo di campeggi, la pratica suggerisce di concordare la sosta con agriturismi o ristoranti che consentano di pernottare sul proprio terreno. In generale, comunque, i paesi manifestano uno spiccato senso di ospitalità verso i turisti itineranti e offrono valide opportunità di sosta libera, preferibilmente nelle aree esterne ai centri storici la cui viabilità spesso non è adatta a veicoli di grosse dimensioni.

MIRABELLA ECLANO • **Area attrezzata** presso l'hotel e ristorante Il Bosco, frazione Passo di Mirabella, nelle vicinanze del parco archeologico, tel. 0825 449883.

MONTELLA • **Area attrezzata** nei pressi del campo sportivo.

ROCCA SAN FELICE • **Area attrezzata** sulla strada Palombaia, con impianto Camper WC Wash.

TORELLA DEI LOMBARDI • **Area attrezzata** comunale Alto Ofanto, alla periferia del paese.

La statale 303 conduce in poco più di 20 chilometri ai confini dell'Alta Irpinia. Scampata al disastro del 1980, **Rocca San Felice** è annunciata dall'inconfondibile sagoma del castello medievale, che si staglia sulla sommità del baluardo roccioso intorno al quale si sviluppa il paese. Trovato parcheggio ai margini dell'abitato, si sale alla fortezza immersa nella vegetazione, e sembra di trovarsi in un luogo sperduto; la sensazione si acuisce visitando lo **Stagno della Mefite**, un laghetto di fango ribollente che gli Irpini consideravano una delle porte dell'oltretomba. Citato da Virgilio nell'*Eneide*, questo pantano vulcanico raggiungibile con un percorso pedonale di antichissima frequentazione è reso unico dai rumori e dagli odori che sprigiona (è opportuno mantenersi a una certa distanza dalle sponde per non correre rischi).

Al contrario del precedente, **Sant'Angelo dei Lombardi** fu uno dei centri più duramente colpiti dal sisma del 1980. Il centro storico è stato ricostruito, eppure conserva interessanti testimonianze del passato splendore, fra cui il castello del XII secolo e la cattedrale, più volte rimaneggiata ma con notevoli tracce dell'origine medievale. L'interno custodisce opere databili intorno al '500, tra cui un Crocifisso proveniente dalla non lontana **abbazia di S. Guglielmo al Goleto**: questo luogo di culto, fondato nel 1133, mostra una ricchezza architettonica che spazia dal romanico della torre Febbronia al gotico della cappella di S. Luca, con resti della chiesa grande costruita nella prima metà del '700 su progetto di Domenico Antonio Vaccaro. Da qui si scende alla statale Appia seguendola in direzione di Avellino con un'ultima tappa a **Montella**, che si raggiunge con una breve deviazione. Disteso ai piedi del versante settentrionale dei Monti Picentini, il paese è rinomato per la produzione delle castagne ed è caratterizzato dal castello del Monte, maniero longobardo con torrione cilindrico sorto sui resti di un'antica necropoli. Più in basso si ammira il complesso monastico di S. Maria della Neve (aperto solo in alcuni periodi dell'anno e in particolare il 5 agosto, quando si celebra la ricorrenza mariana). A qualche chilometro si visitano inoltre il santuario del SS. Salvatore e il convento di S. Francesco a Folloni, nel quale sono esposti preziosi dipinti, oggetti sacri e arredi d'epoca. Tornati al fondovalle, non resta che riprendere la statale chiudendo l'anello in prossimità del capoluogo e dell'autostrada.

La torre e la cappella dell'abbazia di Goleto

ITINERARI DEL GUSTO

Il fertile aspetto delle campagne irpine mostra come l'intera provincia possa vantare un ricco patrimonio enogastronomico dalle solide origini contadine. Il Greco di Tufo, il Fiano di Avellino e il Taurasi sono vini Docg che hanno reso celebri i sapori di questa terra anche al di fuori dei confini nazionali, ma sono numerosi i prodotti tipici di alta qualità: oltre al noto tartufo nero di Bagnoli Irpino, si pensi alla castagna di Montella Igp (www.castagnedimontella.it) e alla cipolla ramata di Montoro (www.cipollaramatadimontoro.it). Da provare sono anche formaggi e salumi, mentre gli amanti dei dolci possono gustare il torrone dell'Irpinia, prodotto con nocciole rigorosamente locali (www.torronedellirpinia.it).

LA REGGIA DI CASERTA

Simbolo del potere borbonico e monumento fra i più conosciuti d'Italia, tanto da essere stata dichiarata Patrimonio dell'Umanità dall'Unesco, la reggia di Caserta è il capolavoro di Luigi Vanvitelli e l'ultima grande opera del barocco in Italia. Si tratta di una meta da non mancare nel corso di una breve vacanza o come tappa di un itinerario più lungo: chi viaggia in camper non mancherà di apprezzare la facilità di accesso dalle grandi vie di comunicazione, insieme alla possibilità di sostare nelle vicinanze.

Voluta da Carlo III di Borbone come centro amministrativo dello Stato, oltre che sontuosa residenza, la reggia venne iniziata nel 1752 (un anno dopo cominciò la realizzazione del parco che la circonda) e ultimata quasi un secolo più tardi, in parte sotto la direzione del figlio del Vanvitelli, sebbene fosse abitata già dal 1780. Il grandioso complesso – la cui posizione decentrata rispetto a Napoli era dovuta anche a esigenze difensive – si stende su una superficie di circa 50.000 metri quadrati: dal vestibolo all'entrata si accede al magnifico scalone reale, con statue e volte affrescate, che sale alla Cappella Palatina, al teatro di corte e agli appartamenti, che sono collegati alla Biblioteca Palatina e alla sala del Trono. Di grande impatto paesaggistico anche i due giardini: quello all'italiana è abbellito da numerose fontane, quello all'inglese ospita numerose specie botaniche rare ed è arricchito da piccoli specchi d'acqua, ruscelli e riproduzioni di rovine classiche (apertura tutti i giorni alle ore 8,30 tranne il martedì, chiusura in orari diversi a seconda della stagione, per informazioni tel. 0823 448084 o 0823 277468). Di grande interesse anche il vicino complesso di S. Leucio, in cui erano ospitate le seterie reali, oggi ricordate da un museo.

Scorcio dei giardini della Reggia di Caserta

AREE DI SOSTA

Nelle vicinanze della reggia di Caserta e a modesta distanza dal centro storico della città si trova un'area attrezzata a pagamento presso l'ex caserma Pollio, in viale Vittorio Veneto, di fronte all'hotel Jolly. Un punto di sosta è disponibile presso l'oasi WWF di Bosco di San Silvestro (tel. 347 7974488 o 329 1003808, www.laghiandaia.info, ospitalita@laghiandaia.info). • **Area attrezzata** a pagamento Feudo San Martino, via Feudo di San Martino 5 (a 750 m dalla reggia), tel. 328 6583968, www.sostacampercaserta.it.

PERCORSO DI AVVICINAMENTO

Caserta si trova a nord di Napoli, all'incrocio fra la A1 e la A30 per Salerno. Per chi giunge dal versante adriatico centrosettentrionale, il percorso più immediato è la statale di fondovalle del Trigno, che collega il casello di San Salvo della A14 a Isernia; da qui si prosegue per Venafro e Napoli, immettendosi sulla A1 a Caianello oppure continuando sulla SS6 Casilina fino a Caserta.

PUGLIA

Dalla Daunia al Salento

Chi si avvicina per la prima volta alla Puglia già ne conosce le valenze territoriali, paesaggistiche e storiche più evidenti: il mare (anzi i due mari, Adriatico e Ionio), le distese di olivi delle vaste campagne, i ricami di pietra del barocco leccese. Ma sono molte altre le possibili motivazioni di viaggio, che conducono a scoprire una grande varietà di ambienti e rispondono a molteplici interessi. Ne sono esempio la Daunia, il non lontano entroterra gar-

Particolare della facciata del duomo di Lecce

ganico – tuttora meno frequentato delle celebri coste – e le numerose occasioni di apprezzare una cultura tradizionale di cui il folklore è parte ancora viva.

Quando andare

La Puglia si presta a essere visitata durante tutto l'arco dell'anno. Nelle stagioni fredde anche il mare, con le sue aree protette e i vasti spazi aperti, offre agli amanti della natura molte opportunità. Va tenuto presente che in inverno, nelle zone interne, può nevicare anche a quote di media montagna.

Gli itinerari

La prima proposta è ambientata nel Salento, lungo un percorso che mira a dare il massimo risalto alle opportunità offerte dal territorio in un contesto di facile fruibilità dei luoghi. Al turismo balneare, ancora più apprezzabile se articolato in brevi tappe, si affianca la scoperta di bellezze artistiche uniche e di centri storici dalle caratteristiche peculiari, con qualche puntata alle manifestazioni della religiosità popolare.

Per il secondo itinerario ci si sposta nella parte settentrionale portandosi verso l'entroterra della provincia di Foggia, dove le viste sconfinate della pianura lasciano il posto alle quinte boscose del preappennino e ai paesi arroccati che scandiscono i rilievi.

La terza proposta, di corto raggio e adatta anche a una vacanza breve, si colloca poco distante, nel parco nazionale del Gargano, per suggerire una facile visita escursionistica ideale nel periodo primaverile.

Il faro di Capo d'Otranto, estremità orientale d'Italia

IL SALENTO E LECCE

Le coste pugliesi sono molto estese e, in genere, facilmente accessibili. In alcuni tratti, alle eccezionali caratteristiche di bellezza naturale, accessibilità e fruibilità, si associa un alto livello di conservazione assicurato dalla presenza di alcune riserve naturali. Splendide falesie, insenature solitarie, piccoli paesi e un ampio novero di strutture turistiche ben integrate nell'ambiente si susseguono lungo tutto il litorale.

Punto di partenza di questo itinerario è il capoluogo, **Lecce**. Dopo una complessa serie di restauri, è possibile ammirare in tutto il suo splendore il barocco cittadino, originale per la ricchezza delle decorazioni quanto per l'uso della tenera pietra locale. La basilica di S. Croce, l'annesso palazzo del Governo, la piazza del Duomo e del Seminario e i tanti palazzi formano un vero museo all'aperto, con il castello e l'anfiteatro romano a completare il quadro. Qui si viene anche per l'artigianato, in particolare quello della cartapesta, da scoprire fra botteghe e laboratori.

Usciti dalla città sul rettilineo che conduce al mare, alle porte di San Cataldo si devia sulla ex SS611, che in questo primo tratto corre a una certa distanza dalla costa fiancheggiando l'oasi protetta **Le Cesine**. Questo habitat mostra tutti gli elementi peculiari della macchia mediterranea: acquitrini popolati dalla fauna acquatica, canneti, isolotti,

Macchia mediterranea nell'oasi protetta Le Cesine

lingue di sabbia e una duna costiera con una fitta pineta. Le visite si possono effettuare tutto l'anno, la domenica e nei festivi a orari prefissati, solo su prenotazione e per gruppi di almeno quindici persone negli altri giorni (su prenotazione è possibile visitare la riserva anche in bicicletta).

Portandosi verso l'interno in direzione di Vernole, una deviazione di pochi chilometri conduce al borgo fortificato di **Acaia**, città ideale disegnata nel Rinascimento nella quale spicca il massiccio castello cinquecentesco, restaurato di recente. Da qui si torna in breve all'Adriatico, dove la bassa falesia costiera si fa apprezzare in particolar modo tra **San Foca** e **Roca Vecchia**: la roccia scavata evidenzia antiche abitazioni e necropoli rupestri sul mare.

Proseguendo verso sud il profilo si anima in un susseguirsi di archi, faraglioni e grotte, una delle quali, a **Torre dell'Orso**, è accessibile da terra per mezzo di una galleria. Dopo **Sant'Andrea**, che alle acque cristalline unisce la bellezza di formazioni rocciose molto articolate e di una larga fascia di macchia mediterranea, l'incontro con la natura continua ai **Laghi Alimini**, affollati in agosto ma quasi solitari nel resto dell'anno, quando offrono svariate occasioni a chi ama camminare.

Assai diverse sono le atmosfere delle località dell'entroterra, che propongono originali interessi culturali ed etnografici. Si tratta in particolare di un gruppo di paesi noto come **Grecìa Salentina**: Calimera, Carpignano Salentino, Castrignano dei Greci, Corigliano d'Otranto (Bandiera arancione del Touring Club Italiano), Cutrofiano, Martano, Martignano, Melpignano, Soleto, Sternatìa e Zollino.

Fondati da esuli greci o forse da conquistatori bizantini (il dibattito fra gli

PERCORSO DI AVVICINAMENTO

Dal versante adriatico settentrionale e centrale, seguire la A14 fino a Bari e continuare sulla superstrada per Brindisi e Lecce. Da Napoli e dal versante tirrenico centromeridionale imboccare la A2 (ex A3) per Salerno e Sicignano, quindi il raccordo per Potenza e poi la SS407 Basentana; giunti sul Mar Ionio a Metaponto, prendere la SS106 Ionica fino a Taranto e infine la SS7ter Salentina per Manduria e Lecce. Quest'ultimo tratto è in comune con chi proviene dal versante ionico.

Dettaglio del mosaico della cattedrale di Otranto

studiosi è ancora aperto), questi piccoli centri hanno conservato, a fianco dell'originaria lingua *grika*, numerose testimonianze architettoniche dell'antica civiltà rurale, tra cui le case a corte nei nuclei abitati e singolari costruzioni rurali a tronco di cono utilizzate come ovili o frantoi sotterranei. Di questi ultimi se ne trovano alcuni a Calimera, oltre alla casa museo della Civiltà Contadina. L'impianto urbanistico di Martignano è invece caratterizzato da numerosissimi pozzi (dei sessanta iniziali ne restano ben quarantanove) scavati in una depressione per farvi confluire l'acqua piovana, così da risolvere il problema dell'approvvigionamento idrico. Nell'agro di Martano, la località più popolosa del comprensorio, si erge la famosa Specchia dei Mori, antichissima fortificazione italica costruita a secco, mentre in paese si ammira un altro frantoio sotterraneo, come pure a Sternatìa. Molti altri sono i monumenti che rendono interessante la zona, insieme alle attività artigianali e ai sapori della gastronomia, mentre la fama del folklore musicale ha superato i confini nazionali grazie ai frequentatissimi spettacoli estivi della Notte della Taranta.

La tappa successiva non può che essere **Otranto**. Nella città più orientale del territorio italiano, il principale motivo di richiamo artistico è rappresentato dalla splendida cattedrale, il cui pavimento è costituito dal celebre mosaico allegorico dell'Albero della Vita, realizzato nel XII secolo. Piacevole (anche se molto affollata in estate) è la passeggiata lungo le stradine del centro, dove affacciano botteghe di artigianato e souvenir, e sul lungomare, che spesso diventa estemporaneo palcoscenico per gli artisti di strada.
Proseguendo verso sud, per gli amanti del mare è d'obbligo una sosta a **Porto Badisco**, meravigliosa insenatura dove una leggenda narra sia sbarcato Enea, e a **Santa Cesarea Terme**, cittadina di nobile aspetto la cui falesia è attrezzata (come altrove) con piattaforme e sci-

Scogliere affacciate sul mare cristallino della zona di Sant'Andrea

voli ricavati nella roccia, per favorire la balneazione. Circa due chilometri prima di Castro si trova la **Grotta Zinzulusa**, accessibile tutto l'anno con visite in barca; nel periodo natalizio accoglie un caratteristico presepe.

Molte altre sono le occasioni per una pausa balneare scendendo verso **Marina di Leuca** e l'omonimo capo, dove l'Adriatico incontra lo Ionio: da qui inizia la risalita della penisola salentina, con numerose possibilità di accedere alle spiagge distribuite su questo versante. Il litorale è punteggiato da torri di avvistamento, richiamate anche in numerosi toponimi come Torre Pali, Torre Mozza, Torre San Giovanni, Torre Suda e **Torre del Pizzo**, dove la strada si distanzia dalla costa lasciando spazio a spiaggette, macchia e pineta.

Si giunge così alle porte di **Gallipoli**, la "città bella", con il centro storico racchiuso in un'isoletta fortificata collegata alla terraferma da un ponte. Chiese di notevole pregio sono disseminate nel fitto reticolo di stradine, vicoli e piccole piazze in cui è facile imbattersi in laboratori artigiani, rivendite di prodotti tipici e locali in cui assaggiare i piatti della tradizione.

Verso nord il litorale appare più antropizzato, ma dopo Santa Maria al Bagno e Santa Caterina si trova un altro lembo di natura protetta: il **parco naturale regionale di Porto Selvaggio**, una folta boscaglia che digrada sulla costa rocciosa ed è attraversata da una fitta rete di sentieri. L'area comprende anche due torri, Uluzzo e Inserraglio, e la Palude del Capitano, formata da risorgive carsiche ricolme di acqua salmastra.

ITINERARI DEL GUSTO

L'economia agricola e marinara del Salento si rispecchia pienamente nell'enogastronomia, che fonde i prodotti della campagna con quelli della pesca in una tradizione culinaria famosa e apprezzata, grazie anche alla qualità delle materie prime (in particolare verdure e ortaggi, prodotti caseari, carni, salumi, pesce e molluschi, affiancati dall'antica sapienza casalinga della pasta fatta a mano e della panificazione). Fra tante specialità è in primo piano il rinomato olio extravergine d'oliva pugliese, che conosce una sempre maggiore notorietà anche grazie alle strade tematiche. Ognuna di esse è nata per valorizzare particolari aree di produzione, e in Salento ve ne sono ben tre dedicate all'olio Dop Terra d'Otranto: dell'Oliva Jonica, dell'Oliva Adriatica e della Provincia di Taranto (per maggiori dettagli si può visitare il sito Internet del consorzio di tutela: www.oliodopterradotranto.it).

Scorcio della campagna salentina, con le caratteristiche opere a secco

Sant'Isidoro è indicato per le soste libere fuori stagione, con una spiaggia lambita dal mare cristallino. La trasparenza dell'acqua non è da meno nei pressi di **Porto Cesareo**, animato centro balneare, dove l'area marina protetta presenta fondali ambiti dai sub. A **Punta Prosciutto** – dove il campeggio libero è vietato – dalla primavera all'inizio dell'autunno ci si può servire del camping per godere della spiaggia orlata da candide dune. Poco più avanti la provincia di Lecce lascia il posto a quella di Taranto e conviene proseguire in questa direzione per ricollegarsi al sistema autostradale. Si avrà la possibilità di scoprire, a Torre Colimena, un'altra piccola perla naturalistica: la **riserva naturale regionale Salina dei Monaci**, così chiamata perché istituita su un territorio anticamente gestito dai Benedettini. Il sito, frequentato dagli uccelli migratori soprattutto d'inverno, è un mosaico di dune, vegetazione e specchi d'acqua, accanto a un grazioso villaggio di pescatori.

AREE DI SOSTA

In molte località dell'itinerario non è difficile, al di fuori dei mesi estivi, trovare buone opportunità di sosta libera. In ogni caso, la ricettività all'aria aperta è molto sviluppata, con decine di campeggi e aree attrezzate.

GALLIPOLI • **Area attrezzata**, corso Roma, SS 16 per Taviano. • **Area attrezzata** Nazaro, SP 361 per Alezio, tel. 328 9518671 (annuale). • **Autopark** a pagamento Spiaggia d'Oro San Mauro, località Padula Bianca, tel. 320 2132448, www.autoparksanmauro.com (aperto da giugno a settembre). • **Punto sosta** a pagamento Lido Campo delle Bandiere, località Padula Bianca, tel. 380 4114137 (apertura annuale con prenotazione). • **Punto sosta** a pagamento Oasi Park, località Padula Bianca, tel. 348 7622657, fabrivenne@live.it (aperto da giugno a settembre, preavviso consigliato). • **Area attrezzata** Torre Sabea, litoranea per Santa Maria al Bagno, tel. 0833 298273, www.torresabea.it, info@torresabea.it (annuale). • **Area attrezzata** Nuovi Orizzonti, uscita SP221 direzione Pizzo Mancaversa, tel. 349 0745913 o 340 7571625, prenotazione richiesta.

LECCE • **Area di servizio** Eni, San Oronzo, Tangenziale Est. • **Agriturismo** Namastè, via F. de André, tel. 0832 329647 o 348 3181405 www.camping-lecce.it (annuale).

MELENDUGNO • **Area attrezzata** Camper Club Campo Carleo, SP Lecce-San Foca km 19, tel. 328 3160610 o 333 5039448. • **Area attrezzata** I Faraglioni, via Matteotti 12, Torre Sant'Andrea, tel. 328 0543064 o 0832 841572, www.areacampersalento.com.

NARDÒ • **Area attrezzata** a pagamento presso l'agriturismo Tenuta degli Ulivi, Strada Nardò-Avetrana, località San Isidoro, direzione Copertino, tel. 328 5651593 o 349 1642008.

OTRANTO • **Area attrezzata** parcheggio Belmonte, S.P. 366 presso i Laghi Alimini. • **Area attrezzata** Camper Solara, Villaggio Conca Specchiulla, SS611 km 21+500, tel. 0836 803230, www.areacampersolara.it (annuale). • **Area attrezzata** Oasy Park, via Renis, tel. 0836 802226 o 339 8619299, www.oasypark.com (annuale). • **Punto sosta** parcheggio di via Renis, tel. 347 1852818 (annuale). • **Area attrezzata** agriturismo Tenuta i Quattro Venti, località Frassanito, litoranea Torre dell'Orso-Otranto, tel. 328 3530458 o 349 5739615, www.tenutaiquattroventi.it (aperta da metà maggio a metà settembre). • **Area attrezzata** agriturismo Grotta dei Cervi, SP87 Otranto-Porto Badisco, tel. 340 3182406, www.grottadeicervi.com (aperta da aprile a novembre). • **Area attrezzata** agriturismo Due Palme, via Fontanelle 106, tel. 330 276466 (aperta da giugno a settembre). • **Area attrezzata** agriturismo Tenuta

Si può procedere lungo la costa o deviare nell'interno verso Manduria e Sava per raggiungere infine **Taranto**, la "città dei due mari". Oltre allo splendido borgo marinaro, è assolutamente da non perdere il museo archeologico nazionale, che ospita fra l'altro una doviziosa raccolta di reperti della Magna Grecia, tra cui preziosi lavori di oreficeria noti come Ori di Taranto. Prima di ripartire, si potrà assaporare la gustosa cucina di pesce, nella quale trionfano le ottime cozze di produzione locale.

La gara di barche a remi del Palio di Taranto

L'Alba di Monte Matino, litoranea Otranto-Porto Badisco, tel. 348 8139574, www.tenutamontematino.com (aperta da marzo a ottobre). • **Area attrezzata** a pagamento presso l'agriturismo Fontanelle, SP366 Litoranea km 28, tel. 338 1338400, www.fontanelleotranto.it. • **Agriturismo** degli Oleandri, via Uliveto Vecchio 8, tel. 0836 1975149 o 338 8282740 o 342 5279391, www.agriturismodeglioleandri.it (aperto dal 1° aprile al 30 settembre). • **Area attrezzata** presso l'agriturismo La Tenuta di Torre Pinta, via delle Memorie, tel. 0836 1902453, www.torrepinta.it (annuale). • **Agricampeggio** La Rondine, via Azienda Frassanito 39, tel. 0836 954261 o 328 4242171, www.larondineagriturismo.it (aperto da maggio a settembre).

PORTO CESAREO • **Agricampeggio** Le Radici, via Circonvallazione, Torre Lapillo, tel. 0833 569038 o 347 0034357, www.agricampeggioleradici.it (aperto da maggio a settembre). • **Punto sosta** Un Posto al Sole, strada dei Bagni, tel. 349 0804432.

PUNTA PROSCIUTTO • **Area attrezzata** Il Saraceno, litoranea Torre Colimena-Porto Cesareo, tel. 349 8837828 o 340 5962547 (aperta da Pasqua a ottobre).

SAN CATALDO • **Area attrezzata** Picnic Club, via James Cook, SP543 km 6+500, località Cucchiarari di Dietro, tel. 330 329346 (annuale).

SANTA MARIA AL BAGNO • **Area attrezzata** Mondonuovo, strada Torre Mozza, tel. 328 9199241.

SANTA MARIA DI LEUCA • **Area attrezzata** La Cornula, via Panoramica, tel. 348 7794242 o 340 3689171 (aperta dal 1° giugno al 30 settembre).

TORRE COLIMENA • **Area attrezzata** La Salina, SP122, località Specchiarica, tel. 339 3881213 o 340 4648105, www.lasalina.info (aperta da giugno a settembre). • **Area attrezzata** Camper Monaci, via Ortona, Torre Saline, località Specchiarica, tel. 334 3228236 (aperta da giugno a settembre).

TORRE DELL'ORSO • **Area attrezzata** Gran Pashà, SP Melendugno-Torre dell'Orso, tel. 330 692409 (aperta da aprile a settembre). • **Area attrezzata** Sant'Andrea Salento, SP per Otranto km 20+500, tel. 328 2584042, www.oasidelcamperista.it (aperta da giugno a settembre). • **Area attrezzata** Parco Camper La Torre, presso masseria Lama, SP Melendugno-Torre dell'Orso, tel. 349 1892931, www.masserialama.com.

TORRE SAN GIOVANNI • **Agriturismo** Palese, corso Uxentum 196, tel. 0833 931030 o 349 7555660, www.agriturismopalese.it (aperto da giugno a settembre). • **Area attrezzata** presso la struttura sportiva Pista Salentina, SP91 km 12, tel. 0833 931311, www.pistasalentina.it (aperta da giugno a settembre).

I MONTI DELLA DAUNIA

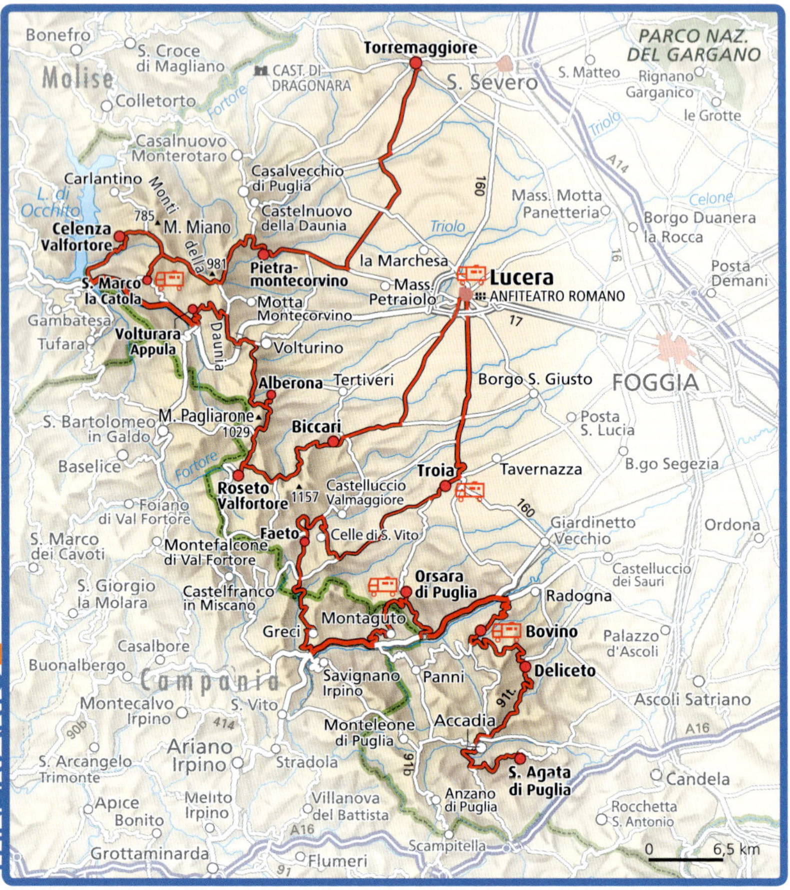

Mentre la parte peninsulare della Puglia forma un'unica entità con il mare, l'entroterra del Foggiano offre un contesto del tutto diverso, con paesaggi di media e alta quota simili a quelli delle confinanti province campane e lucane. Si tratta di un comprensorio che esalta il turismo di scoperta: piccoli paesi, stradine solitarie, selvagge distese boschive. L'accesso, tuttavia, è facilitato dalla vicinanza alla pianura e all'autostrada Adriatica, che si lascia al casello di San Severo per proseguire sul reticolo di strade provinciali dirette verso le quote più alte.

La prima tappa è **Torremaggiore**, proprio ai margini del Tavoliere. Il possente castello ducale di epoca normanna domina l'antico quartiere del Codacchio, fondato dai profughi che nel XIII secolo scamparono alla distruzione di **Castel Fiorentino**, residenza in cui Federico II di Svevia si spense nel 1250. Del maniero imperiale, che dista una decina di chilometri, rimangono le mura perimetrali in posizione panoramica. Fin qui la strada conserva l'andamento rettilineo della pianura, ma percorrendo una ventina di chilometri si trovano le prime curve che

Pozzo nel chiostro del convento di San Marco la Catola

risalgono le colline. Dopo Casalvecchio di Puglia si raggiunge con una breve deviazione **Pietramontecorvino**, uno dei paesi della Capitanata insigniti della Bandiera arancione del Touring Club Italiano: nel rione medievale di Terravecchia sorgono la chiesa di S. Maria Assunta, del XII secolo, e il Palazzo Ducale, la cui torre è stata attrezzata per le visite.

Fra curve e tornanti, si risale il versante opposto della valle per raggiungere, nei pressi di **San Marco la Catola**, il cinquecentesco convento dei Cappuccini in cui visse per qualche tempo Padre Pio. Nei dintorni è possibile sostare accanto alle polle sorgive o nelle radure del Bosco di San Cristoforo, attrezzato con aree per il picnic. Per far visita al paese, è preferibile cercare parcheggio nel piazzale antistante il cimitero o lungo la strada di accesso perché le vie del centro sono talmente strette da rendere quasi impossibile il transito di un camper.
Distrutta dai romani dopo la sconfitta di Pirro, l'antica *Celenna* è oggi **Celenza Valfortore**, il cui nucleo medievale abbraccia la sommità di un'altura, con il castello a dominare i tetti delle case. La passeggiata fra vicoli, stradine, archi e portali in pietra raggiunge il belvedere sul **Lago di Occhito**, bacino artificiale diviso tra la Puglia e il Molise. Scendendo al Ponte Tredici Archi si imbocca la statale 17 (uno degli accessi alla Daunia per chi proviene dal versante tirrenico), che si segue fino alla breve deviazione per **Volturara Appula**. Nella parte più antica del paese, fondato nel 50 a.C., la cattedrale del XIII secolo in stile romanico pugliese sfoggia un motivo a scacchiera sulla facciata e interni ricchi di pregevoli opere.
Si lascia la 17 poco più avanti per la SP134 che si dirige verso le prime creste montane, battute da venti costanti e per questo scelte come sede di un parco eolico. Superato Volturino, si

PERCORSO DI AVVICINAMENTO

Gli accessi principali al Subappennino Dauno sono la A14 Adriatica, uscendo a San Severo e proseguendo per Torremaggiore, e la A16 Napoli-Canosa, uscendo a Candela e proseguendo per Sant'Agata di Puglia. Altre due possibilità sono offerte dalle statali che tagliano il comprensorio nella parte centrosettentrionale e in quella centromeridionale: la SS17, che si può seguire dall'Abruzzo o dalla A1 Roma-Napoli uscendo a San Vittore e continuando per Venafro, Isernia, Bojano, Campobasso, Lucera e Foggia, e la SS90 Benevento-Foggia. Arrivando dalla Basilicata o dalla Calabria, il percorso più agevole è la SS658 Potenza-Candela-Foggia.
Le provinciali e le altre strade secondarie dei Monti Dauni sono spesso tortuose e in condizioni non ottimali, ma non comportano eccessive difficoltà di guida anche nel caso di veicoli di grossa stazza. In molti paesi il centro storico presenta strade anguste e conviene cercare una posizione di sosta nella fascia più esterna dell'abitato, per poi proseguire a piedi nella visita.

sale con curve e tornanti ad **Alberona** (altra località insignita della Bandiera arancione): nel tessuto di stradine del centro storico spicca la chiesa di S. Rocco, con elegante facciata in pietra grigia e bianca e uno svettante campanile a guglia.
Si viaggia intorno ai 700 metri di quota, su tracciati secondari che richiedono cautela nella guida. A **Roseto Valfortore** si trova l'Osservatorio di Ecologia Appenninica, la cui visita è preliminare all'escursione che conduce ai restaurati mulini ad acqua lungo la sponda del torrente Fortore. Il centro storico è preceduto dal Palazzo Marchesale con l'aggettante torre colombaia: superato l'Arco della Terra si raggiungono la chiesa madre e un moderno anfiteatro dove si svolgono spettacoli ed eventi.
Biccari, a cui si arriva con la tortuosa provinciale 129, sfoggia una piccola esedra affacciata su piazza Matteotti. Alle spalle di quest'ultima si concentra il nucleo antico del paese, con la torre del XII secolo e la chiesa dell'Assunta.

Le mura turrite del castello svevo-angioino di Lucera

ITINERARI DEL GUSTO

Da sempre il Tavoliere delle Puglie è considerato il "granaio d'Italia", e non sorprende dunque che la gastronomia della Daunia sia ricca di prodotti della panificazione. Un buon indirizzo, a Orsara di Puglia, è il negozio-ristorante Pane e Salute, che conserva un forno del 1526 alimentato a paglia (via Caracciolo 13, tel. 0881 964826 o 365 5464992, www.paneesalute.com). Chi predilige i salumi e gli insaccati non manchi una visita al Salumificio Moreno di Faeto (via Marie Petit Pierre 3/5/7, tel. 0881 973205, www.prosciuttodifaeto.it, chiuso nei venerdì non festivi durante l'inverno), che offre prodotti a base di carni del pregiato maiale nero autoctono. Nel bicchiere, oltre al leggero Daunia Igt, primeggia il rosso Doc lucerino Cacc'e'Mmitte, *leva e metti*, locuzione che si riferisce al ritmo con cui si avvicendavano i lavoranti durante la pigiatura.

Fra le curiosità non mancano due piccoli musei, dedicati rispettivamente al mestiere del falegname e alla civiltà rurale. Bisogna invece uscire dall'abitato per una rilassante sosta sul **Lago Pescara**, piccolo specchio d'acqua sovrastato dalla cima del Monte Cornacchia, 1.151 metri, il più alto della Puglia. Il bacino, molto frequentato nei mesi estivi, è attrezzato con un'area picnic e un punto ristoro.

La meta successiva, differente da quelle visitate sino ad ora, costituisce uno snodo dell'itinerario (che potrebbe concludersi anche a questo punto): scendendo infatti verso il Tavoliere si raggiunge la città di **Lucera**. I cospicui resti del castello svevo-angioino sono visibili in lontananza e possono essere avvicinati anche in camper: trovato posto nell'ampio parcheggio sterrato presso le mura, si varcano il fossato e l'imponente cinta turrita, entro la quale sono ben visibili le fondamenta del *pa-*

latium voluto da Federico II. Per proseguire nella visita ci si porta al margine meridionale dell'abitato raggiungendo piazza del Popolo a piedi (la distanza è di un chilometro circa) o con l'autobus in partenza dal piazzale della stazione. Superata Porta Troia, la parte antica si apprezza in un succedersi di piccole corti, stradine, piazze, edifici nobiliari che preludono al duomo, nella cui composita facciata è inserita una torretta a testimonianza della moschea fatta costruire da Federico II per la colonia araba giunta fin qui dalla Sicilia. Ultima tappa, sul lato del centro opposto al castello, è l'anfiteatro romano del I secolo a.C. voluto dal magistrato Manlio Vecilio Campo, l'opera più imponente della romana *Luceria*.
Usciti dalla città in direzione di Troia (che visiteremo più avanti), si devia dopo una decina di chilometri verso Castelluccio Valmaggiore e da qui per **Faeto**: in meno di un'ora si passa dai 250 metri di altitudine del Tavoliere agli 866 di questo borgo, dove è possibile parcheggiare in largo S. Prospero. Faeto e il vicino paese di **Celle San Vito** sono le uniche due località della regione (e di tutta Italia, se si eccettuano alcune valli piemontesi e valdostane) in cui si parla il francoprovenzale, che si radicò nella zona a seguito di una campagna militare condotta nel XIII secolo da Carlo d'Angiò. Ricordo delle usanze contadine sono il piccolo museo etnografico nella Torre del Capitano e i mulini ad acqua (uno dei quali visitabile con guida) nel Bosco Difesa, attrezzato con sentieri escursionistici.

L'orografia di questa parte del Subappennino Dauno costringe nuovamente a scendere di quota, fino ai 400 metri circa di **Troia** (Bandiera arancione del Touring Club Italiano). La collezione di reperti del museo civico, ospitato insieme al Municipio nel cinquecentesco palazzo d'Avalos, permette di scoprire le origini e la storia antica della cittadina, fondata agli inizi dell'anno Mille sui resti di insediamenti che risalirebbero al XII secolo a.C. Vero gioiello, fra i tanti monumenti del centro storico, è la cattedrale dell'Assunta, splendido esempio di romanico pugliese esaltato da un sapiente restauro.
La prossima tappa, sulla provinciale 123, è **Orsara di Puglia** (un'altra Bandiera arancione). Nonostante la posizione decentrata nel settore meridionale dei Monti Dauni, è una delle località più animate e ospitali dell'intero percorso, con un vivace calendario di manifestazioni e un'area attrezzata per i camper con dotazioni di prim'ordine. Di notevole interesse, nel ben conservato centro storico, la chiesa di S. Pellegrino e l'abbazia bizantina dell'Annunziata, che insieme alla Grotta di S. Michele danno vita a un complesso molto frequentato. Usciti dal paese in direzione opposta

L'abside colonnata del duomo di Troia

AREE DI SOSTA

Al contrario della fascia litoranea, l'interno della provincia di Foggia è privo di campeggi. Non mancano invece le opportunità di sosta libera, seguendo comunque la buona regola di chiedere informazioni sul posto per trovare la sistemazione migliore. Per un più confortevole pernottamento e per fruire dei servizi di base, la soluzione migliore consiste nell'indirizzarsi verso le aree attrezzate, in posizione strategica rispetto alla possibile scansione delle tappe.

BOVINO • **Area attrezzata** a pagamento presso l'agricampeggio L'Aia degli Impisi, località Impisi, tel. 0881 961452 o 340 2972533, web.tiscali.it/aiagricampeggio.

LUCERA • **Area attrezzata** presso azienda agricola Casanova, SS17 km 314+900, contrada Casanova, tel. 0881 520553 o 333 1133133 (annuale).

ORSARA DI PUGLIA • **Area attrezzata** in via Asiago. • **Punto sosta** presso l'agriturismo Posta Guevara, SS90 via Napoli, località Giardinetto, tel. 0881 976880 o 342 78086551, www.postaguevara.com (annuale, sosta gratuita se si consuma almeno un pasto in azienda).

SAN MARCO LA CATOLA • **Agricampeggio** presso l'agriturismo Casanatura Avellaneta, località San Cristoforo, tel. 0881 556115 o 347 2749067 (aperto dal 1° marzo al 31 dicembre, sosta gratuita se si consuma almeno un pasto in azienda).

TROIA • **Area attrezzata** gratuita in via Campo Fiera, a 100 m dal centro (annuale).

all'ingresso ci si porta sulla statale 90 (che collega Benevento a Foggia) seguendola verso il capoluogo dauno fino al bivio per **Bovino** (Bandiera arancione). Il castello normanno-svevo ospita il museo diocesano, che conserva una spina appartenuta, secondo una leggenda, alla corona del Cristo; non lontana è la cattedrale romanica del XIII secolo, con l'interno illuminato da un grande rosone. Proseguendo nella passeggiata si arriva al caratteristico rione Portella, affacciato sul Vallo di Bovino.

Ancora alcuni chilometri ed ecco **Deliceto**, aggrappato alla sommità di un colle dominato dal castello normanno-angioino. L'edificio, di cui si possono visitare vari ambienti e le panoramiche terrazze, risale al IX secolo, come la chiesa dell'Annunziata, la seicentesca chiesa di S. Anna e Morti (con museo diocesano) e la settecentesca chiesa del Salvatore in cui è conservata una statua lignea della Vergine. Per una pausa nel verde presso l'area picnic adiacente al santuario della Madonna della Consolazione, dove sant'Alfonso Maria de' Liguori compose il celeberrimo inno natalizio *Tu scendi dalle stelle*, bisogna invece uscire dall'abitato in direzione di Accadia.

Tappa conclusiva è **Sant'Agata di Puglia** (Bandiera arancione). Anche qui si ritrova l'impianto urbano disteso su un colle, con il castello imperiale che ne sovrasta la cima e si presenta oggi nella veste ottocentesca di residenza gentilizia. Il circostante borgo medievale è talmente ricco di portali, stemmi e altri dettagli scultorei da essersi meritato il titolo di "parco urbano delle Opere in Pietra"; la passeggiata lungo i vicoli e le stradine rivela inoltre un gran numero di edifici interessanti, tra i quali la chiesa matrice di S. Nicola, la cui cripta è affrescata con *Scene della Passione*. Da qui, scendendo lungo le ultime panoramiche curve del subappennino, si raggiunge in breve il casello autostradale di Candela per il rientro.

MATTINATA E IL SENTIERO DELLE ORCHIDEE

La primavera è la stagione ideale per visitare il Gargano, complici il rigoglio della natura e il minore affollamento della costa. Nei dintorni di **Mattinata** si dipana un facile ma emozionante itinerario escursionistico: il Sentiero delle Orchidee, percorso botanico sulle pendici del Monte Sacro che conduce alla scoperta di ben ottantacinque varietà spontanee di questi fiori. A guidare i visitatori sono Angela Rossini e Giovanni Quitadamo, esperti naturalisti e autori di un volume sull'argomento (si può acquistare in loco o sul sito Internet www.orchideedelgargano.it). Per prenotare le escursioni inviare una e-mail ad angelarossini3@gmail.com (tel. 339 7773807) oppure a gioquita@orchideedelgargano.it.

La visita, che si può effettuare da gennaio a settembre, offre la migliore ambientazione tra aprile e maggio, quando le fioriture sono al culmine. Dal centro di Mattinata si seguono le indicazioni per il Monte Sacro, percorrendo una decina di chilometri sulla tortuosa SS89 fino a individuare l'accesso al sentiero (il camper si può lasciare presso il non lontano agriturismo Monte Sacro). L'ingresso è libero, ma è preferibile richiedere l'assistenza delle guide: molte orchidee, infatti, sono alte pochi centimetri ed è necessario occhio per distinguerle. Prolungando la passeggiata fino alla vetta del Monte Sacro si potranno vedere i resti dell'abbazia benedettina della SS. Trinità.

Il Monte Saraceno conserva invece una necropoli dei dauni con migliaia di sepolture scavate nella roccia; quanto rimane di un frantoio romano del I-V secolo si trova a pochi passi dal porticciolo di Mattinata.

Orchidea spontanea sul sentiero tematico di Mattinata

PERCORSO DI AVVICINAMENTO

Mattinata si trova sulla costa meridionale del Gargano e si raggiunge dalla A14 Adriatica, uscendo a Foggia (o a Cerignola per chi proviene dal sud della Puglia) e proseguendo per Manfredonia, superata la quale si continua sulla SS89.

AREE DI SOSTA

Vari parcheggi sono presenti a **Mattinata** e nei dintorni. Inoltre, da segnalare nel **parco del Gargano**, l'area attrezzata Eden Park, in contrada Funni, tel. 348 9209465 o 334 2369437 (aperta da aprile a settembre), e l'area di sosta da Francesco, presso il B&B Aulìv, litoranea Mattinata-Vieste SP53 km 1,3, tel. 340 1715703, www.auliv.it. In contrada Stinco, non lontano dall'ingresso del Sentiero delle Orchidee, ci si può invece rivolgere all'agriturismo Monte Sacro (tel. 0884 558941 o 333 6810160, www.agriturismomontesacro.it, annuale).

BASILICATA

Terra di antiche tradizioni

In poche regioni come in Basilicata si trovano, concentrate nel raggio di alcune decine di chilometri, testimonianze capaci di raccontare oltre duemila anni di storia: merito dell'estensione contenuta del territorio, incuneato tra gli Appennini e i due affacci costieri, e della lontananza secolare di tanti piccoli paesi dalle principali vie di comunicazione del passato, che solo negli ultimi decenni è stata mitigata dalla realizzazione di veloci collegamenti stradali fra il mare e l'entroterra. Paesaggi e motivi d'interesse molto diversi invitano il viaggiatore a spostarsi rapidamente da un comprensorio all'altro sulle direttrici principali per poi lasciarle in favore delle strade minori, dove si susseguono borghi di origine perlopiù medievale, dominati da torrioni, campanili e castelli. La nascita di nuovi centri nelle zone di pianura in prossimità delle stazioni ferroviarie, delle aree industriali e delle moderne località di soggiorno balneare non ha sottratto a questi borghi la loro genuinità: arroccati in cima alle alture, sono divenuti custodi fedeli di una tradizione sempre più apprezzata da chi cerca un'accoglienza autentica, cui si aggiungono i sapori decisi di una cucina tipica, semplice e varia al tempo stesso.

Quando andare

La varietà degli ambienti lucani fa sì che ognuno di essi abbia stagioni particolarmente adatte alla visita itinerante. La costa è fruibile in ogni periodo e anche d'inverno può offrire piacevoli opportunità al turismo sportivo, specialmente sullo Ionio e nell'immediato entroterra, dove le

vernali. Nelle aree collinari sono da preferire la primavera e l'autunno, quando le temperature sono più miti e la tortuosa viabilità secondaria è più facilmente percorribile.

basse quote della Murgia rendono più agevoli i collegamenti. Lo stesso vale per il Pollino, verde serbatoio di frescura nel periodo estivo e palestra di escursioni sulla neve nei mesi in-

Colori d'autunno nel parco del Pollino

Gli itinerari

La prima proposta si sviluppa nell'estremità settentrionale della regione, avendo come riferimento la strada che collega il Vulture alla città di Potenza: sui due lati di quest'asse si esplorano borghi di spiccata personalità che, per la struttura urbana spesso arroccata sulle alture, vengono definiti paesi presepio. Lo stesso capoluogo, decisamente sottovalutato dal turismo, è a propria volta una meta a cui tributare piena considerazione.

Il secondo itinerario, che dal litorale ionico raggiunge Matera e alcuni centri minori dell'entroterra, offre una chiave di lettura meno consueta di questa zona, conosciuta principalmente per i soggiorni balneari e il fascino della città dei Sassi.

La terza proposta è ambientata sul versante lucano del Pollino, che presenta ambienti selvaggi e completamente disabitati per decine di chilometri, nei quali è possibile assaporare il piacere della vacanza itinerante e sportiva a contatto con la natura.

DAL VULTURE A POTENZA

ITINERARIO1

A chi esce dalla A16 Napoli-Bari al casello di Candela, per poi dirigersi verso sud lungo la statale 658 Ofantina, la Basilicata si presenta con l'inconfondibile sagoma conica del Vulture. Alle pendici settentrionali di questo vulcano spento, ricoperto da boschi e castagneti, appare **Melfi** circondata da una moderna periferia inusuale per i centri abitati lucani: la prima tappa dell'itinerario è una delle località storicamente più interessanti della Lucania poiché proprio qui Federico II di Svevia promulgò le *Constitutiones Melphitanae*, il primo corpo giuridico dell'era feudale, ispirato al diritto romano.
Raggiunto il nucleo antico, tuttora protetto dalle mura quattrocentesche, si parcheggia per il tempo necessario alla

Il castello federiciano di Melfi

visita (spazi adatti si trovano presso il Municipio e in piazza Guglielmo Marconi oppure all'esterno del centro storico, in piazza Pasquale Festa Campanile) e ci immerge fra vicoli, slarghi e stradine in un tessuto urbano scandito da pregevoli edifici. Delle numerose chiese, la più imponente è la cattedrale dell'Assunta con facciata barocca, frutto degli interventi che modificarono il precedente impianto normanno dell'XI secolo. Della stessa epoca è il castello, fatto ricostruire dall'imperatore svevo e divenuto una delle sue dimore preferite; restaurato in anni recenti, è sede di un museo archeologico che conserva reperti preistorici, italici, etruschi e romani e ospita ogni anno, in ottobre, una grande rievocazione in costume dell'epoca federiciana, con esibizioni di falconeria (una delle passioni del sovrano).

Pochi chilometri a sud di Melfi, il borgo arroccato di **Rapolla** è noto per la produzione dell'Aglianico e di altri vini, favorita dalla natura dei terreni lavici; le

PERCORSO DI AVVICINAMENTO

Arrivando da nord l'accesso più diretto all'area del Vulture è il casello di Candela della A16 Napoli-Canosa, che collega la A1 alla A14 (chi proviene dal versante adriatico deve lasciare l'autostrada a Foggia e proseguire in direzione di Melfi sulla superstrada 655). Dalla A2 Autostrada del Mediterraneo (ex A3 Salerno-Reggio Calabria) la strada più diretta è il raccordo Sicignano-Potenza, da cui si prosegue sulla superstrada 658 Potenza-Foggia. Dal litorale ionico pugliese e lucano si risale la SS407 Basentana, che si collega alla 658 qualche chilometro prima di Potenza.

È opportuno tenere presente che le strade interne della Basilicata sono strette, tortuose e presentano numerosi cambi di pendenza, creando perciò qualche disagio ai veicoli di maggior stazza.

L'abbazia della Trinità presso Venosa

antiche cantine, ricavate dalle grotte, sono state ristrutturate dal Comune e alcune di esse sono visitabili.

Prima di continuare intorno alle pendici del Vulture, una deviazione di una ventina di chilometri verso la pianura pugliese conduce a **Venosa**. Sistemato il camper, preferibilmente nei quartieri nuovi, si raggiunge rapidamente l'animata piazza Umberto con i suoi portici e il castello, sorto nel 1470 e oggi sede di un museo archeologico di grande interesse. Il biglietto dà accesso anche ai cospicui resti della latina *Venusia*, dove nell'anno 65 a.C. nacque il poeta Orazio, ricordato da una statua nella piazza a lui dedicata e da targhe murali con citazioni dei suoi versi. Nell'area della città romana sorge anche uno dei monumenti più scenografici di tutta la Basilicata, l'incompiuta **abbazia della Trinità**, risalente all'XI secolo. L'antistante parcheggio è un valido approdo per il pernottamento.

Tornati a Rapolla, si procede in senso antiorario lungo la tortuosa ma panoramica provinciale che si snoda ad anello intorno al rilievo. In breve si giunge a Rionero in Vulture e alla deviazione per i **Laghi di Monticchio**.

Questi due piccoli bacini, immersi in una cornice verdeggiante, sono molto frequentati nei periodi festivi e offrono punti di ristoro e alcuni servizi, tra cui il noleggio di biciclette e di imbarcazioni. Dal Lago Grande una facile passeggiata sale in un'ora circa al belvedere della settecentesca **abbazia di S. Michele Arcangelo**, visitabile su richiesta; al ritorno si può compiere il giro del Lago Piccolo, incrociando una zona umida protetta e i ruderi di un'abbazia del XII secolo.
Sul versante opposto della statale Ofantina, nel borgo di **Ripacandida** si ammira un ciclo di affreschi del '400 che ha per tema le storie della Bibbia e si ispira alle opere giottesche di Assisi. I dipinti ricoprono le pareti e le volte della chiesa di S. Donato, nei pressi della quale si trova un parco pubblico dei primi del '900 che include un orto botanico ricco di maestosi esemplari.

ITINERARI DEL GUSTO

L'Aglianico del Vulture è uno dei vini più rinomati dell'Italia meridionale: sono decine le aziende in cui si produce questo rosso corposo e aromatico, che trae le sue qualità dalle fertili terre vulcaniche di questa parte della Basilicata. Lo si può gustare al meglio accompagnandolo alle genuine pietanze tipiche della cucina contadina lucana: la pasta lavorata a mano (cavatelli, lagane e fusilli) e condita con le cime di rapa, i legumi o un semplice sugo di pomodoro, le salsicce anche in versione essiccata e affumicata, le carni di agnello e di capretto. Fra i condimenti, oltre all'olio extravergine d'oliva, da ricordare il peperoncino e il cacioricotta fresco o stagionato.
Ricco il novero dei dolci tradizionali, spesso preparati o glassati con il miele: quello della Basilicata è prodotto in numerose varietà e tutelato da un consorzio regionale, che ha sede a Ripacandida presso il santuario di S. Donato.

A sud di Rionero la 658 prosegue lungo la Valle dell'Ofanto, dove si trovano altre mete di rilievo; per scoprire i centri minori e i paesaggi dei dintorni conviene però seguire la parallela statale 93 per portarsi ad Atella e al bivio per l'**abbazia di S. Maria di Pierno**, che sorge a 960 metri di quota. Fondata nel 1122 da san Guglielmo da Vercelli e rimaneggiata nel '500, conserva l'impianto romanico originario e vale una sosta prima di continuare verso il borgo di **San Fele**, addossato a un pendio roccioso coronato dai ruderi di un'antica fortezza. Da qui si supera il Passo delle Crocelle facendo rotta verso **Muro Lucano**, il cui abitato si distende sui fianchi di un canalone: il nucleo medievale, sorto su un insediamento romano, è sovrastato dalla millenaria cattedrale e dall'attiguo castello normanno (non visitabile), mentre la parte rinascimentale e moderna si trova in basso. La cittadina ospita il terzo museo archeologico dell'itinerario, aperto da qualche anno in un complesso monumentale dalle cui pa-

L'abbazia di S. Michele presso i Laghi di Monticchio

noramiche terrazze si osservano grotte e ruderi del canyon, collegati da un sentiero didattico che invita a una piacevole passeggiata fra storia e natura. Per il pernottamento ci si può servire dei parcheggi di un centro commerciale posto subito a valle lungo la via Appia, utile postazione che facilita il raggiungimento delle tappe successive. Bisogna infatti seguire questa strada per portarsi, in una quarantina di chilometri, a Ruoti e al bivio per **Avigliano**, che si trova in posizione assolata e offre un interessante centro storico ricco di palazzi e chiese. Nella cattedrale è conservata una statua della Vergine che ogni anno, nel mese di luglio, viene condotta in processione al **santuario della Madonna del Carmine**: a questo frequentato luogo di culto che sorge sulle pendici del Monte Caruso si arriva percorrendo nove chilometri di tornanti, ma la fatica è pienamente ripagata dal panorama, nel quale si inserisce una moderna centrale per la produzione di energia eolica.

Dal bivio del santuario si scende a **Castel Lagopesole**, di nuovo sotto il segno di Federico II. Il possente maniero quadrangolare, che occupa la sommità di un'altura boscosa su cui si distende il paese, fu l'ultimo di quelli fatti costruire dall'imperatore: iniziato nel 1242, forse su un preesistente edificio normanno, è caratterizzato da forme sorprendentemente moderne per l'epoca ed è sede di un museo storico e archeologico visitabile anche con guida. Per il parcheggio diurno e notturno ci si può servire degli spazi adiacenti agli impianti sportivi, salendo al castello per mezzo di un largo camminamento acciottolato.
L'itinerario si è avvicinato nuovamente alla statale Ofantina, che scende in direzione del capoluogo regionale: ma prima di raggiungere la città è opportuna un'ultima deviazione (meno di 40 chilometri da Castel Lagopesole) per portarsi ad **Acerenza** con la statale 169. Dopo Pietragalla una panoramica strada secondaria sale con decisione verso il paese, l'antica *Acheruntia* citata da Orazio, dove si cerca un adeguato parcheggio nella parte bassa dell'abitato prima di salire al nucleo storico. La millenaria cattedrale dedicata all'Assunta e a S. Canio, in parte rimaneggiata nel XIII secolo e oggi considerata uno dei più importanti monumenti romanici dell'Italia meridionale, conserva opere d'arte di sicuro pregio ed è resa ancora più suggestiva dai giochi di luce che ne caratterizzano l'interno. Di grande effetto è anche il panorama sulla Murgia che si osserva dall'alto del belvedere, ricavato su ciò che resta delle mura medievali.
Tornati a valle, non resta che raggiungere **Potenza**, approdando nell'area attrezzata di via Zara, presidio comunale di recente realizzazione che si trova nella parte bassa dell'abitato, poco distante dalle scale mobili del

Scorcio della piazza principale di Avigliano

AREE DI SOSTA

Le aree interne della Basilicata non offrono molti approdi per i veicoli ricreazionali, ma la sosta libera è piuttosto comune (anche se richiede una certa capacità di adattamento nei centri più piccoli). In tempi recenti, inoltre, numerosi paesi hanno aderito a un progetto di organizzazione turistica del territorio che ha l'esplicito obiettivo di incrementare la ricettività all'aria aperta con la realizzazione di aree attrezzate e altri servizi dedicati.

Lungo il percorso, oltre alle opportunità di parcheggio indicate, le uniche strutture deputate all'accoglienza dei camper si trovano a **Rionero in Vulture**: il camping Europa ai Laghi di Monticchio (tel. 0972 716287, 0972 731008 o 349 3682348, aperto dall'inizio di marzo all'inizio di novembre con una breve interruzione nella prima settimana di giugno) e l'area di sosta presso la Masseria delle Sorgenti (SP167 km 13+500, tel. 0972 731300 o 320 3451330). Ospitalità rurale anche a **Rapone**, che dista circa 10 chilometri da San Fele, presso l'azienda biologica Valle Ofanto (contrada Ofanto, SS Ofantina km 23, tel. 0976 96314, 0976 96366 o 335 1362128, www.valleofanto.com, annuale). Di recente apertura l'area attrezzata comunale di **Potenza**, che si trova in via Zara nei pressi della stazione dei pullman di linea, con impianto Camper WC Wash.

rione Mancusi che salgono verso il centro. Circondato da ondulate colline, il capoluogo lucano non gode di grande fama turistica e deve anzi scontare alcuni preconcetti secondo cui presenterebbe scarso interesse: è vero invece il contrario, e per rendersene conto basta raggiungere il centro storico, che già a prima vista offre più di un elemento di originalità con la sua struttura scoscesa e arroccata, non comune per una città di queste dimensioni, particolarmente nelle regioni meridionali. Una vasta isola pedonale collega l'asse di via Pretoria con le piazze principali a essa collegate, scenario di una passeggiata che tocca le chiese di S. Michele, di S. Francesco e della Trinità, il duomo di fondazione romanica ricostruito nel XVIII secolo, il palazzo del Governo e il vicino teatro neoclassico. Ma la visita da non mancare è quella del museo archeologico nazionale che ha sede a palazzo Loffredo, residenza patrizia elegantemente ristrutturata, ed espone una doviziosa collezione di reperti rinvenuti nel territorio potentino. Volendo approfondire la conoscenza delle antichità lucane, nel tornare verso l'area attrezzata si può deviare per la Villa Comunale S. Maria e il vicino museo archeologico provinciale, con ingresso gratuito.

Prima di ripartire è consigliabile una sosta presso le testimonianze storiche dei dintorni, in particolare i resti di una villa romana in località Malvaccaro, con ambienti decorati da mosaici, e il cosiddetto ponte di San Vito, risalente al III secolo, che scavalca il fiume Basento. Da qui si raggiunge in breve il raccordo per Sicignano, che conduce alla A2 Autostrada del Mediterraneo (ex A3 Salerno-Reggio Calabria), oppure si risale verso la statale 658 tornando a Melfi e alla A16 Napoli-Bari.

Il Teatro Stabile a Potenza

LA COSTA IONICA E MATERA

Uscendo dalla Puglia in direzione sud lungo la statale 106, si viene accolti in Basilicata da una delle testimonianze più significative della Magna Grecia lucana. Superato il ponte sul fiume Bradano, si scorgono infatti le due file di colonne del **tempio delle Tavole Palatine**, eretto in stile dorico fuori le mura dell'antica Metaponto nel VI secolo a.C. e dedicato a Hera. Un parcheggio consente di lasciare il camper e raggiungere a piedi l'area monumentale, ad accesso libero. Il mare è poco distante e questi arenili sono tra i più conosciuti del Sud, ma i motivi d'interesse offerti dall'immediato entroterra sono altrettanto affascinanti (basti pensare a Matera). Le brevi distanze, inoltre, favoriscono gli spostamenti giornalieri di chi sceglie una delle località costiere per il soggiorno.

PERCORSO DI AVVICINAMENTO

La costa ionica della Basilicata è percorsa dalla statale 106, che la collega a Taranto (dove termina la A14 Adriatica) e alla Calabria ionica. Dal versante tirrenico la principale via di accesso è la A2 Autostrada del Mediterraneo (ex A3), che si lascia a Sicignano proseguendo sul raccordo E847 in direzione di Potenza; superato il capoluogo, la strada continua lungo la Valle del Basento e si collega alla 106 all'altezza di Metaponto.

Metaponto, fondata dai greci nel VII secolo a.C., acquisì grande importanza non solo per il commercio e l'esportazione ma, all'apice del suo sviluppo, anche per le attività culturali, ospitando Pitagora e la sua scuola filosofica. Attorno al I secolo a.C., ormai saldamente in mano ai romani, incontrò un nuovo periodo di splendore che fu però di breve durata: a seguito dei saccheggi perpetrati dall'esercito dello schiavo ribelle Spartaco che cercava di imbarcarsi per la Cilicia, il sito lentamente decadde, spopolandosi fino al quasi completo abbandono. Nei secoli i suoi resti, ormai disabitati, furono sommersi dalle paludi e solo con le bonifiche del 1950 fu possibile riportare alla luce le antiche vestigia della città. Svoltando al primo bivio della statale 175 Bradanica in direzione del mare si incontra, nascosta dalla folta vegetazione, la necropoli di Crucinia con tombe a camera. Bisogna invece arrivare all'incrocio con la 407 Basentana, ormai entro l'abitato, per trovare il museo archeologico nazionale in cui sono conservati i preziosi ritrovamenti degli scavi. Poco lontano dal museo si trova il parco archeologico di *Metapontion* dove sono visibili tracce dell'antico abitato, il santuario di Apollo Licio, i resti dell'area sacra e del *castrum* romano e l'emiciclo del teatro. Irresistibile polo d'attrazione, Matera dista una cinquantina di chilometri lungo la statale 175, che segue la Valle del Bradano; prima di raggiungere la città dei Sassi conviene però svoltare, a metà strada circa, in direzione di **Montescaglioso**. Il paese, conosciuto per la frequentata abbazia benedettina di S. Michele Arcangelo da secoli meta dei pellegrini, domina un paesaggio segnato dalle gravine e dai fenomeni erosivi che caratterizzano questo territorio, dove la presenza di numerose masserie fortificate ricorda i tempi passati, in cui era necessario difendere le attività agricole dagli attacchi provenienti dal mare. In località Difesa di San Biagio una lunga passeggiata attrezzata (alla quale si accede da un'area ricreativa con impianti sportivi, giochi e spazi per il picnic) offre la possibilità di compiere osservazioni naturalistiche particolarmente interessanti per la grande varietà floro-faunistica, toccando infine un'antica necropoli.

Il parco archeologico di Metaponto

ITINERARI DEL GUSTO

La modesta distanza fra il mare e le località dell'entroterra materano rende la gastronomia particolarmente varia: ai piatti di pesce tipici della fascia costiera, tra cui il baccalà condito con i peperoni e le alici fritte e marinate, si affiancano numerose specialità della campagna, con ricette spesso analoghe a quelle della vicina Puglia. La *capriata* è una saporita zuppa di legumi e patate dalle origini antiche, ma molto diffuse sono anche le paste casalinghe condite con sugo di pomodoro oppure con verdure, mollica e uva sultanina. A base di carne di pecora è invece la caratteristica *pignata*, cotta a strati insieme con patate, cipolle, pomodori e soppressata. Molto particolare il cotto di fichi, un mosto ottenuto da frutti ben maturi mediante un laborioso procedimento utilizzato in alcune località anche per i fichi d'India.

AREE DI SOSTA

Sulla costa della provincia di Matera i campeggi sono numerosi, anche se quasi tutti stagionali, mentre nell'interno l'accoglienza dei veicoli ricreazionali è ancora in fase di sviluppo. Sono soprattutto le aziende agrituristiche a offrire strutture e servizi per chi viaggia in camper, con il vantaggio dell'apertura continuata.

MATERA • **Area attrezzata** Masseria Radogna, presso lo Jazzo Gattini, centro visite del parco della Murgia Materana SS7 km 583, contrada Murgia Timone, tel. 0835 332262 o 388 8925407, www.ceamatera.it (annuale). • **Area attrezzata** a pagamento Pantaleone, contrada Chiancalata 27, Matera Sud a 1,5 km dal centro, tel. 0835 335239, bb.agriturismopantaleonematera.it. • **Agricampeggio** Le Matinelle, via Gravina km 4+100, tel. 0835 307343, www.lematinelle.com (annuale). • **Parcheggio a pagamento** presso l'Autoparco di Matera, contrada Pantano, tel. 0835 334007, www.autoparcomatera.it. • **Area attrezzata** Parco Serra Venerdì, via dei Normanni, tel. 327 1135220, cooperativatestudo@gmail.com

METAPONTO • **Agricampeggio** San Marco, ex SS175 km 34, località San Marco, tel. 0835 747050 o 339 8885800, www.sanmarcoagriturismo.it (annuale).

METAPONTO LIDO • **Area attrezzata** Pianeta Nettuno, viale Magna Grecia, tel. 0835 745590, www.pianetanettuno.eu (annuale).

PISTICCI • **Punto sosta** presso l'azienda agrituristica Il Calanco, contrada Santa Lucia, tel. 0835 462191 o 340 2801134, www.ilcalanco.it (annuale).

Matera non ha bisogno di presentazioni; ha saputo far tesoro della propria unicità restaurando le abitazioni e le cantine scavate nella roccia calcarea del Sasso Barisano e del Sasso Caveoso. Oggi il capoluogo della Basilicata meridionale, Patrimonio dell'Umanità Unesco e Capitale della Cultura 2019, è un centro assai vivace che al fascino paesaggistico, storico e antropologico unisce attività di promozione e tutela del folklore, con eventi e manifestazioni di spicco in ogni stagione dell'anno (di enorme richiamo i presepi viventi, ambientati nei Sassi, che nel periodo natalizio vedono giungere in città gruppi folkloristici provenienti da tutta Italia). Per approfondire la conoscenza di questo territorio e delle sue peculiarità storiche e naturalistiche è possibile esplorare il parco archeologico dedicato alle chiese rupestri del Materano, il cui cen-

Matera: veduta sul Sasso Caveoso

L'abitato di Pisticci, disteso sul ciglio della gravina

tro visite si trova presso lo Jazzo Gattini, che offre un'area di sosta per i camper. Per godere dello spettacolo serale sui Sassi suggestivamente illuminati, ci si può fermare anche presso il parcheggio al termine della strada.

Per uscire dalla città conviene seguire la statale 7 Appia, che si snoda tra panorami spettacolari scendendo verso il bacino artificiale di S. Giuliano. Superato il lago, si devia di qualche chilometro per raggiungere **Miglionico**, la cui scenografia è dominata dal turrito castello del Malconsiglio (così chiamato dopo la congiura dei baroni che, alla fine del XV secolo, si opposero alla modernizzazione voluta dagli Aragonesi). La chiesa madre conserva opere d'arte di assoluto valore, tra cui una *Deposizione* e un'*Assunzione in Cielo di Maria* attribuite rispettivamente a Michelangelo e al Tintoretto.

La discesa sulla superstrada della Valle del Basento riconduce verso il mare per chiudere l'anello a Metaponto, ma è ancora l'interno a offrire due occasioni di sosta. La prima è **Pisticci**, dove le tipiche case bianche dai rossi tetti spioventi si allineano lungo le pendici di un colle. Chiare indicazioni conducono al parcheggio di Fosso La Salsa, proprio dove inizia la scalinata in pietra che porta all'abitato medievale detto Terravecchia. Procedendo verso la sommità si incontrano piazza Plebiscito con la torre dell'orologio, la chiesa madre e i resti del castello normanno. Seguendo corso Margherita si giunge a una piccola terrazza con splendida vista sul rione Dirupo, mentre in fondo alla strada sorgono il Palazzo Comunale e la chiesa di S. Antonio.

Poco lontana è **Bernalda**, in panoramica posizione a monte della statale. Fondata nel 1496 da Bernardino da Bernaudo, che vi fece trasferire gli abitanti dell'antica Camarda per una miglior difesa contro le incursioni piratesche, presenta una struttura urbana caratterizzata da un fitto reticolo di strade che si intersecano ad angolo retto. La parte antica è lastricata con pietre squadrate dette *chianche*: la passeggiata conduce alla grande piazza con fontana su cui si affaccia la cinquecentesca chiesa di S. Bernardino, per poi raggiungere il castello aragonese. L'animato quartiere nuovo, decorato da murales e sculture in metallo, è caratterizzato da viali alberati su cui affacciano bar e attività commerciali. Da vedere è anche il convento di S. Antonio, con chiostro porticato e un interessante campanile.

Il rientro a Metaponto potrebbe concludere il giro; ma chi volesse prolungare la visita non manchi di compiere un'ultima deviazione verso Policoro e **Valsinni** (Bandiera arancione del Touring Club Italiano). In bellissima posizione sulle falde nordorientali del massiccio del Pollino, il borgo medievale è sovrastato dal castello dei Morra, casata feudale che nel XVI secolo diede i natali alla poetessa Isabella Morra, alla quale è dedicato un originale parco letterario. Per il rientro si può fare ritorno sulla costa oppure proseguire verso il vicino Lago di Monte Cotugno, da dove la statale 92 conduce alla strada di fondovalle dell'Agri che in un'ottantina di chilometri permette di raggiungere il casello di Atena Lucana della A2.

IL POLLINO LUCANO

Fra i pochi esempi di montagna selvaggia rimasti in Italia, il parco nazionale del Pollino si stende fra la Basilicata e la Calabria: in quest'ultima si trova la parte più ampia, ma anche il versante lucano è di grande interesse per chi cerca un'autentica vacanza nella natura.

Dalla statale del Sinni sono due i percorsi principali che raggiungono il massiccio. Il primo si stacca da Francavilla in Sinni per salire a **Terranova di Pollino** e al Lago Duglia, con ampi spazi per la sosta libera e la possibilità di compiere escursioni come quelle che conducono ai **Piani di Pollino** (caratterizzati dalla presenza del pino loricato).

Il secondo itinerario, che inizia poco più avanti, percorre la Valfrida e approda in una quindicina di chilometri alla **riserva Bosco Magnano**. Qualche chilometro a monte, nel paese di **San Severino Lucano**, si possono chiedere informazioni alla sede del parco prima di proseguire per Mezzana, il panoramico santuario della Madonna del Pollino (la strada però non è consigliabile ai camper), Viggianello e, infine, i **Piani di Ruggio**, vastissima prateria a 1.500 metri di quota attraversata da percorsi escursionistici, con le cime più elevate del massiccio a fare da sfondo.

PERCORSO DI AVVICINAMENTO

Il versante nord del parco del Pollino si raggiunge dalla A2 Autostrada del Mediterraneo (ex A3 Salerno-Reggio Calabria) uscendo a Lauria Nord e proseguendo lungo la Valle del Sinni. Da Taranto e dalla costa ionica si imbocca la stessa strada in senso inverso tra Policoro e Nova Siri Marina, superando Valsinni e il Lago di Monte Cotugno.

AREE DI SOSTA

L'unica struttura per i veicoli ricreazionali, in funzione tutto l'anno previa prenotazione, è il campeggio Il Pollino a **San Severino Lucano**, allestito presso un ristorante (località Mezzana, tel. 340 3749086, campingilpollino@libero.it, aperto da maggio a ottobre). In paese è possibile sostare nel parcheggio presso il Municipio (sosta vietata il lunedì mattina per mercato). Le opportunità di sosta libera nella natura sono numerose, ma è indispensabile fruirne con il massimo rispetto per i luoghi e l'ambiente.

Animali al pascolo con il massiccio del Pollino sullo sfondo

CALABRIA

Tra Ionio e Tirreno

La scoperta turistica della Calabria risale agli anni '60 del Novecento e da essa è derivato, inizialmente, lo sviluppo di numerosi campeggi sul mare, mentre solo in seguito si è affermato un turismo balneare caratterizzato da una forte concentrazione nelle località di maggior spicco, soprattutto nelle settimane centrali di agosto.
Diversa è la situazione delle aree interne, dove si registra una maggiore attenzione alla tutela, con la creazione di strutture e modelli di gestione del territorio compatibili con le tematiche ambientali: in questo contesto, il turismo all'aria aperta viene considerato uno strumento di sviluppo adeguato alla complessa realtà locale, specialmente da parte dei giovani che animano la piccola imprenditoria e il settore dei servizi. Il caloroso senso di ospitalità dei calabresi, crea le condizioni ideali per la vacanza con interessanti opportunità di sosta libera (che sopperiscono alla scarsità di aree attrezzate) e divieti quasi inesistenti.
Da segnalare anche il forte richiamo dell'enogastronomia, con particolare riferimento agli ottimi vini e ad altri prodotti quali l'olio d'oliva, i formaggi, le carni lavorate, gli agrumi e gli ortaggi, spesso proposti in gustose conserve.

Quando andare

I mesi dalla primavera all'inizio dell'estate e quelli dalla fine di agosto a metà autunno sono ideali per visitare le coste calabresi, evitando l'affollamento dell'alta stagione ma con tutti i servizi turistici pienamente funzionanti. In altre stagioni molte strutture ricettive sono chiuse, ma comportan-

Le cipolle rosse di Tropea

dosi con discrezione e chiedendo, non è difficile trovare opportunità di sosta libera. Le aree montane di media e alta quota, caratterizzate da un clima generalmente più fresco, sono fruibili anche in piena estate, ma la primavera e l'autunno sono le stagioni più adatte all'escursionismo.

Gli itinerari

La costa ionica della Calabria, che si sviluppa per oltre 400 chilometri, potrebbe da sola impegnare un'intera vacanza: nella prima proposta se ne esplora il tratto centrale, da Sibari a Capo Rizzuto, toccando numerose località di interesse storico e culturale con alcune deviazioni verso i borghi del vicino entroterra.

Il secondo itinerario scopre paesaggi completamente diversi ma non meno suggestivi, quelli della Sila. Il grande massiccio montuoso al centro della regione e il parco nazionale che lo tutela sono un ambito particolarmente adatto alle esplorazioni, in una lussureggiante cornice di boschi che invitano alle escursioni e al relax nel verde.

Tropea e Capo Vaticano sono le mete della terza proposta, una tappa fra mare e storia in uno dei punti più scenografici della costa tirrenica.

La fortezza Le Castella

DA SIBARI A CAPO RIZZUTO

La statale 106 Ionica segue per intero la costa orientale della Calabria ed è una delle rotte più battute da chi cerca opportunità di soggiorno in riva al mare. Campeggi (scarse le aree attrezzate) e arenili dotati di numerosi servizi per la balneazione e gli sport d'acqua invitano a un approccio di tipo più stanziale: ma è proprio l'equilibrata dislocazione di queste strutture a favorire una sorta di piccolo cabotaggio stradale che si rivela più interessante della semplice vacanza "mare e sole". In questa zona, dove fu particolarmente attiva la colonizzazione magnogreca, sono rimasti sul territorio monumenti di notevole importanza, ma vi sono anche testimonianze delle epoche successive, dalla conquista romana alla presenza bizantina e al medioevo.

Lasciata la A2 Autostrada del Mediterraneo (ex A3 Salerno-Reggio Calabria) al casello di Sibari, si raggiunge l'omonima località costiera in meno di 30 chilometri. Questo è infatti uno dei punti più stretti della vastissima penisola occupata dalla regione e perciò uno dei più comodi accessi al versante ionico.

Sybaris, primo insediamento acheo su questo tratto di litorale, venne fondata nell'VIII secolo a.C. e, in circa due secoli, raggiunse un livello di opulenza tale che, ancora oggi, con il termine "sibarita" si indica chi indulge al lusso e alle raffinatezze. Lo storico Erodoto riteneva che fosse stata proprio tanta ricchezza a suscitare l'invidia della non lontana Crotone, che nel 510 a.C. attaccò la prospera rivale radendola al suolo: la città rinacque con il nome di *Thourioi* solo vari decenni più tardi. L'alleanza con Roma valse al nuovo centro lo status di colonia con il nome di **Sybaris Copia**, della quale si visitano i cospicui resti nel parco archeologico sito al chilometro 24 della statale Ionica. A dominare la scena sono alcuni edifici risalenti alla dominazione dell'Urbe, tra cui una porta, le terme, il teatro, le fortificazioni e alcune *domus* ornate da mosaici e affreschi. I reperti degli scavi, tuttora in corso, sono esposti nel vicino museo della Sibaritide, ospitato in una moderna costruzione alle porte del grande centro nautico e porto turistico di **Laghi di Sibari**.

Prima di continuare il viaggio verso sud, una breve digressione in senso opposto lungo la statale 106 conduce, oltrepassata Marina di Sibari, alle **Gole del Raganello**. Il fiume, che scende dalle estreme propaggini del massiccio del Pollino ed è protetto da una riserva inserita nell'omonimo parco nazionale, si presenta più ampio e rettilineo verso la foce, mentre in quota la valle è stretta e incassata e forma un canyon di affascinante bellezza, immerso nella natura selvaggia. Si tratta di un luogo ideale per le attività fluviali, in particolare il torrentismo e il rafting, con escursioni guidate proposte da vari centri specializzati.

Ripresa la litoranea, si supera la foce del fiume Crati arrivando a Marina Schiavonea, dove si devia verso l'interno per portarsi a **Corigliano Calabro**. Alla biforcazione che si trova ai piedi del paese conviene imboccare la strada di

PERCORSO DI AVVICINAMENTO

La direttrice principale per raggiungere lo Ionio calabrese è la A2 Autostrada del Mediterraneo (ex A3 Salerno-Reggio Calabria), con uscita al casello di Sibari e prosecuzione sulla SS534 fino a Sibari e alla SS106. Quest'ultima, proveniente da Taranto e dalla Basilicata, può essere inoltre raggiunta da altri caselli della A2 e dalla costa tirrenica, ad esempio uscendo a Lamezia Terme e continuando sulla SS280 fino a Catanzaro.

L'area archeologica di Sybaris Copia, lungo la statale Ionica

sinistra, raggiungendo l'ospedale e il vicino viale delle Rimembranze, dove si può trovare parcheggio negli spazi adiacenti alla stazione dei Carabinieri. Da qui una passeggiata di circa un chilometro (in netta salita) conduce al centro storico aggrappato alle scoscese e verdeggianti pendici del Colle di Serratore, con il grande castello ducale che domina l'abitato, cui fa da sfondo la Sila. Il maniero, tornato all'originario splendore grazie a un radicale restauro, conserva nelle eleganti sale numerosi dipinti, affreschi e arredi del '700 e dell'800, anche se la sua fondazione risale agli inizi del Mille e le torri, di stile durazzesco-aragonese, al XV secolo.
Rimanendo a mezza costa sui colli, si prosegue sulla statale 106 in direzione di Rossano, che dista meno di 20 chilometri. Lungo il percorso, chi è alla guida di un veicolo agile e non teme curve e strettoie potrà raggiungere l'**abbazia di S. Maria del Pàtire**, immersa nella quiete del paesaggio collinare. La chiesa, fondata alla fine dell'XI secolo e rimaneggiata a più riprese, conserva però molte caratteristiche dell'impianto originario ed è uno dei più significativi monumenti bizantini della Calabria: all'esterno si ammirano tre absidi scandite da lesene; l'interno conserva un Crocifisso ligneo seicentesco è ciò che rimane del mosaico pavimentale.
L'estesa parte moderna dell'animata cittadina di **Rossano** si distende lungo la 106, mentre quella più antica si trova in posizione panoramica qualche chilometro più a monte. Furono gli enotri a fondare il primo nucleo tra il IX e l'VIII secolo a.C., ma le testimonianze artistiche e architettoniche più importanti si devono ai bizantini, che qui ebbero uno dei principali centri religiosi. Lasciato il camper all'esterno del nucleo storico (in un parcheggio sulla provinciale per la Sila, nei pressi di un piccolo tunnel stradale), si percorre corso Garibaldi e si arriva in piazza Duomo, in cui si trova la cattedrale dell'Assunta, con la statua della Vergine a ornare la facciata.
Il complesso, risalente all'epoca angioina, conserva un affresco mariano che, secondo una leggenda, sarebbe miracolosamente apparso sulla parete. Nell'adiacente Palazzo Arcivescovile ha

Le caratteristiche tre absidi della chiesa dell'abbazia di S. Maria del Pàtire

ITINERARI DEL GUSTO

I prodotti tipici della campagna calabrese, in particolare olio extravergine, ortaggi e agrumi, si affiancano a una gastronomia di stampo marinaro che, fra le numerose specialità, comprende ottimi piatti a base di pesce azzurro. Con gli avannotti delle alici e delle sarde si confeziona inoltre una robusta conserva aromatizzata con peperoncino e finocchio selvatico, localmente chiamata *sardella*. Numerose sono le preparazioni sott'olio a base di peperoni, olive, pomodori e melanzane, che nelle località dell'entroterra accompagnano formaggi dal sapore marcato e arrosti di carne ovina. Ampio assortimento dei dolci tradizionali legati alle ricorrenze festive, come la *pita 'nchiusa* preparata con vino dolce, frutta secca, miele e aromi vari. Ricco di opportunità anche il versante enologico. Le Doc principali della Calabria ionica sono il Cirò e il Melissa, bianchi e rossi, e il rosato Sant'Anna di Isola Capo Rizzuto, da degustare e acquistare presso le aziende e cantine che operano sul territorio.

sede il museo diocesano d'Arte Sacra, il cui pezzo più importante è il *Codex Purpureus Rossanensis*, evangeliario trascritto e miniato fra il V e il VI secolo. Tornati in corso Garibaldi, si prosegue verso la sommità dell'abitato, dove sorge la chiesa di S. Marco, di stile orientale, con cinque cupole e tre absidi. Nel riprendere la via del mare, all'uscita di Rossano vale una visita la fabbrica di liquirizia Amarelli, fondata nel 1731, con un interessante museo dedicato alla storia e alla lavorazione di questa essenza.

In corrispondenza della foce del Trionto e dell'omonimo capo, la 106 piega decisamente verso sudest, supera la spiaggia di **Mirto Crosia** (dove si trova una delle poche aree attrezzate dell'itinerario) e giunge a **Cariati**, il cui impianto urbano ricalca quello dei centri finora visitati, con l'abitato moderno in basso e quello antico sulla sommità di un colle che guarda la costa. È possibile parcheggiare il camper per il tempo necessario alla visita in alcuni spazi in pendenza vicino alle mura del '400, che racchiudono la cattedrale (della stessa epoca), il Palazzo Vescovile e quello dei Venneri. La città, importante presidio militare nel medioevo, fu conquistata da Roberto il Guiscardo nel 1059 e quasi distrutta fra il 1594 e il 1595 da Sinan Pascià Cigala, condottiero e corsaro di origine genovese che fu fatto prigioniero dagli ottomani ma si riscattò fino a diventare visir dell'impero.

Dalla provincia di Cosenza si entra in quella di Crotone, annunciata dal faro di Punta Alice e da alcune spiagge. Sul lato meridionale del promontorio si estende la zona litoranea di **Cirò**, che domina le verdi colline coltivate a vigna: la cittadina è infatti rinomata per la produzione vinicola e in molte cantine si possono acquistare gli aromatici nettari locali. Il centro storico, a pianta triangolare, è un labirinto di stradine tra le quali spiccano i resti del castello quattrocentesco dei Carafa, perno delle for-

La torre dell'orologio a Rossano

tificazioni costituite dalla cinta muraria. Si prosegue fino a **Crotone**, uno dei luoghi più importanti della Magna Grecia, la cui nascita è legata a numerose leggende. Fondata nella prima metà del VII secolo a.C. ad opera di una comunità achea, conobbe grande prosperità dopo la distruzione della rivale Sibari, ma nel III secolo a.C. iniziò a decadere a causa delle guerre con Roma e della successiva dominazione da parte dell'Urbe. Oggi il capoluogo si presenta in una veste moderna pur conservando numerosi segni dell'antica magnificenza nel quartiere antico a monte della vasta area portuale. Al filosofo Pitagora (che qui fondò una celebre scuola intorno al 530 a.C.) è dedicata la piazza centrale ornata da alberi e aiuole, dalla quale si accede al serrato borgo medievale, ampliato nei secoli successivi. Oltre ai palazzi nobiliari edificati perlopiù tra il XVI e il XIX secolo, sono da vedere il cinquecentesco duomo dell'Assunta con elegante facciata neoclassica e i resti del castello detto di Carlo V, che ospita il museo civico: l'edificio si erge in posizione panoramica offrendo un'ampia veduta sul porto e sulla città.

A breve distanza dalla possente fortificazione, il moderno museo archeologico nazionale espone reperti preistorici e oggetti provenienti dal **santuario di Hera Lacinia** a Capo Colonna, prossima tappa dell'itinerario. Collocato in strategica posizione sul promontorio che segna l'estremità orientale della Calabria, l'esteso parco archeologico si trova a una decina di chilometri da Crotone e può essere visitato seguendo un percorso pedonale. I resti di abitazioni, terme e fornaci d'epoca romana si affiancano alla più antica area sacra di origine magnogreca, con strutture un tempo destinate ad accogliere sacerdoti e pellegrini. Appartata e solitaria si staglia la colonna del tempio che dà il nome al sito, unica rimasta delle quarantotto che sorreggevano la costruzione.

Pescherecci al porto di Crotone

AREE DI SOSTA

Sulla costa ionica sono molto numerosi i campeggi, alcuni aperti tutto l'anno e con tariffe convenienti in media e bassa stagione: lungo l'itinerario se ne trovano a Sibari, Corigliano Calabro, Rossano, Cariati Marina, Cirò Marina e Crotone. Per gli amanti del naturismo, è bene ricordare che a Isola di Capo Rizzuto si trova uno dei pochi campeggi italiani nei quali è consentita questa pratica. Non mancano inoltre opportunità di sosta libera, anche vicino al mare. Le aree attrezzate per i veicoli ricreazionali, al contrario, sono piuttosto scarse e tutte a conduzione privata, ma ben distribuite rispetto al percorso descritto.

CIRÒ MARINA • **Area attrezzata** presso Villaggio Le Casette, località Martà, tel. 347 3366903, www.villaggiolecasette.weebly.com (annuale).

CROTONE • **Area attrezzata** Parco Naturale Colle Eracle, via degli Orti 1, località Cipolla Monticelli, frazione Crepacuore, tel. 347 4651219 (annuale, prenotazione consigliata).

GABELLA GRANDE • **Area attrezzata** Welcome to Longbeach, SS106, tel. 0962 930483 o 0962 27075.

MIRTO CROSIA • **Area attrezzata** Santa Tecla, contrada Fiumarella, SS106, tel. 0983 44280 o 333 9605194 (annuale).

Con la provinciale 50 si giunge rapidamente all'ultima tappa dell'itinerario, **Isola di Capo Rizzuto**, che sorveglia il promontorio a qualche chilometro dal mare e ha conservato la genuina atmosfera del centro agricolo. Nel tessuto urbano spiccano il castello e il duomo d'epoca rinascimentale, da cui si apprezzano ampie vedute sui dintorni. Il principale motivo di richiamo è sicuramente quello ambientale, rappresentato da una delle più belle riserve naturali dell'Italia meridionale: l'**area marina protetta di Capo Rizzuto**, istituita nel 1991 a tutela della fascia litoranea che si estende da Capo Colonna a Le Castella. Oltre al relax balneare in acque rinomate per la loro limpidezza, si può scegliere tra attività di scoperta come esplorazioni subacquee, crociere velistiche o gite a bordo delle barche dei pescatori (per informazioni rivolgersi alla sede della riserva, tel. 0962 665254, www.ampcaporizzuto.it). Di grande interesse è la visita all'Aquarium, che annovera ventidue vasche nelle quali si osservano le principali specie di flora e fauna locali.

Le Castella

Al margine meridionale del promontorio appare la suggestiva fortificazione aragonese di **Le Castella**, eretta su un isolotto collegato alla terraferma da una sottile lingua di sabbia e rocce. Nel cuore dell'area cinta dalle mura si scorge il torrione cilindrico che sorvegliava le acque battute dalle flotte corsare, che più volte ebbero la meglio, saccheggiando la fortezza a più riprese nel XVI secolo.
Per il rientro si prosegue verso Catanzaro, costeggiando altre spiagge prima di imboccare la superstrada che conduce a Lamezia Terme e alla A2.

IL PARCO NAZIONALE DELLA SILA

ITINERARIO 2

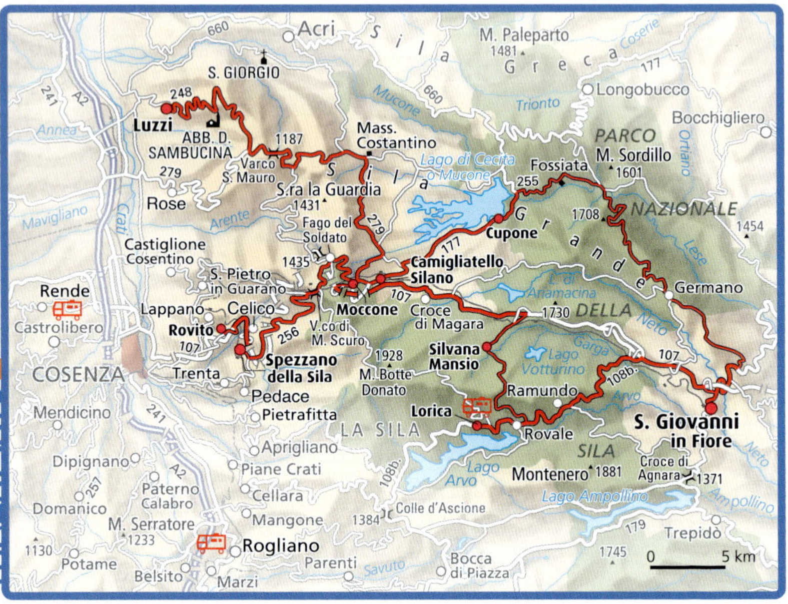

All'immagine più nota della Calabria come destinazione di vacanza balneare, il massiccio della Sila contrappone quella di una montagna tutta da scoprire, mosaico di ambienti spesso ancora selvaggi tutelato da un parco nazionale che si estende su poco meno di 74.000 ettari (il nono in Italia per superficie). In posizione baricentrica rispetto alla geografia della regione e ai principali assi viari che la attraversano, questi imponenti rilievi coperti da boschi e scanditi da numerosi bacini lacustri offrono al viaggiatore molte occasioni di contatto attivo con la natura, ma anche la presenza di caratteristici paesi e alcune località maggiori ricche di interesse storico e culturale (non ultima Cosenza, capoluogo di questa zona).

Lo sviluppo turistico sul territorio è discontinuo e le infrastrutture sono ancora in crescita, con pochi servizi specificamente rivolti all'ospite itinerante ma, proprio questa scarsità di approdi organizzati, costituisce un invito a esplorare la Sila liberamente, seguendo i ritmi lenti imposti dalla tortuosa viabilità e suggeriti dalle valenze paesaggistiche. La zona offre escursioni per ogni livello di difficoltà, dalle passeggiate adatte a tutti agli itinerari che soddisfano i trekker più esperti e allenati.

Usciti dalla A2 al casello di Cosenza Nord e imboccata la statale 107, si costeggia il versante orientale della città lungo la Valle del Crati. Ben presto la strada devia nettamente verso est iniziando a scalare le pendici occidentali del massiccio. **Rovito** si affaccia su uno scosceso vallone che in primavera offre spettacolari fioriture di ginestre e conserva un'importante memoria storica del risorgimento: qui infatti vennero fucilati nel 1844 i fratelli Attilio ed Emilio Bandiera, patrioti mazziniani che avevano raggiunto la Calabria per appoggiare la rivolta di Cosenza. L'abitato sparso segue la morfologia collinare del territorio offrendo varie possibilità di parcheggio fra un nucleo e l'altro: vale una visita la chiesa romanico-gotica di S. Barbara, con grande rosone in facciata e interno arricchito da opere lignee e da un originale fonte battesimale in pietra. Saldato dalla moderna espansione abitativa ai vicini paesi di Celico a nord e di Spezzano Piccolo a sud, **Spezzano della Sila** è una vivace località che conserva un interessante centro storico solcato da un reticolo di vicoli e stradine. Oltre il paese, la strada prosegue in ripida salita con ampie curve tra pini e faggi e si porta nel più noto centro turistico di questa parte del massiccio, **Camigliatello Silano**, frequentato anche d'inverno per gli sport della neve. Nella torre di Camigliati ha sede il centro visite di un parco letterario dedicato allo scrittore britannico Norman Douglas, che visitò la regione agli inizi del '900 e descrisse il suo viaggio nel celebre volume *Old Calabria*. Singolare opera d'arte moderna, realizzata negli anni '80, è il grande mosaico dell'*Assunta* che sovrasta l'altare nella chiesa dei Ss. Roberto e Biagio.

Nella pineta di Camigliatello Silano

PERCORSO DI AVVICINAMENTO

La Sila si raggiunge dalla A2 Autostrada del Mediterraneo (ex A3 Salerno-Reggio Calabria) uscendo a Cosenza e proseguendo sulla SS107 per Spezzano della Sila, Camigliatello Silano e San Giovanni in Fiore. La stessa statale si può imboccare a Paola dalla SS18 Tirrena Inferiore, superando il Passo della Crocetta, o a Crotone dalla SS106 Ionica. Un altro accesso per chi proviene dalla costa orientale è la SS531, che da Capo Trionto si addentra in direzione della Sila Greca, di Longobucco e del Lago di Cecita: il tragitto, assai panoramico, è però molto tortuoso nel tratto terminale e con una decina di tornanti impegnativi.

Nella piccola frazione di **Moccone** si trova la stazione delle Ferrovie della Calabria, dove transita una linea turistica a scartamento ridotto che percorre alcune zone del parco. Su questa tratta i convogli (usualmente in funzione durante l'estate; giorni e orari consultabili sul sito Internet www.trenodellasila.it) raggiungono in circa mezz'ora il villaggio turistico di Silvana Mansio, una delle tappe successive dell'itinerario stradale.

In camper si prosegue sulla deviazione che conduce al **Lago di Cecita**, uno dei quattro invasi artificiali della Sila: qui il paesaggio cambia aspetto e ci si trova circondati da un ambiente quasi scandinavo, poiché il bacino forma lunghe e profonde insenature simili a fiordi. Dalla località di **Cupone**, presso la caserma della Forestale e il centro visite, si dipana un facile sentiero ad anello di circa 3 chilometri che raggiunge un orto botanico attrezzato anche per le visite dei non vedenti, un giardino geologico, un arboreto e recinti con le più significative specie faunistiche del parco, tra cui cervi, caprioli, mufloni, daini, lupi e gufi reali.

Tornati a Camigliatello, si prosegue lungo la 107 fino alla Croce di Megara, dove la segnaletica indica il parcheggio d'ingresso della **riserva naturale statale dei Giganti della Sila** (o di Fallistro). Si tratta di una cinquantina di maestosi esemplari di pino laricio, il più grande dei quali supera i 43 metri di altezza. Questi patriarchi vegetali sono testimonianze dell'antica *silva brutia*, la fitta foresta che fino alla seconda metà del XIX secolo ricopriva gran parte dell'entroterra calabrese prima del disboscamento destinato a rifornire di legname il neonato Regno d'Italia. Lungo il sentiero che percorre la riserva non sono rare le occasioni d'incontro con la piccola fauna, in particolare lo scoiattolo nero, il picchio rosso maggiore e il picchio muratore. Un'altra facile escursione conduce dal bivio di San Nicola Silano al piccolo **Lago di Ariamacina**, rifugio di numerose specie di uccelli.

Ripresa la statale, la meta successiva è **San Giovanni in Fiore**, il più grande centro della Sila, a 1.050 metri di quota. Le dimensioni dell'abitato e il traffico impongono di cercare parcheggio per proseguire a piedi nella visita (ampi spazi sono disponibili in vari punti della parte moderna). Il principale motivo di richiamo è l'abbazia Florense, voluta dall'abate e teologo Gioacchino da Fiore: l'imponente edificio, ultimato intorno al 1230, costituì il primo insediamento della cittadina e reca le tracce della sua lunga storia nella commistione degli stili architettonici, dal romanico al barocco. Altri edifici d'interesse sono la chiesa di S. Maria delle Grazie, il convento dei Cappuccini e alcuni palazzi sette-ottocenteschi tra cui il Barberio Toscano, il Benincasa, il De Luca, l'Oliverio, il Nicoletti e il Lopez.

Al cospetto dei Giganti della Sila

ITINERARI DEL GUSTO

Il caciocavallo silano, dalla caratteristica forma a pera o a fiasco, è probabilmente il più conosciuto dei prodotti tipici della montagna calabrese, pur essendo ormai diffuso in molte zone dell'Italia meridionale: un apposito consorzio lo tutela e ne promuove la conoscenza, suggerendo inoltre alcune aziende casearie per l'acquisto diretto (maggiori informazioni sul sito Internet www.caciocavallosilano.it). Ma non è questa l'unica specialità della gastronomia locale, di evidente matrice contadina, che propone un ampio assortimento di legumi e ortaggi, tra cui una gustosa varietà di patata, mentre i boschi sono prodighi di funghi e di castagne. Protagonista della zootecnia tradizionale è il maiale nero, le cui carni vengono lavorate in numerose varietà di salumi e insaccati, dal prosciutto alla soppressata, dalle salsicce ai capocolli. Al companatico non si mancherà di affiancare il pane, che qui viene spesso preparato con farine miste di frumento e segale.

Ripresa la marcia, si affrontano i 15 chilometri di curve e tornanti che conducono al **Lago Ampollino**, assai frequentato per picnic e relax nel verde. Situato all'incrocio fra le province di Cosenza, Crotone e Catanzaro, il bacino ha una forma stretta e allungata ed è affiancato da due strade panoramiche che ne percorrono la sponda settentrionale e meridionale; su quest'ultima si affaccia il **Villaggio Palumbo**, moderno polo turistico estivo e invernale per soggiorni residenziali.
L'itinerario prosegue verso Torre di Spineto e le pendici della Sila Piccola fino alla deviazione per un'altra area protetta inserita nella struttura del parco, la **riserva naturale statale del Bosco del Gariglione**. Poiché il percorso d'accesso è angusto e tortuoso, conviene parcheggiare il camper dove possibile e continuare a piedi fino al presidio della Forestale, da cui inizia l'itinerario di visita. La folta alberatura è un misto di faggio, ontano, pino e abete bianco di una bellezza selvaggia e remota, tanto da essere soprannominato "bosco delle fate".

Tra panorami di grande fascino dominati dal Monte Botte Donato (il più alto del massiccio silano con 1.928 metri), si prosegue fino al **Lago Arvo**, collegato al precedente da una condotta sotterranea. Anche questo invaso ha forma allungata, e la strada che corre parallela alla sponda settentrionale offre possibilità di sosta e pernottamento libero nei punti in cui scende verso il bacino, come a Baracchella e poco oltre a **Lorica** (dove si trova anche un campeggio annesso a un hotel). Questa località è sede del parco nazionale e, come altre del massiccio, si presenta in veste moderna, con numerose strutture ricettive residenziali; ma proprio in questa zona sono state rinvenute le più antiche testimonianze

Cavalli al pascolo sui pianori della Sila

AREE DI SOSTA

Ai numerosi campeggi della costa si contrappone la quasi completa assenza di strutture ricettive all'aria aperta nell'entroterra silano. A **Lorica** ci sono due campeggi sul Lago Arvo: il camping Lorica (tel. 0984 537019, www.hoteldeipini.net) e il camping Lago Arvo (0984 537060). A Camigliatello Silano è consigliabile accordarsi per l'ospitalità presso gli agriturismi o i parcheggi dei ristoranti della zona, di solito ospitali nei confronti dei camper. Altri approdi si trovano a **Rende** (Rimessaggio Cavalcante, via Sandro Botticelli, tel. 340 0786983) e a **Rogliano** nei pressi dello svincolo autostradale.

di insediamento umano, risalenti a circa 700.000 anni fa.
Giunti a Rovale, all'estremità orientale del bacino, si chiude l'ampio anello montano scendendo verso **Silvana Mansio**, piccolo centro turistico di stile rurale nato a partire dagli anni '30 del secolo scorso, caratterizzato da villini e chalet in legno. La discesa verso la statale 107 si conclude a San Nicola Silano, già incontrato lungo il percorso di andata: da qui si può riprendere la direzione di Camigliatello per tornare a Cosenza e all'autostrada, ma un'ultima deviazione lungo un percorso alternativo riserva altre tappe d'interesse. Si svolta quindi sulla provinciale 247 per Luzzi, attraversando un vasto pianoro tappezzato da pascoli intervallati da pinete, macchie di arbusti e piccoli coltivi. Le indicazioni per il Bosco di Gallopane inviterebbero a una nuova pausa nella natura, ma il percorso di accesso è talmente stretto da non potervi transitare se non a bordo di piccoli furgonati o di vetture, e anche in questo caso con grande cautela.
Raggiunto il valico di San Mauro, ci si può fermare presso l'area picnic che offre belle vedute della Sila Greca; poi si continua a scendere verso la valle del Crati fino a incontrare la breve deviazione per l'**abbazia della Sambucina**, così chiamata perché all'interno è conservato un affresco della Madonna del Sambuco. Si tratta della più antica sede monastica cistercense di tutto il regno normanno, fondata nel 1140 e introdotta da un portale aggettante che sfoggia eleganti decorazioni scultoree, in contrasto con la semplice architettura dell'edificio.
Le ultime panoramiche curve del percorso conducono a **Luzzi**, il cui impianto urbano è esemplificativo di tanti paesi dell'entroterra calabrese, con le case disposte a cascata sulle scoscese pendici di un'altura. Lasciato il camper nel posteggio in prossimità del campo sportivo, si sale per caratteristici vicoli e stradine incontrando il palazzo Vivacqua, odierna sede comunale con mura in pietra e graziosa corte interna, e la chiesa di S. Maria, con la grande cupola in forme orientali quasi interamente ricostruita dopo essere stata colpita da un fulmine nel 2003. Da qui non resta che scendere alla Valle del Crati, reimmettendosi nella A2 al casello di Rose-Montalto Uffugo.

Particolare dell'abbazia della Sambucina

TROPEA E CAPO VATICANO

All'altezza di Vibo Valentia la costa tirrenica della Calabria si protende verso le isole Eolie con un vasto promontorio, culminante nella scogliera di **Capo Vaticano**. Il faro posto sulla sommità dell'alta e scoscesa falesia, che si sfrangia nel mare ed è orlata da spiaggette sabbiose, è un eccezionale belvedere ancora più godibile grazie alla presenza di alcuni parcheggi, che consentono di sostare per il tempo necessario ad ammirare un panorama fra i più suggestivi del Mediterraneo.

Pochi chilometri più a nord, **Tropea** è oggi un centro balneare assai rinomato che vanta però una storia molto antica. Abitato fin dalla preistoria, fa risalire le proprie origini al mito di Ercole che, secondo la leggenda, avrebbe fondato la città. All'infaticabile eroe è dedicata una piazza sulla quale si aprono negozi e caffetterie: il luogo ideale da cui dare inizio alla passeggiata scendendo per corso Vittorio Emanuele fino a largo Migliarese, dove si apre un pittoresco scorcio sul mare che inquadra la lunga spiaggia e la cosiddetta Isola, un grosso scoglio sul quale si erge il santuario benedettino di S. Maria.

L'intero perimetro urbano, a strapiombo sul mare, offre molte altre occasioni per una panoramica sosta tra un monumento e l'altro. Il ricco patrimonio architettonico include la cattedrale normanna e varie chiese di pregio, insieme a palazzi nobiliari scanditi da piccole terrazze affacciate sul Tirreno. Prima di ripartire, non si dimentichi di fare scorta di specialità locali in una delle tante botteghe: oltre all'immancabile peperoncino, da acquistare l'odorosa cipolla rossa di Tropea, che viene utilizzata anche per confezionare una particolare marmellata.

Caratteristica piazzetta a Tropea

PERCORSO DI AVVICINAMENTO

A Tropea si arriva con la A2 Autostrada del Mediterraneo (ex A3 Salerno-Reggio Calabria): da nord uscire a Pizzo Calabro e proseguire sulla SS522, da sud uscire a Rosarno e prendere la SS18 in direzione di Nicotera, Joppolo, Coccorino e Ricadi.

AREE DI SOSTA

Sono tre i campeggi collocati lungo il litorale di **Tropea**, e la sosta dei camper è consentita anche in alcuni parcheggi urbani a pagamento. Non manca neppure un'area attrezzata, che si trova a mezzo chilometro dallo scalo marittimo cittadino (Borgo del Porto, via Cervo Sant'Antonio, località Parghelia, tel. 340 3341208, www.borgosulporto.com, aperta da Pasqua a ottobre, su prenotazione nel resto dell'anno).

SICILIA
Capolavori di natura e arte

La maggior parte dei turisti che approdano in Sicilia proviene da lontano: a chi giunge in camper dalle città dell'Italia settentrionale e centrale occorrono circa due giorni di viaggio per il solo trasferimento nell'isola. Il soggiorno, pertanto, non può essere troppo breve ma richiede comunque scelte precise, poiché nell'arco di una sola vacanza è impossibile godere della vasta scelta regionale in termini di ambiente, paesaggio, storia, cultura, arte, archeologia, tradizioni popolari e risorse enogastronomiche.

Nonostante tanta ricchezza, vi sono zone estranee al turismo di massa, se si eccettuano le poche settimane centrali dell'estate: è il caso del territorio ibleo, nell'estremo sud, o del versante occidentale che guarda verso Pantelleria e l'Africa, più distante dalle autostrade che percorrono la parte settentrionale e le province centrali. Persino alcune aree costiere fra le più intatte sono interessate da una frequentazione moderata, e sono conosciute proprio per il fatto di essere protette da oasi e riserve naturali tra le più interessanti e fruibili dell'intero Paese, con opportunità sportive ed escursionistiche talvolta inaspettate.

Resta indiscusso il richiamo delle città principali, da Palermo alle mete archeologiche come Siracusa e Agrigento. Anche laddove l'afflusso è più intenso, l'accoglienza è improntata a un profondo e caloroso senso di ospitalità.

Quando andare

Il clima dell'"isola del sole" è quanto mai favorevole agli itinerari fuori stagione per evitare il caldo estivo, piuttosto intenso. I mesi di mezzo sono i più indicati per le passeggiate e, soprattutto

nella parte meridionale della Sicilia, le temperature consentono un bagno in mare anche in autunno e inverno.

Gli itinerari

Dichiarate Patrimonio dell'Umanità dall'Unesco, le città barocche della Sicilia meridionale (Ragusa, Modica, Scicli e Noto) sono protagoniste della prima proposta all'insegna dell'arte e della storia, con una tappa naturalistica e balneare all'oasi di Vendicari.

Il secondo itinerario è invece ambientato nella parte nordoccidentale dell'isola, fra Trapani, Erice e Marsala, con due digressioni che rientrano fra i luoghi da non perdere nella visita della Sicilia: la celebre riserva dello Zingaro e l'isola di Mozia, antichissima colonia fenicia.

Natura senza compromessi per il terzo itinerario, destinato in particolare ai turisti sportivi, che esplora le bellissime gole scavate dal fiume Alcantara alle pendici settentrionali dell'Etna.

Il castello di Venere a Erice sorge sul sito di un antico tempio dedicato alla dea

LE CITTÀ DEL BAROCCO E L'OASI DI VENDICARI

Arrivati in Sicilia via terra con il breve passaggio marittimo dello Stretto di Messina, le destinazioni più affascinanti della costa ionica sono a breve distanza: Taormina a circa 50 chilometri, Catania a meno di 120, Siracusa a 160, tutti su tragitti autostradali o a scorrimento veloce. Le occasioni per una sosta sono innumerevoli – basti citare le spiagge, l'Etna, le testimonianze archeologiche – e costituiscono un eccellente inizio nella scoperta dell'isola.

Bisogna invece spostarsi decisamente a sud per raggiungere una delle aree più dense di storia e arte. L'ampio "triangolo del barocco" che si protende nel Mediterraneo con il promontorio di Capo Passero ospita ben quattro città che a questo patrimonio architettonico (riconosciuto anche dall'Unesco) devono la loro bellezza e fortuna turistica, rafforzata da uno scenario naturalistico di grande valore.

La prima tappa dell'itinerario è **Noto**, il "giardino di pietra", che riserva ai camperisti un trattamento di favore. La città fu fondata a circa 15 chilometri dalla preesistente *Netum*, irrimediabilmente danneggiata dal terribile sisma dell'11 gennaio 1693. Il piano urbanistico ad assi ortogonali ispirato dal commissario incaricato della ricostruzione, Giuseppe Lanza di Camastra, venne realizzato in meno di quindici anni dai migliori ingegneri, architetti e artigiani dell'epoca.

Il percorso di visita consigliato si snoda in direzione est-ovest, iniziando dai giardini pubblici di piazza Marconi su cui si apre la Porta Reale (o Ferdinandea), che immette su corso Vittorio Emanuele. A pochi passi si trovano piazza dell'Immacolata, con la chiesa e il convento di S. Francesco e il contiguo monastero del Salvatore e, sul lato opposto, il museo civico che, oltre alla pinacoteca e all'antiquarium, ospita una galleria d'arte contemporanea. Presso il museo si possono acquistare i biglietti per partecipare ai tour

organizzati da varie associazioni: le combinazioni includono, oltre ad alcuni siti normalmente chiusi al pubblico, la salita alle panoramiche terrazze delle chiese di S. Chiara e S. Carlo.
Superata piazza XVI Maggio, dove sorgono il teatro comunale, la fontana di Ercole e la chiesa di S. Domenico, si giunge nella piazza del Municipio, dove si fronteggiano la sede comunale, il palazzo Ducezio e la restaurata cattedrale di S. Nicolò, introdotta da uno spettacolare scalone e affiancata da palazzo Landolina e dal Palazzo Vescovile, con la basilica del Salvatore. Da qui, risalendo via Nicolaci, si arriva alla chiesa di Monte Vergine, con imponente facciata semicircolare. Questi e altri edifici di culto e civili scandiscono il tessuto urbano, che richiede una giornata per una conoscenza non troppo superficiale.

Dalla città si imbocca la statale 287 per Palazzolo Acreide, deviando a sinistra dopo una decina di chilometri: per l'antica **Netum** ne mancano ancora sei, ma la strada si restringe decisamente rendendo assai difficile

PERCORSO DI AVVICINAMENTO

Alla Sicilia orientale e meridionale si giunge via terra percorrendo la A2 Autostrada del Mediterraneo (ex A3 Salerno-Reggio Calabria) e traghettando da Villa San Giovanni a Messina (il passaggio richiede circa 20 minuti, con tempi di attesa contenuti nei periodi e negli orari di bassa affluenza). Da Messina si prosegue verso Catania, Siracusa e Rosolini, incontrando in sequenza l'uscita autostradale per Noto e l'imbocco della statale 115 per Ragusa, Modica e Scicli. Trovandosi nella Sicilia occidentale, i due percorsi principali per arrivare a Ragusa passano per Agrigento e Gela partendo da Palermo (SS121, 189 e 115) o da Trapani (SS115). Da Palermo si può anche seguire la A19 fino a Catania, continuando per Siracusa e Noto come sopra descritto. Chi vuole evitare la lunga trasferta stradale può imbarcarsi da Civitavecchia per Catania con Grimaldi Lines (tel. 081 496444, www.grimaldi-lines.com), da Napoli per Milazzo (diciotto ore di navigazione) oppure da Salerno per Messina (nove ore di navigazione) con Caronte&Tourist, tel. 090 5737, www.carontetourist.it. Per indicazioni sui collegamenti marittimi con arrivo a Palermo e a Trapani si veda l'itinerario successivo.

La cattedrale di Noto, preceduta dalla lunga facciata del Vescovado

il transito dei veicoli di grossa stazza, in particolar modo nel tratto finale dove attraversa un angusto ponticello (la visita si può comunque effettuare da Noto servendosi dei bus navetta predisposti da alcuni operatori locali). Sono molti però i camperisti che non temono i disagi stradali e si recano fin sotto le mura, dove un parcheggio in forte pendenza accoglie anche i veicoli ricreazionali per il tempo necessario alla visita.

Oltrepassando la Porta della Montagna e i bastioni d'ingresso, si raggiungono il Castello Reale con torre cilindrica ricostruita e i resti di un ospedale, di un collegio dei Gesuiti, di un palazzo nobiliare e di alcune chiese. Un sentiero attrezzato conduce al Vallone del Carosello, con i ruderi dei laboratori artigiani, e al belvedere presidiato dal quattrocentesco convento dei Cappuccini e dall'eremo della Provvidenza. Sulla via del ritorno merita una sosta l'**eremo di S. Corrado**, che comprende un museo di ex voto e la grotta intorno alla quale venne fondato il complesso alla metà del XVIII secolo.

L'eremo di S. Corrado presso l'antica *Netum*

Della stessa epoca è il **santuario di S. Maria della Scala**, preceduto da una Via Crucis e da una grande scalinata.

Dopo questa prima immersione nell'arte e nella storia, ci si sposta sul mare all'**oasi di Vendicari**, area umida di grande interesse biologico e riserva naturale orientata: circa dieci chilometri di spiagge, dune, macchia mediterranea

Sentiero nell'oasi di Vendicari

e pantani abitati da una ricca avifauna. Vi si accede da nord, presso l'area attrezzata di Calamosche, oppure da sud, con possibilità di sosta in un parcheggio che accoglie anche i camper.
L'oasi, a ingresso gratuito, è attraversata da un itinerario escursionistico litoraneo che collega tutti i punti salienti e si percorre in circa quattro ore, ma la permanenza è inevitabilmente prolungata dalle pause balneari sulle spiagge aperte al pubblico (Eloro, Tonnara e la già menzionata Calamosche). La visita è ovviamente soggetta a vincoli di rispetto ambientale: non è consentito dunque infastidire gli animali, danneggiare piante, avvicinarsi agli stagni o lasciare rifiuti, che vanno portati con sé e smaltiti al di fuori dell'area protetta.
Lungo la provinciale 19 che da Noto scende a Vendicari, due brevi deviazioni conducono alla **villa del Tellaro**, residenza romana di epoca tardo-imperiale che prende il nome da un vicino fiume, e alle rovine della città greca di **Eloro**, che tra il VII e VI secolo a.C. fu strategico avamposto siracusano.
Da Rosolini, dove il prolungamento della A18 Messina-Catania incontra la statale 115 che arriva da Noto, si prosegue per Ispica raggiungendo in breve **Modica**, prossima tappa del circuito barocco. L'abitato si distende sui versanti di due valloni e offre possibilità di parcheggio vicino alla stazione ferroviaria. Sistemato il veicolo, si prosegue a piedi visitando il vicino ex convento dei Mercedari, nel quale sono allestiti il museo civico e il museo ibleo delle Arti e dei Mestieri. Su corso Umberto I si affacciano la chiesa del Carmine, il Municipio e i palazzi porticati che segnano l'incrocio con via Marchese Tedeschi, dominata dai ruderi del castello medievale e dalla chiesa di S. Maria di Betlem. Ripreso il corso, si incontrano la chiesa di S. Pietro, palazzo Tedeschi, S. Maria del Soccorso e palazzo Manenti, dove si svolta per raggiungere la cattedrale. Una lunga scalinata conduce alla sontuosa facciata convessa, che cela un interno a cinque navate. Nella parte alta si trovano la chiesa di S. Giovanni

La chiesa di S. Giorgio a Modica

ITINERARI DEL GUSTO

I piatti forti della Sicilia orientale sono a base di pesce, verdure, ortaggi e legumi, rispecchiando l'economia agricola e marinara del territorio. La vera specialità dell'isola è costituita dai dolci, un trionfo di sapori che vanno dalla cassata ai cannoli, dalle granite alla frutta martorana, oltre alle innumerevoli varietà di biscotti farciti e glassati.
Fra tante bontà merita un ruolo da protagonista l'antica tradizione del cioccolato di Modica, dal gusto deciso e dalla particolare consistenza. Per degustazioni e acquisti un ottimo indirizzo in città è l'Antica Dolceria Rizza, fondata nel 1935 (via Sacro Cuore 64, www.anticadolceriarizza.it). Di alto livello anche i vini, che nelle province di Siracusa e Ragusa comprendono varie Doc e Docg: tra queste il Cerasuolo di Vittoria, l'Eloro Nero d'Avola e il Moscato di Noto, nettare da dessert la cui produzione è di volume contenuto.

Evangelista e il Belvedere Pizzo, che offre una vista assai suggestiva.
Uscendo da Modica sono ancora due le mete da raggiungere, Ragusa e Scicli, entrambe distanti otto chilometri ma in direzioni opposte. Se queste tappe segnano la conclusione del viaggio, si consiglia di visitare per primo il capoluogo e quindi tornare verso il mare passando per Scicli.

La moderna periferia di **Ragusa** circonda su due lati la città antica, composta da due nuclei: in alto si trova il quartiere amministrativo e commerciale fondato nel XVIII secolo, in basso la medievale Ragusa Ibla. Fra i due centri, lungo la strada in discesa per Ispica e Siracusa, alcuni grandi parcheggi accolgono anche i camper. Da qui inizia l'esplorazione a piedi, che raggiunge la vicina piazza della Repubblica. Svoltando a sinistra della chiesa del Purgatorio, si entra a **Ragusa Ibla**, dove la cattedrale di S. Giorgio, opera dell'architetto Rosario Gagliardi (uno dei massimi artefici della ricostruzione dopo il terremoto del 1693), si eleva in posizione obliqua rispetto alla piazza ed è preceduta da una scalinata monumentale. Del Gagliardi o della sua scuola è anche la chiesa di S. Giuseppe, dalla caratteristica facciata. Ai margini dell'abitato si affacciano il complesso di S. Francesco, ristrutturato in forme barocche ma di origine più antica, e il Giardino Ibleo, parco pubblico del XIX secolo nel quale sorgono le chiese di S. Giacomo e dei Cappuccini.
Tornati a piazza della Repubblica, si sale a **Ragusa Superiore**, da cui si gode il panorama della parte appena visitata. L'impianto a scacchiera conduce, tra edifici dall'elegante prospetto, alla piazza S. Giovanni e alla maestosa cattedrale. Per una pausa rilassante ci si potrà recare in una delle caffetterie dell'animato corso Italia.

Tornati a Modica, si prosegue sulla statale 115 in direzione di Ispica fino al bivio per **Scicli**, percorrendo una provinciale che attraversa il paesaggio rurale ibleo. Quella che Elio Vittorini definì "forse la città più bella del mondo" si è imposta al grande pubblico come ambientazione delle fortunate pel-

Il nucleo medievale di Ragusa Ibla

La chiesa di S. Maria La Nova a Scicli

licole di Montalbano, il commissario creato da Andrea Camilleri. È possibile parcheggiare il camper in piazza Italia, iniziando la passeggiata con una sosta alla chiesa di S. Ignazio e al giardino delle palme, ma l'intero centro storico è ricco di edifici di pregio. Fra i tanti, vanno menzionati il Palazzo Comunale, la chiesa di S. Giovanni con facciata convessa e pianta ellittica, il settecentesco palazzo Spadaro dagli elaborati balconi, il complesso del Carmine e, sulle pendici della cava di S. Maria La Nova, la chiesa omonima e quella della Consolazione. In una trama di vicoli, palazzo Beneventano mostra fastose decorazioni; poco lontana si trova S. Bartolomeo, che custodisce un presepio artistico napoletano. Nelle Grotte della Chiafura ogni anno viene allestito un presepe vivente.
Il tour si conclude con la salita al colle dove sorgono la chiesa di S. Matteo e i ruderi del castello dei Tre Cantoni. Da qui si ridiscende in piazza Italia e si imbocca la strada diretta alle spiagge di Donnalucata e Cava d'Aliga, proseguendo lungo il mare per il rientro.

AREE DI SOSTA

Il comprensorio di Noto e Vendicari è molto ben attrezzato, con numerose possibilità di soggiorno. I campeggi e agricampeggi sulla costa sudorientale e nell'immediato entroterra distano decine di chilometri da Ragusa, Modica e Scicli ma sono utili per la visita delle tre cittadine, che sono prive di aree attrezzate e hanno parcheggi adatti solo a brevi soste.

DONNALUCATA • **Area attrezzata** Club Piccadilly, contrada Spinasanta, tel. 339 3777700 o 0932 938704, www.club-piccadilly.it (annuale).

NOTO • **Area attrezzata** a pagamento Noto Parking, contrada Faldino, tel. 328 8065260, 380 5058898 o 333 6326868 (aperto da aprile a settembre, su richiesta in altri periodi). • **Area attrezzata** a pagamento Alle Palme, SP19, contrada San Lorenzo, tel. 0931 594932 o 329 4255082, olivierigino@gmail.com (annuale). • **Area attrezzata** a pagamento La Collinetta, contrada San Giovanni, tel. 328 6436439, www.villaggiolacollinetta.it. • **Area attrezzata** Parcheggio Calamosche, all'interno dell'oasi di Vendicari, tel. 347 8587319, www.parcheggiocalamosche.it (aperto dal 1° marzo al 30 novembre). • **Area attrezzata** a pagamento Il Canneto, tel. 345 7758175 o 347 3197183, www.areadisostailcanneto.it. • **Area attrezzata** Oasi Park Falconara, contrada Falconara, tel. 339 6121174 o 335 8440239, www.oasiparkfalconara.it (annuale).

MARINA DI RAGUSA • **Area attrezzata** Marina Caravan Camping, via Portovenere 57, tel. 348 2544589 o 348 2544617 (annuale). • **Area attrezzata** comunale in via Falconara, tel. 342 7607533, poco distante dal centro e dal porto turistico (annuale).

SANTA CROCE CAMERINA • **Agricampeggio** presso l'azienda agrituristica Capo Scalambri, contrada Punta Secca, tel. 0932 616263, 0932 915600 o 338 6963723, www.caposcalambri.com (annuale, preavviso almeno 24 ore prima).

TRAPANI, LO ZINGARO E LA LAGUNA DELLO STAGNONE

La fortezza della Colombaia a Trapani

L'estremità nordoccidentale della Sicilia ha come riferimento la città di Trapani, tappa obbligata per l'esplorazione della fascia costiera, i cui motivi di interesse vanno oltre il turismo balneare. Si spazia infatti tra archeologia, gastronomia, tradizioni popolari e un patrimonio naturalistico d'eccezione, che ha il suo esempio più noto nella riserva dello Zingaro. Quest'ultima, che si distende lungo il Golfo di Castellammare sulla costa orientale del promontorio di Capo San Vito, offre solo due possibilità di accesso: arrivando da Palermo, attraverso Castellammare del Golfo e Scopello, oppure dalla stessa Trapani, passando per San Vito lo Capo. È dun-

que consigliabile dividere l'itinerario in due parti che si sviluppino rispettivamente a nord e a sud del capoluogo.
Giunti perciò a **Trapani** e lasciato il camper nell'area attrezzata di largo Ilio, presso il porto e non lontano dalla stazione ferroviaria, si raggiunge a piedi l'antico nucleo cittadino, disteso su una stretta penisola, e si attraversa il quartiere medievale, con alcune chiese e varie testimonianze del ghetto ebraico. Superato il cinquecentesco palazzo della Giudecca, si continua lungo vicoli e stradine fino a corso Vittorio Emanuele su cui si affacciano eleganti residenze del '700, la chiesa del Collegio e la cattedrale di S. Lorenzo. Poco distante si trova la chiesa del Purgatorio che custodisce i Misteri, gruppi statuari portati in processione durante uno dei più famosi riti pasquali d'Italia.
Oltrepassato il bastione spagnolo si raggiungono il lungomare, con locali e ristoranti, e l'estremità della penisola. Al di là dell'imponente mole del Lazzaretto si delinea l'isola fortificata della Colombaia, mentre a nord sorge la torre di Ligny, oggi museo archeologico. Si ritorna seguendo corso Vittorio Emanuele e via Garibaldi, animata da negozi e facciate tardo-barocche, fino ai Giardini Margherita, ormai poco lontani dal parcheggio. Prima di ripartire merita una visita il complesso dell'Annunziata, ricco di opere d'arte e sede del museo regionale Pepoli di archeologia, scultura, pittura e costumi locali.

Erice, che sorge a 750 metri di quota, si raggiunge da Trapani seguendo una panoramica strada a tornanti, oppure in autobus (il tragitto dura tre quarti d'ora circa) per evitare la difficilissima ricerca di parcheggio vicino al centro storico, in parte pedonalizzato e attraversato da strette stradine. La cinta muraria, ottimamente conservata, rendeva inespugnabile l'acropoli risalente all'VIII-VI secolo a.C. L'originario impianto elimo-punico, di forma triangolare, venne ampliato in epoca normanna aggiungendo tre porte chiamate Trapani, Carmine e Spada. A sud-est sorgono il castello di Venere (edificato sui resti di un tempio dedicato alla dea) e le torri del Balio, parzialmente ricostruite nella seconda metà dell'800 per volere del conte Agostino Pepoli. Nell'angolo nord sorgono la chiesa di S. Antonio, l'adiacente S. Orsola e i resti del quartiere spagnolo. A sudovest si trova la gotica Chiesa Matrice, eretta nel 1314. Famosa, inoltre, è la fondazione Ettore Majorana, sede di importanti convegni scientifici internazionali, dedicata al grande fisico scomparso nel 1938.

Passando per Custonaci si raggiunge **San Vito lo Capo**, che vanta uno dei litorali sabbiosi meglio attrezzati della

PERCORSO DI AVVICINAMENTO

Trapani si raggiunge via mare dall'Italia peninsulare e dalla Sardegna con i traghetti da Civitavecchia e da Cagliari. In alternativa, si può sbarcare a Palermo, collegata a Genova, Livorno, Civitavecchia, Napoli, Cagliari e, con cadenza stagionale, a Salerno, arrivando a Trapani con la A29 per Mazara del Vallo. Le principali compagnie che coprono queste rotte sono Tirrenia (tel. 199 303040, www.tirrenia.it), Grandi Navi Veloci (tel. 010 2094591, www.gnv.it), Snav (tel. 081 4285555, www.snav.it) e Grimaldi Ferries (tel. 081 496444, www.grimaldi-ferries.com). La A29 è collegata alla A20 Messina-Palermo, da percorrere per intero se si giunge nell'isola lungo la A2 Autostrada del Mediterraneo (ex A3 Salerno-Reggio Calabria). Trovandosi già in Sicilia, gli altri principali percorsi di avvicinamento sono via Catania sulla A19 per Palermo oppure dalla costa sudoccidentale via Agrigento e Mazara del Vallo.

Sicilia (ma ci si può immergere anche tra gli scogli del vicino golfo di Cofano, raggiungibile in camper da varie direzioni). Il centro abitato offre la possibilità di passeggiate tra bouganvillee, corti, giardini e case di impronta araba. Imponente la fortezza del patrono S. Vito, edificata intorno alla casa del santo: se ne possono visitare il museo, la chiesa e la terrazza panoramica.
A circa sei chilometri dal paese, al termine della strada che porta al villaggio di Cala Impiso, si trova l'accesso settentrionale della **riserva naturale orientata dello Zingaro**, fiore all'occhiello dell'ambientalismo siciliano. Dal parcheggio dell'ingresso s'imbocca a piedi un facile sentiero che attraversa a mezza costa l'area protetta e conduce in circa due ore nei pressi di Scopello. Lungo la passeggiata (che richiede calzature adatte e una riserva d'acqua) si incontrano due casolari adibiti a museo, la piccola insenatura della dismessa tonnara dell'Uzzo e varie deviazioni che permettono di scendere alle spiagge di sassi bianchi o addentrarsi sulle alture lungo i percorsi dei pastori, verso la grande Grotta di Polifemo.

ITINERARI DEL GUSTO

La cucina della provincia di Trapani è fortemente influenzata dalla lunga frequentazione dei popoli mediterranei e arabi: accanto ai tradizionali piatti di mare, con il tonno e le sarde, la specialità principale è il couscous, semola cotta a vapore che viene proposta in abbinamento con il pesce. Appuntamento da non perdere a San Vito lo Capo è il Couscous Fest, che si tiene nella seconda metà di settembre e che richiama, insieme a migliaia di turisti, una folta rappresentanza di chef dai Paesi nordafricani e della costa mediorientale (www.couscousfest.it).
Di grande pregio è la produzione vinicola, con numerose Doc tra cui il bianco Alcamo, il rosso Delia Nivolelli, l'Erice e il Salaparuta, oltre al Moscato di Pantelleria e naturalmente al Marsala. Numerose sono anche le occasioni per acquisti nei luoghi di produzione, tra le quali va menzionata almeno la cantina Florio, storica azienda marsalese aperta alle visite (www.cantineflorio.it).

Tornati a Trapani, si prosegue con la visita delle località a sud del capoluogo continuando in direzione dell'aeroporto di Birgi e Marsala. La tappa successiva è la **riserva naturale orientata dello Stagnone**: questo ambiente dalle ca-

Scorcio panoramico sulla riserva dello Zingaro

ratteristiche peculiari è stato plasmato dalla mano dell'uomo per quasi tremila anni, e offre almeno tre motivi di richiamo: quello archeologico legato all'antichissima presenza fenicia, quello paesaggistico della laguna e quello dovuto alla storica attività delle saline.
Da **San Teodoro**, la cui torre seicentesca sorveglia i resti di una vecchia tonnara, **Mozia** (o Mothia, come riportano varie segnalazioni stradali) si raggiunge con imbarcazioni turistiche attraversando le acque dello Stagnone, di profondità assai ridotta. Abitata dai fenici per quattrocento anni dall'VIII secolo a.C., l'isola venne conquistata e distrutta da Dionigi, tiranno di Siracusa: percorrendo i due chilometri e mezzo di circonferenza si incontrano, sul lato settentrionale, le antiche mura a secco e, nelle vicinanze di un torrione, i segni evidenti dell'assedio. Fra i molti manufatti rinvenuti nel corso delle campagne di scavo (iniziate fin dagli ultimi anni del '700) vi sono i resti di un tempio fenicio, una necropoli, alcuni forni e il *tofet*, luogo sacro destinato ai sacrifici. Il *Giovinetto*, grande statua risalente al V secolo a.C., è oggi l'orgoglio del pic-

Mulini nelle saline Ettore e Infersa, presso Marsala

I ruderi della città fenicia di Mozia

colo museo isolano che espone anche il gruppo scultoreo delle leonesse che azzannano il toro (simbolo di Mozia), urne funerarie e preziosi vasi in vetro.
All'uscita del museo ci si dirige sul versante meridionale dove si apre l'insenatura del *kothon*, utilizzato forse come porticciolo, bacino di carenaggio o vasca per le abluzioni delle sacerdotesse del vicino tempio. Proseguendo si trovano le rovine di una casa patrizia con portico cinto da colonne e mosaici. Dopo un lungo abbandono, all'inizio del 1100 Mozia ospitò una comunità di monaci basiliani che vi costruirono il monastero di S. Pantaleo, nome con il quale l'isola venne chiamata nei secoli successivi.

Le escursioni turistiche in barca raggiungono anche le altre isole dello Stagnone: **Santa Maria**, quasi interamente privata, **La Schola**, così detta perché vi si trovava una scuola di retorica forse frequentata da Cicerone, e l'**Isola Grande** (o Longa), sulla quale si può sbarcare per una passeggiata tra litorali sabbiosi, ruderi di vecchi villaggi e alcuni edifici del XIX secolo, fino ad arrivare alle grandi saline del Curto delimitate da un canale naviga-

AREE DI SOSTA

La costa trapanese è servita da numerosi campeggi, ma anche la ricettività nelle aree attrezzate è ben sviluppata. Non mancano inoltre, nei centri maggiori, alcune opportunità di sosta individuate dalle amministrazioni locali.

CASTELLAMMARE DEL GOLFO • **Area attrezzata** Play-Time, viale Leonardo da Vinci 151, adiacente all'hotel Punta Nord-Est, tel. 0924 34545 oppure 333 8470013 (annuale).

FULGATORE • **Area attrezzata** presso l'agriturismo Piana di Borromeo, strada Marsala 10, tel. 330 379849 o 339 5033109 (annuale).

MARAUSA LIDO • **Agricampeggio** presso l'azienda agricola Villa Maria, via Torre di Mezzo 71, tel. 0923 841363 o 340 5564225 (annuale).

MARSALA • **Area attrezzata** in via Colonnello Maltese (con impianto Camper WC Wash). • **Area attrezzata** presso Nautisub Club, località San Teodoro, tel. 392 0731434, www.nautisubclub.it, aperta da maggio a settembre e su prenotazione negli altri periodi (associazione con obbligo di tessera, servizio autobus per il centro, escursioni alle isole Egadi e dello Stagnone). • **Area attrezzata** a pagamento Albanautica Club, contrada Spagnola 87/a, tel. 338 7676182 (annuale). • **Punto sosta** a pagamento presso l'imbarcadero Da Lucio, contrada Pispisia 240/a, sulla litoranea verso Birgi, tel. 0923 996720. • **Area attrezzata** Beach Sibiliana Village, contrada Fossarunza 205 z14, tel. 347 3346387, www.beachsibilianavillage.com. • **Area attrezzata** Camping Lilybeo Village, Contrada Bambina 131/b/bis, tel. 0923 998357 o 320 9543901, www.campinglilybeovillage.it.

SAN VITO LO CAPO • **Area attrezzata** in via Faro 36, tel. 333 1011519 o 345 7761098 (aperta da Pasqua al 15 ottobre). • **Area attrezzata** a pagamento Monte Monaco, via del Secco 80, tel. 329 1244237, sheky125@hotmail.it. • **Area attrezzata** a pagamento All Service San Vito, prolungamento via Savoia, tel. 348 3847146 (aperta dal 1° giugno al 30 settembre). • **Punto sosta** Da Giovanni, prolungamento via Savoia 13, tel. 347 6851597 o 0923 972787 (annuale).

SCOPELLO • **Area attrezzata** a pagamento Fontana, contrada Ciauli 96, Baia di Guidaloca, tel. 338 8132011 o 0924 39020 (aperta dal 1° maggio al 15 ottobre, servizio navetta). • **Agricampeggio** Scopello, bivio comunale per Scopello, tel. 328 4428721, 0924 535016, www.agricampeggioscopello.it (aperto dal 1° aprile al 30 settembre).

TRAPANI • **Punto sosta** in piazzale Ilio, tel. 0923 28670 (non accessibile il giovedì). • **Area attrezzata** presso l'hotel Le Saline, SP21 km 4, località Nubia, tel. 0923 1941502 o 0923 868056, www.lesalinehotel.com (annuale).

bile in canoa. Si trovano invece sulla terraferma le saline Ettore e Infersa, spettacolare distesa di piccole montagne del candido minerale: ne fu guardiano per lungo tempo Turi Toscano, riconosciuto fra i più importanti poeti dialettali della Sicilia del '900.

La laguna dello Stagnone è chiusa a sud dal promontorio su cui sorge **Marsala**, ultima tappa dell'itinerario. Il centro storico accoglie il visitatore con cartelli che guidano alla scoperta della città. Nella piazza centrale si trova il restaurato convento di S. Pietro, sede del museo archeologico, della biblioteca, di una ludoteca e di un altro museo dedicato a Garibaldi.

Anche il lungomare, arioso e contornato da palme, offre spunti di interesse tra cui i resti dell'*insula* romana e alcuni bagli, uno dei quali ospita la storica azienda Florio, che produce un rinomato Marsala. Da qui si torna a Trapani o si prosegue per Mazara del Vallo immettendosi sui percorsi di rientro.

LE GOLE DELL'ALCANTARA

Il fiume Alcantara nasce sui Nebrodi, uno dei principali gruppi montuosi della Sicilia, e scende verso lo Ionio dove sfocia nei pressi di Taormina. Le **Gole dell'Alcantara**, scavate dall'acqua nella scura roccia lavica dell'Etna, ne costituiscono il tratto più spettacolare e sono protette da un parco naturale. Presso l'azienda Gole dell'Alcantara si possono noleggiare attrezzature per l'esplorazione delle gole, mentre per escursioni guidate ci si può rivolgere agli uffici del parco. Qui è possibile praticare sport fluviali come il torrentismo, l'hydrospeed e il canoismo, con l'assistenza di guide esperte che conducono a luoghi di assoluto interesse come le gole di Larderia e Palazzolo o la forra di Mojo. Da vedere anche nuclei storici della zona, tra cui Castiglione di Sicilia, Motta di Camastra, Randazzo e **Francavilla di Sicilia**, dove si trovano gli uffici dell'ente parco.

PERCORSO DI AVVICINAMENTO

Dalla A18 Messina-Catania o dalla parallela statale 114 uscire a Giardini Naxos: qui arriva la 185 che risale l'Alcantara e, dopo Mojo, si innesta nella 120 per Randazzo. Arrivando da Catania si può passare per l'entroterra prendendo la 284 in direzione Paternò, Bronte, Maletto e Randazzo.

AREE DI SOSTA

Oltre ai campeggi litoranei, ci sono molte aree attrezzate a **Giardini Naxos**: Europarking (viale Apollo Archegeta, località Recanati, tel. 0942 54322 o 338 7863842, europarking.jimdo.com), Holiday Sun (via Stracina 20, tel. 339 2185191), Eden Parking (via Stracina 20, tel. 348 2513767, www.edenparking.it, annuale), Parking Lagani (via Stracina 22, tel. 0942 54120 o 339 7031392, www.parkinglagani.it, annuale). **Taormina** offre l'area attrezzata Pier Giovanni (via Spagnolo, località Trappitello, tel. 329 2060259, yek@tiscali.it, annuale).

Formazioni basaltiche lungo le Gole dell'Alcantara

SARDEGNA

Cuore selvaggio

La Sardegna è da lungo tempo la prima tra le destinazioni per la vacanza al mare di alto livello, e questo l'ha resa meta ambita anche per i camperisti. Sono però emerse le contraddizioni fra la gestione turistica del territorio e le esigenze del viaggiatore itinerante: le amministrazioni tendono a proteggere i luoghi apponendo divieti dove si possono formare assembramenti di veicoli mentre chi viaggia in camper rimane deluso dall'impossibilità di fruire di siti e paesaggi spesso unici.
Questa situazione è limitata perlopiù al culmine della stagione estiva, dall'ultima settimana di luglio alla terza di agosto, mentre negli altri periodi l'approccio in camper alle località costiere è quasi ovunque facile e soddisfacente. La bellezza del mare non deve mettere in secondo piano le altre valenze turistiche della Sardegna, dalla scoperta della civiltà nuragica alle escursioni in ambienti naturali di selvaggia bellezza; dalle manifestazioni del folklore alle espressioni della cultura pastorale.
Avendo l'opportunità di spaziare grazie all'autonomia concessa dal veicolo ricreazionale, si possono concepire itinerari dagli interessi diversificati, anziché limitarsi al soggiorno balneare.

Quando andare

Dalla primavera a luglio e dalla fine di agosto a ottobre, ogni momento è indicato per la visita (anche se alcune zone, soprattutto a nord e a ovest, le acque marine possono avere temperature lievemente più basse della media). Sono spettacolari i periodi delle fioriture che accendono il paesaggio di colori, ma

Fenicotteri in uno degli stagni dell'Oristanese

non da meno le tante ricorrenze tradizionali che annoverano manifestazioni di grande notorietà. La piena estate è la stagione meno consigliabile, specialmente sulla costa settentrionale e orientale che vengono saturate dal turismo balneare.

Le rocce rosse della costa di Arbatax

Gli itinerari

L'area costiera e le pendici orientali del Gennargentu, protagoniste del primo itinerario, si sono sviluppate dal punto di vista turistico grazie a un tipo di vacanza a basso impatto: per lungo tempo l'espressione "trekking in Barbagia" è stata sinonimo della scoperta escursionistica di luoghi remoti. Oggi l'approccio turistico è più semplice pur mantenendo inalterato il fascino di queste zone selvagge. Il secondo itinerario si articola lungo la costa occidentale, dove la vacanza marina passa quasi in secondo piano rispetto all'importanza storica e culturale di città come Alghero, Oristano e Bosa. La terza proposta è dedicata a Tempio Pausania che, nonostante sia divenuta capoluogo provinciale, è meta ancora poco conosciuta nell'entroterra della Gallura.

LA BARBAGIA E L'OGLIASTRA

ITINERARIO 1

I rilievi del Gennargentu formano un semicerchio che abbraccia una conca chiusa a nord dal Supramonte di Urzulei e dalle cale del Golfo di Baunei, a sud dal Salto di Quirra e dalle spiagge di Tertenia, addentrandosi in Barbagia fino a comprendere Punta La Marmora, la cima più alta della catena. La costa ha una conformazione mista, con scogliere a picco sul mare intervallate da lunghe spiagge di sabbia o ciottoli protette dalla macchia e dalle pinete, promontori sorvegliati da antiche torri di avvistamento, grotte marine e calette di grande valore naturalistico. L'entroterra è formato da altopiani calcarei, valloni rocciosi coperti da una fitta vegetazione e fenomeni carsici ma, tra i motivi d'interesse, offre anche importanti siti archeologici e testimonianze dell'antichissima tradizione pastorale.

Lo storico isolamento di questo ambiente – che in molte località ha contribuito a mantenerlo quasi intatto – è oggi superato grazie alla presenza della statale interna che collega Olbia a Cagliari, mentre l'originaria viabilità locale funge tuttora da collegamento con la fascia costiera. Al camperista e all'appassionato di outdoor si offre dunque la possibilità di alternare soste marine e la pratica degli sport d'acqua con escursioni a piedi o in mountain bike, arrampicata sportiva e altre attività a contatto con la natura. Alcuni percorsi sono inaccessibili ai veicoli di media e grossa stazza, ma gli operatori turistici specializzati nell'organizzazione di gite e trekking si fanno carico anche del trasporto dei partecipanti, che perciò non sono obbligati a spostarsi con il proprio mezzo dalle strutture ricettive affrontando strade secondarie decisamente strette e tortuose.

Arrivando dall'Italia peninsulare, i due scali marittimi principali al servizio dell'itinerario sono Olbia e Golfo Aranci (Arbatax, in posizione centrale rispetto allo sviluppo del percorso, è servito solo durante il periodo estivo). Una volta sbarcati, la scorrevole statale 131 per Nuoro e Cagliari conduce a Siniscola, dove si devia verso il mare sulla 125 raggiungendo **Orosei**. In questo territorio l'economia di stampo agricolo si è indirizzata, negli ultimi anni, verso la ricettività rurale, che completa l'ampio novero di servizi turistici dedicati alla vacanza marina: la zona costiera, che vanta una lunga spiaggia sabbiosa, accoglie anche i camperisti nei parcheggi appositamente individuati, pur se privi di attrezzature specifiche.

A causa della conformazione di questo tratto del litorale, chiuso a sud dal Monte Irveri, la strada si allontana dalla costa per raggiungere **Dorgali**, fulcro organizzativo delle attività di scoperta nel circondario. Un'area attrezzata si trova sulla circonvallazione a monte dell'abitato ed è punto di partenza delle escursioni guidate: da non perdere quelle per le spettacolari **Gole di Su Gorroppu** e il villaggio nuragico di **Tiscali**, costruito all'interno di una dolina della montagna omonima (e le cui origini restano ancora parzialmente ignote).
Se queste mete sono da visitare preferibilmente evitando l'utilizzo del proprio veicolo sullo scomodo percorso di avvicinamento, ve ne sono altre due più facilmente raggiungibili. Poco prima di Dorgali, svoltando a destra al chilometro 209,400 della statale, si accede ai parcheggi della celebre **Grotta di Ispinigòli**, emozionante complesso ipogeo la cui volta è sorretta da una colonna alta 38 metri, fra le più grandi in Europa. Proseguendo, un secondo bivio in direzione di Nuoro conduce al villaggio nuragico di **Serra d'Orrios**, con gli evidenti resti di alcune costruzioni e di due piccoli templi. Lungo questa strada secondaria si trova anche la deviazione (circa 60 chilometri fra andata e ritorno) per **Oliena**, una delle Bandiere arancioni del Touring Club Italiano in Sardegna, e **Orgosolo**, con i famosi murales che narrano storie, personaggi e atmosfere della Barbagia.
Tornati alla 125, da Dorgali si scende sul mare lungo la stretta e tortuosa carrabile per **Cala Gonone**. Quella che fino agli anni '90 dello scorso secolo era meta principale del turismo escursionistico si è trasformata in una vivace località balneare, con campeggio e area attrezzata. Le gite organizzate in barca permettono di raggiungere la celebre **Grotta del Bue Marino**, così chiamata perché un tempo abitata dalla foca monaca: dei due rami che la compongono, quello settentrionale è attrezzato per visite turistiche e pre-

Nelle Gole di Su Gorroppu

PERCORSO DI AVVICINAMENTO

I porti della costa orientale sarda sono quotidianamente collegati all'Italia peninsulare da numerosi traghetti. Le rotte principali sono da Genova, Livorno, Piombino, Civitavecchia e Napoli per Olbia, da Livorno e Civitavecchia per Golfo Aranci. Nei mesi estivi sono in funzione anche traghetti da Genova e Civitavecchia per Arbatax. Le principali compagnie di navigazione, che effettuano anche il trasporto dei veicoli ricreazionali con varie formule, sono Tirrenia (tel. 199 303040, www.tirrenia.it), Grandi Navi Veloci (tel. 010 2094591, www.gnv.it), Moby Lines (tel. 199 303040, www.moby.it), Sardinia Ferries (tel. 199 400500, www.corsica-ferries.it) e Snav (tel. 081 4285555, www.snav.it). La Tirrenia, inoltre, collega la Sicilia alla Sardegna con partenza da Palermo o Trapani e arrivo a Cagliari.
Sbarcati a Olbia o a Golfo Aranci, si prosegue sulla superstrada 131 in direzione di Nuoro e a Siniscola si svolta sulla SS125 per Orosei, Cala Gonone, Tortolì e Arbatax.

senta una complessa successione di gallerie e caverne parzialmente allagate dal mare. Poco più a sud si trova **Cala Luna**, con altre sei grandi grotte che si aprono nell'alta falesia e la candida spiaggia alle cui spalle è situato uno stagno circondato da oleandri.

Risaliti al bivio per Dorgali, si prosegue sulla 125 attraversando la montagna barbaricina, con magnifiche vedute su un paesaggio dal fascino intatto. La carreggiata è di larghezza sufficiente al transito dei camper, ma se si è alla guida di un veicolo di grande dimensione si deve osservare la massima prudenza. Dopo circa 20 chilometri, superato il **Passo di Genna Silana** a oltre 1.000 metri di quota, si inizia la discesa verso Baunei e il mare su un tracciato con curve e tornanti e due lunghi tratti in forte pendenza che richiedono l'abilità del conducente per non affaticare troppo i freni. Trenta chilometri a valle del passo si entra a **Baunei**, altro punto di riferimento per gli itinerari escursionistici nei dintorni, da affrontare anche in questo caso con l'assistenza di operatori specializzati. Solo se si è alla guida di un piccolo camper furgonato

ITINERARI DEL GUSTO

All'economia pastorale e contadina della Sardegna si deve la diffusione di carne ovina e suina ma anche il famoso pane carasau (o carta da musica), sfoglia sottilissima e friabile che si conserva molto a lungo e che costituiva uno dei cibi principali del pastori nei lunghi periodi in cui accudivano le greggi lontano da casa. Companatico ideale sono naturalmente i formaggi, come il gustoso fiore sardo o la ricotta, che si utilizzano in cucina come ripieno dei *culurgiones*, gustosi ravioli usualmente conditi con sugo di pomodoro e carne. Sulla costa barbaricina e ogliastrina, ai sapori della terra si uniscono quelli del mare con un ampio assortimento di piatti di pesce: a entrambi si accompagna il Cannonau Doc nella peculiare varietà di questa zona.
Per apprezzare la gastronomia locale in tutta la sua genuinità è consigliabile rivolgersi alle strutture ricettive e agli operatori turistici locali, che organizzano gite giornaliere con visita alle aziende agrituristiche e pranzo o cena a base di prodotti tipici.

è possibile raggiungere dal paese l'**altopiano del Golgo**, che offre cinque percorsi naturalistici di varia difficoltà (dotarsi di calzature adeguate e scorta d'acqua): il più accessibile, con possibilità di parcheggio presso l'imbocco del

Cala Luna, con le grotte che si aprono sul mare

sentiero, è quello che conduce a **Cala Goloritzè**, piccola insenatura dalle acque turchese che lambiscono una spiaggia di ciottoli dominata dalla guglia rocciosa dell'Agugliastra.

Alla baia si può anche arrivare (più comodamente) via mare partendo da **Santa Maria Navarrese**, frazione marina di Baunei, sorvegliata da una torre pisana; gli olivastri presso la chiesa di S. Maria, ai margini dell'abitato, sono stati dichiarati monumento naturale dalla Regione. Un'area attrezzata si trova a Tancau, subito a sud del paese, e rappresenta un punto d'appoggio ideale per escursioni marine tra piccole cale, insenature e scogliere fra le più belle della costa sarda, con la minuscola isola d'Ogliastra a caratterizzare la vista del golfo. Se si vuole esplorare l'interno partendo da **Lotzorai**, un altro utile approdo per i camper si incontra in prossimità di un ristorante sulla strada provinciale per Urzulei e Talana. Lungo il tragitto vale una sosta la necropoli sotterranea di **Fund'e Monti**, a ridosso della collina di Tracucu; risalente a un periodo fra il 3500 e il 1600 a.C. conta tredici sepolture scavate nel granito.

Il promontorio di Capo Bellavista delimita a sud lo Stagno di **Tortolì**, specchio d'acqua costiero che da oltre mezzo secolo è gestito da una cooperativa di pescatori. La cittadina, a tradizionale vocazione agricola, si presenta come una dinamica realtà turistica: oltre ad alcuni campeggi, vi sono tre aree attrezzate nella zona a mare, una delle quali presso il vicino lido di Orrì. Nel raggiungere quest'ultimo, lungo la strada si trovano le indicazioni per il complesso di **S'Ortali 'e Su Monti** o parco archeologico di S. Salvatore, che occupa un'area assai vasta il cui principale motivo di richiamo consiste nella presenza di una *domus de janas*, un nuraghe, una tomba dei giganti e alcuni menhir.

Sul versante settentrionale, **Arbatax** è una delle località principali della costa orientale, resa famosa dalle rosse scogliere che la caratterizzano. Vegliato dalla torre saracena dell'Arbatasar, il porto costituisce un importante riferimento per i traghetti in arrivo dal continente; la cittadina è inoltre capolinea del Trenino Verde, ferrovia turistica ripristinata su un tracciato dismesso, che nel periodo estivo offre un'insolita op-

Veduta di Cala Goloritzè, fra le più caratteristiche della costa ogliastrina

AREE DI SOSTA

Ai numerosi e attrezzati campeggi litoranei si affianca in questa zona un discreto numero di aree attrezzate, anch'esse sul mare, mentre alcuni punti di sosta vengono approntati dalle amministrazioni locali a seconda delle necessità. Per l'entroterra ci si deve affidare perlopiù alle soste libere o rivolgersi agli operatori turistici locali che organizzano escursioni e visite guidate nell'area del Gennargentu e dell'Ogliastra.

CALA GONONE • **Area attrezzata** a pagamento Palmasera, viale Bue Marino, tel. 360 713478, 336 818111, www.campingcarpalmasera.com (servizio navetta, aperta da aprile a ottobre).

DORGALI • **Area attrezzata** a pagamento Trendy Bar, via Enrico Fermi 27, tel. 347 1915060 (punto partenza escursioni).

LOTZORAI • **Area attrezzata** presso ristorante Sant'Efisio, SP per Talana km 4+500, tel. 0782 646921 o 338 3591742.

SANTA MARIA NAVARRESE • **Area attrezzata** a pagamento Costa Orientale, in località Tancau, tel. 0782 669696 o 333 9042522, www.costaorientale.it.

TORTOLÌ • **Area attrezzata** a pagamento Spiaggia di Cea, tel. 320 0727533, www.baiacea.it (aperta da maggio a ottobre). • **Area attrezzata** a pagamento Roccerosse, in località Marina di Cea, tel. 340 1973560 o 349 0854010, www.areacamperroccerosse.com (annuale). • **Area attrezzata** Tanca di Orrì, tel. 348 7351779 o 338 7709099 (annuale).

portunità di scoprire i paesaggi dell'entroterra. A sud del lido di Orrì la viabilità secondaria scende verso le spiagge di Cea, aggira la Punta di Su Mastixi e torna sul mare all'altezza della torre di Barì, appendice costiera di **Bari Sardo**. Ancora più a sud un altro lungo tratto di litorale sabbioso si estende ininterrotto fino alla singolare formazione rocciosa di Sa Perda Pera, nel territorio di **Cardedu**. Proseguendo lungo le scogliere frastagliate intorno a **Marina di Gairo** (con un campeggio in località Coccorrocci), si raggiunge l'ultima tappa dell'itinerario, **Capo Sferracavallo**, alle cui spalle il Monte Ferru offre una vista privilegiata sulla costa ogliastrina dall'alto dei suoi 875 metri. Da qui, per il rientro a Olbia, si torna a Cardedu e si imbocca la statale 389 in direzione di Nuoro.

La torre costiera di Bari Sardo

DA ALGHERO A ORISTANO

La costa occidentale della Sardegna è scandita da due città di grandissima importanza storica e culturale, che segnano l'inizio e la fine dell'itinerario: Alghero all'estremità settentrionale e Oristano a quella meridionale. I due temi distintivi di questa zona sono l'antica e radicata impronta catalana, risalente alla dominazione spagnola, e la presenza di alcuni siti archeologici legati alla presenza di fenici, greci e romani oltre che delle civiltà autoctone.

La cupola di S. Michele ad Alghero

Si tratta di una parte dell'isola adatta a un turismo di scoperta perlopiù itinerante, in grado di cogliere i diversi aspetti del territorio senza limitarsi alla ricerca di siti adatti alla balneazione, che non ne costituisce il motivo d'interesse principale pur offrendo alcune mete d'eccellenza.

La veduta del centro storico di **Alghero** dal mare, con le fortificazioni volute all'inizio del XII secolo dalla famiglia genovese dei Doria, è una delle più famose della Sardegna e dell'intera area mediterranea. Il centro storico, Alguer Vella, ha conservato praticamente intatto l'impianto urbanistico frutto della dominazione catalano-aragonese e spagnola (dal XIV al XVIII secolo); anche la lingua (come evidenziano insegne e indicazioni stradali) e numerose usanze quotidiane sono tuttora molto sentite e preservate. Fra i monumenti principali spiccano la chiesa e il chiostro di S. Francesco, in stile gotico catalano con interventi rinascimentali, la chiesa della Misericordia, che conserva un prezioso Crocifisso ligneo seicentesco proveniente dalla Spagna (portato in processione durante la Settimana Santa), e il duomo di S. Maria, il cui portale d'ingresso posteriore è uno splendido esempio di gotico fiorito. Adiacente alla cattedrale è il ricco museo diocesano d'Arte Sacra, ma valgono una visita anche il museo del Corallo, allestito in una residenza liberty, e il museo civico archeologico, che illustra le complesse vicende del popolamento di quest'area dalla preistoria all'epoca romana; vicino a quest'ultimo si trova la chiesa di S. Michele, dedicata al patrono di Alghero, con cupola in maiolica policroma. Altrettanto interessanti le architetture civili, come quelle dei palazzi Machin, Carcassona e Serra.

Le aree attrezzate e i punti sosta adiacenti alla città consentono di visitare anche altri siti di estrema rilevanza culturale e ambientale. A nord, non lontana dall'aeroporto di Fertilia, la necropoli di **Anghelu Ruju** è la principale testimonianza archeologica della Sardegna prenuragica, risalente almeno al 3500 a.C. Da non perdere l'escursione a **Capo Caccia**, panoramico promontorio che chiude l'insenatura di Porto Conte a ovest di Alghero, con affacci vertiginosi su un mare dall'intenso colore blu, e la **Grotta di Nettuno**, raggiunta anche da gite in barca che partono dalla città. Lungo la strada per Capo Caccia sorge il **nuraghe Palmavera**, la cui torre principale è databile a circa 1500 anni prima dell'era cristiana.

Uscendo da Alghero in direzione di Bosa si presentano due possibilità, entrambe su strade tortuose ma di grande suggestione paesaggistica. La più breve

Il centro storico di Alghero visto dal porto turistico

segue la costa, praticamente intatta, offrendo incantevoli vedute; all'altezza dello scosceso **Capo Marargiu**, frequentato dai grifoni che volteggiano nel cielo specialmente nelle ore più miti della giornata, il tracciato si porta verso l'interno attraversando un'area di piccoli appezzamenti agricoli. Si torna sul mare a **Torre Argentina**, dove si trova una delle aree attrezzate al servizio di questo tratto di litorale.

Il percorso alternativo si snoda invece nell'entroterra, prendendo da Alghero la statale per **Villanova Monteleone**. Il caratteristico abitato, in amena posizione, racchiude la chiesa di S. Leonardo di Limoges e – come altri paesi della Sardegna – una piccola collezione di murales con scene di vita quotidiana. Dal centro del paese si imbocca la provinciale per Montresta e al settimo chilometro si svolta verso il mare seguendo le indicazioni per il **parco archeologico del Nuraghe Appiu**, di grande interesse anche per il contesto ambientale in cui è inserito. La torre principale del complesso, circondata dalle sughere, vanta un'altezza di circa 15 metri ed è attorniata da altre costruzioni collegate da corridoi; nell'area sacra adiacente si trova il più piccolo nuraghe di Punta 'e su Crabile. Tornati sulla provinciale, si raggiunge il paese di **Montresta**, fondato nel 1750 per volontà di Carlo Emanuele III di Savoia; scenario di spettacoli e concerti, durante la bella stagione, è l'anfiteatro comunale decorato da murales.

Il nuraghe Appiu, nell'omonimo parco archeologico

PERCORSO DI AVVICINAMENTO

Alghero a nord e Oristano al centro sono le due località principali della costa occidentale sarda. Alla prima si giunge da Olbia e Golfo Aranci (si vedano le indicazioni sui traghetti nell'itinerario precedente) seguendo la SS199 per Oschiri, poi la 131 per Sassari e infine la 291. Alla seconda, sempre dai due porti di sbarco indicati, si arriva direttamente con la SS131 per Nuoro e Ghilarza. Volendo giungere direttamente a Bosa, a ovest di Nuoro si lascia la 131 e si continua sulla 129 passando per Macomer.

Per chi arriva dall'Italia settentrionale e centrale, il tragitto su strada si abbrevia di molto imbarcandosi a Genova con Tirrenia (tel. 199 303040, www.tirrenia.it) o a Civitavecchia con Grimaldi (tel. 081 496444, www.grimaldi-lines.com) per raggiungere Porto Torres, il più importante scalo marittimo della costa settentrionale. Da qui Alghero si raggiunge comodamente con le statali 131 e 291.

I due tragitti appena illustrati convergono su **Bosa**, affacciata sulla foce del fiume Temo e dominata dai resti del castello dei Malaspina, il cui primo impianto risale al XII secolo. Questa cittadina conserva il suo fascino più autentico nel rione Sa Costa, originario nucleo medievale, con vicoli acciottolati e piccoli slarghi affiancati da edifici alti e stretti. A valle, intorno a corso Vittorio Emanuele, sorgono gli eleganti palazzi sette-ottocenteschi del rione Sa Piatta, un agglomerato di insolita

Il centro storico di Bosa

raffinatezza vivacizzato da botteghe e laboratori di artigianato e prodotti tipici. Nell'immediato entroterra, tra le fertili campagne della Planargia in cui si produce la Malvasia di Bosa, sorgono alcuni paesi dalla solida tradizione agricola che offrono all'itinerario altri spunti. **Suni** vanta uno dei nuraghi meglio conservati dell'isola, il Nuraddeo, la cui torre centrale svetta integra nel mezzo di un altopiano con il mare sullo sfondo. Da visitare in paese, oltre alla chiesa di S. Pancrazio (in stile gotico catalano con interventi rinascimentali), la piccola collezione della casa museo Tiu Virgiliu, in cui sono esposti oggetti e testimonianze della civiltà contadina locale tra il XIX e il XX secolo. A una manciata di chilometri si trovano altre due località in cui è particolarmente attivo l'artigianato grazie alla produzione dei cesti intrecciati con fibre di salice, canna e asfodelo: **Tinnura**, le cui case sono decorate da murales di eccezionale realismo, e **Flussio**, dove la chiesa della Madonna della Neve conserva la facciata e il campanile del XIV secolo. Proseguendo in direzione di Tresnuraghes, una stradina secondaria conduce a **Magomadas**, che sorge sulla sommità di un ampio sperone roccioso e ospita il museo del Vino della Planargia. Nella vicina **Modolo** ha sede l'agenzia Vinest, aderente all'omonimo progetto cofinanziato dall'Unione Europea dal quale è nata la Strada della Malvasia di Bosa.

L'itinerario prosegue in direzione sud, disegnando un'ampia curva che si allontana dalla costa. **Tresnuraghes** deve il nome ad alcune testimonianze dell'antica civiltà isolana, oggi quasi scomparse, mentre sono ancora visibili nei dintorni alcune chiese rurali e i resti di una cartiera sabauda. Poco più avanti si incontrano il minuscolo abitato di **Sennariolo**, sul versante occidentale del Montiferru, e il paese di **Cuglieri**, con le case dominate dalla mole della basilica di S. Maria della Neve, fondata intorno al XIV secolo e largamente rimaneggiata nei succes-

ITINERARI DEL GUSTO

La gastronomia della costa orientale sarda è fra le più interessanti per chi ama i piatti di mare, con specialità di pregio quali l'aragosta, la bottarga e, soprattutto nella zona di Alghero, alcune preparazioni analoghe alla paella spagnola, retaggio della dominazione iberica. Ma anche qui, come in tutta l'isola, sono diffuse le carni ovine e suine, i prodotti caseari, le verdure di campo e gli ortaggi. Di grande importanza è la produzione vinicola, che gode di una lunga tradizione e comprende alcuni dei più famosi vini Doc sardi. L'Alghero è il fiore all'occhiello della rinomata azienda Sella & Mosca, che offre anche un museo enologico (tel. 079 997700, www.sellaemosca.it). Dalla stessa zona proviene l'Anghelu Ruju, un rosso liquoroso che nasce dai vigneti intorno all'omonimo sito archeologico. Bosa è conosciuta per la locale Malvasia, protagonista della prima strada del vino istituita in Sardegna. Intorno a Oristano, infine, si produce una particolare varietà di Vernaccia, mentre un'ampia zona a sud della città è territorio d'elezione dell'Arborea e del Campidano di Terralba.

sivi (la facciata, con elementi neogotici, è dei primi anni del '900).
Dopo alcuni tornanti, la statale si dirige verso il mare giungendo alla spiaggia di **Santa Caterina di Pittinuri**, per poi staccarsi nuovamente dalla costa tagliando la vasta penisola del Sinis e scendendo a **Oristano**. Dopo i verdeggianti paesaggi rocciosi dell'interno, il capoluogo dell'antico Giudicato d'Arborea offre un'ambientazione completamente diversa, al centro di una pianura costiera orlata da lunghi arenili e caratterizzata da stagni e lagune.
La storia medievale della città è legata alla figura di Eleonora d'Arborea, che vi regnò dalla seconda metà del '300 agli inizi del '400 prima di soccombere alla conquista aragonese. Alla casata si deve la promulgazione della Carta de Logu, riconosciuta come uno dei primi esempi mondiali di costituzione e applicata, pur fra alterne vicende, sino all'800. Chiese e palazzi dell'armonioso centro antico, dalla forte impronta mediterranea e catalana, formano una galleria a cielo aperto di stili ed epoche diverse, comodamente visitabile grazie alla presenza di due aree attrezzate per i camper. Da non mancare il periodo carnevalesco, quando si svolge la celebre Sartiglia, spettacolare giostra equestre di matrice spagnola che coinvolge quaranta pariglie di cavalli ed è oggetto di grande partecipazione popolare.
I quartieri meridionali di Oristano affacciano sullo **Stagno di Santa Giusta**, zona umida frequentata da una ricca avifauna, nelle cui acque si pescano granchi, muggini e anguille. Si estende invece a ovest della città il più grande **Stagno di Cabras**, le cui sponde furono abitate già durante il Neolitico: il vasto specchio d'acqua è inserito nell'**area marina protetta della Penisola del Sinis e dell'Isola di Mal di Ventre**, che nel raggio di pochi chilometri offre al turista molti spunti d'interesse. Oltre alle spiagge, che si sviluppano per circa 15 chilometri alternandosi a rocce e scogliere sorvegliate da un sistema di torri d'avvistamento, procedendo da Oristano verso Capo San Marco si incontrano, in successione, quattro siti monumentali di eccezionale valore.

La statua di Eleonora d'Arborea a Oristano

Il primo di essi, sulla sponda sudovest dello Stagno di Cabras, è quello di **Cuccuru Is Arrius**, con i resti di due necropoli di epoche diverse e un tempio a pozzo che si trova al centro di un isolotto (raggiungibile con una piccola imbarcazione). Poco distante è il villaggio sei-settecentesco di **San Salvatore**, sorto come ricovero per i pellegrini intorno all'omonima chiesetta.
La strada costeggia lo Stagno di Mistras e si porta verso la stretta lingua di terra che delimita a nord il Golfo di Oristano. Proprio all'imbocco, vicino a un insediamento di pescatori, sorgono l'imponente torre spagnola e la chiesa di **S. Giovanni di Sinis**, fondata nel VI secolo e ampliata tra il IX e l'XI, con mura in pietra e il corpo centrale sormontato da una piccola cupola. L'ultima tappa – molto frequentata durante i mesi

AREE DI SOSTA

Come la costa orientale della Sardegna, anche quella occidentale offre un numero di campeggi e alcune aree attrezzate nelle principali località dell'itinerario.

ALGHERO • **Area attrezzata** I Platani, strada vicinale Arenosu 2, tel. 079 930204 o 338 1861421, www.iplatani.it (servizio navetta). • **Area attrezzata** Paradise Park, località Le Bombarde, tel. 079 936033 o 333 2212153, www.paradisepark.it (servizio navetta, aperta da maggio a settembre). • **Punto sosta** sul mare, località Lazzaretto, SS127 bis. • **Punto sosta** località Rovine Romane, SS127 bis. • **Punto sosta** sul mare, località Portoferro, SS291.

BOSA • **Area attrezzata** S'Abba Druche, SP per Alghero km 38+800, tel. 0783 1925431, 0785 776161 o 338 4440948, www.abbadruche.it (aperta dal 1° giugno al 30 settembre). • **Area attrezzata** Costa Blu, località Torre Argentina, SP per Alghero km 7, tel. 328 5789206 o 0785 374488 (servizio navetta, aperta dal 1° marzo al 30 novembre).

CABRAS • **Area attrezzata** Tanca is Muras, località Mari Ermi, tel. 349 5396613 o 0783 211248, www.tancaismuras.com (aperta dal 1° giugno al 30 settembre).

GHILARZA • **Area attrezzata** segnalata lungo la SS13, km 6.

ORISTANO • **Area attrezzata** in via Dorando Petri, nel parcheggio dello stadio comunale, segnalazioni in loco. • **Area attrezzata** camping Village Spinnaker, strada Torre Grande Pontile, tel. 0783 22074 o 345 9184436, www.spinnakervacanze.com (apertura da metà aprile a inizio ottobre).

estivi e perciò meglio visitabile in altri periodi – è **Tharros**, importante area archeologica, che si allunga su un'ampia terrazza digradante verso il mare. Tuttora oggetto di scavi e ricerche, la città ha origini non del tutto accertate: si fa risalire la sua fondazione a opera dei fenici nell'VIII secolo a.C., ma successive indagini hanno rinvenuto resti di circa quattro secoli più antichi. Le principali strutture ancora visibili sono quasi tutte di epoca romana; tra esse le fondamenta di un tempio, le terme e alcune abitazioni e botteghe.
Per il rientro, o per proseguire verso altre mete, si torna a Oristano e si imbocca la SS131 che conduce a Cagliari, Porto Torres e Olbia.

La chiesa di S. Giovanni nella penisola del Sinis

TEMPIO PAUSANIA

Divenuta capoluogo di provincia insieme a Olbia nel 2006, **Tempio Pausania** sorge nell'entroterra della Gallura, su un altopiano alle pendici del Monte Limbara. Soprannominata "città di pietra" per la dovizia di edifici in granito che ne caratterizzano il centro storico, venne fondata sui resti della romana *Gemellae* e conobbe periodi particolarmente floridi nel medioevo e durante le dominazioni spagnola e sabauda. A queste epoche risalgono le principali architetture del nucleo antico, un labirinto di vicoli che si addensa intorno alla centrale piazza Gallura. L'adiacente piazza S. Pietro è dominata dalla cattedrale ottocentesca, eretta su una chiesa di cinque secoli più antica. Altro punto di interesse è la stazione ferroviaria in stile liberty, che custodisce alcuni dipinti di Giuseppe Biasi (fra i più importanti artisti sardi del '900) ed è punto d'arrivo della cosiddetta Via dell'Acqua, itinerario che parte dalla Fonte Rinagghju nelle vicinanze dell'omonimo complesso termale. Tempio Pausania è anche al centro di un fiorente distretto artigianale e agricolo che ha i suoi prodotti più significativi nel sughero e nei vini. Da visitare il **nuraghe Majori**, con una storia di 3.500 anni.

La cattedrale di S. Pietro a Tempio Pausania

PERCORSO DI AVVICINAMENTO

Tempio Pausania si raggiunge da Olbia seguendo la SS127. La stessa strada continua in direzione di Perfugas collegandosi alla SS134 per Castelsardo, sulla costa settentrionale. Da Porto Torres e da Sassari si segue la SS597 per Olbia fino a Oschiri, dove si devia per il Passo del Limbara fino a destinazione. Arrivando da Oristano sulla SS131, circa 35 chilometri dopo Macomer si svolta sulla SS128 bis per Ozieri e si continua sulla SS199 per Oschiri.

Sughereta nel territorio tempiese

AREE DI SOSTA

Un'area attrezzata si trova a **Tempio Pausania**, sul Monte Limbara (tel. 079 679999, www.comune.tempiopausania.ot.it). A pochi chilometri, nel territorio di **Aggius**, l'agriturismo Il Muto di Gallura offre possibilità di sosta e vari servizi turistici ed escursionistici (località Fraiga, tel. 079 620559, www.mutodigallura.com, annuale).

INDICE DEI LUOGHI

Qui di seguito sono riportati i riferimenti di pagina per le località principali evidenziate in neretto nei testi. Non sono invece citati i numerosi luoghi ritenuti di scarsa rilevanza ai fini della ricerca attraverso l'indice, quali piccoli borghi, rifugi, ponti, comunque evidenziati nel testo di ogni singola tappa.